***ACCESO GRATIS** a la Lectura en la Nube*

Para visualizar el libro electrónico en la nube de lectura envíe junto a su nombre y apellidos una fotografía del código de barras situado en la contraportada del libro y otra del ticket de compra a la dirección:

ebooktirant@tirant.com

En un máximo de 72 horas laborales le enviaremos el código de acceso con sus instrucciones.

La visualización del libro en **NUBE DE LECTURA** excluye los usos bibliotecarios y públicos que puedan poner el archivo electrónico a disposición de una comunidad de lectores. Se permite tan solo un uso individual y privado

HOMO EX MACHINA

Ética de la inteligencia artificial y Derecho digital ante el horizonte de la singularidad tecnológica

HOMO EX MACHINA

Ética de la inteligencia artificial y Derecho digital ante el horizonte de la singularidad tecnológica

FERNANDO H. LLANO ALONSO

Prólogo de *Stefano Pietropaoli*

tirant lo blanch
Valencia, 2024

En la presente obra se integra, dentro del Capítulo 2, la obra que resultó ganadora del XIV Premio Ángel Olavarría, patrocinado por la Fundación Cultura Andaluza con la colaboración de la Fundación Cajasol

EDITA: TIRANT LO BLANCH
C/ Artes Gráficas, 14 - 46010 - Valencia
TELFS.: 96/361 00 48 - 50
FAX: 96/369 41 51
Email: tlb@tirant.com
www.tirant.com
Librería virtual: www.tirant.es
DEPÓSITO LEGAL: V-704-2024
ISBN: 978-84-1056-290-5

Si tiene alguna queja o sugerencia, envíenos un mail a: *atencioncliente@tirant.com*. En caso de no ser atendida su sugerencia, por favor, lea en *www.tirant.net/index.php/empresa/politicas-de-empresa* nuestro procedimiento de quejas.

Responsabilidad Social Corporativa: http://www.tirant.net/Docs/RSCTirant.pdf

A mi padre, Higinio Llano González (1936-2018)
Maestro de vida y ser humano ejemplar

El hombre se resuelve a buscar en él la máquina
oculta que encierra para servir al hombre
(José Ortega, *Meditación de la técnica*, 1939)

Índice

Capítulo 4

HOMO EX MACHINA: EL SER HUMANO ANTE LA INTELIGENCIA ARTIFICIAL Y EL GOBIERNO DE LOS ALGORITMOS

Capítulo 5

GLOBALIZACIÓN Y REVOLUCIÓN TECNOLÓGICA ANTE LA CRISIS DEL PARADIGMA HUMANISTA

Capítulo 6
INTELIGENCIA ARTIFICIAL, DISCRIMINACIÓN Y SESGOS ALGORÍTMICOS

PRÓLOGO

Cuando, con una sensación de sombría inquietud que supera con creces a la de confianza y esperanza, trato de reflexionar sobre los tiempos que el destino nos ha asignado, hay una expresión que se me presenta y no me abandona. Tiempos difíciles. Vivimos tiempos difíciles.

Todas las épocas de la historia de la humanidad han estado más o menos constantemente marcadas por terribles problemas: guerras, hambrunas, epidemias y todos los demás que nos hacen gruñir y sudar bajo el peso de la vida. La laboriosidad de los hombres, su ingenio, su deseo irrefrenable no sólo de sobrevivir, sino de vivir en un mundo mejor, han permitido atenuar el peso de estas plagas. Pero hoy nos enfrentamos a un problema totalmente nuevo, o, mejor dicho, a un problema que se ha hecho presente, real, concreto, verdadero, después de haber sido durante siglos sólo un fantasma agitado por lo que muchos juzgaban mentes perturbadas, afectadas por delirios, fabricantes de pesadillas que parecían destinadas a permanecer evanescentes.

El problema de nuestra época es el posible fin de lo que hemos llamado humanidad. A manos de ella misma.

Este problema, por supuesto, ya se evocó en la época de la guerra termonuclear. Bien mirado, ya entonces se trataba de la relación entre el hombre y la técnica: una relación que hoy se expresa de forma distinta a la de los tiempos del equilibrio del terror entre las superpotencias, pero que implica una amenaza para la humanidad quizá aún más grave, aunque aparentemente menos sangrienta: más sutil y, por tanto, más insidiosa.

Como sostenía ejemplarmente Ortega y Gasset hace casi un siglo, la técnica es esencial al hombre, en el sentido de que es la esencia del hombre: sin técnica no hay hombre. Pero si "la técnica es un modo de ser del hombre", debe estar condicionada por el modo en que está en la naturaleza, circunstancia o mundo: "Se vive con la técnica, pero no de la técnica".

El quid de la cuestión es exactamente éste: el poder de la técnica prefigura hoy una inversión, en la que el hombre vive de la técnica y para la técnica. La revolución tecnológica en curso —que es una revolución digital en primer lugar, pero más en general una revolución industrial, social, cultural y antropológica— nos ofrece una cantidad impresionante de herramientas, cuya naturaleza y finalidad somos cada vez más incapaces de comprender. La tecnología ya no se limita a ofrecer medios: ella misma se ha convertido en el fin.

Este es el escenario en el que los cruzados de las nuevas confesiones —el transhumanismo y su versión aún más radical, el posthumanismo— predican la superación de lo humano: una criatura imperfecta y frágil, falaz y vulnerable, que ahora podemos sacrificar en la fragua del *homo excelsior*.

Homo excelsior era el título de la obra de Fernando Llano Alonso, de la que este volumen no es una mera continuación, sino que es, al mismo tiempo, un desarrollo y una culminación. Para no ser deslumbrados por una luz demasiado intensa, a veces abrimos un ojo cada vez: *Homo ex machina* es el segundo ojo, el que, tras una primera toma de conciencia de lo que nos rodea, se abre para ganar en profundidad de perspectiva, para ver mejor lo que tenemos delante.

La díada que representan estos dos volúmenes es un proyecto complejo y ambicioso de humanización de la tecnología, o más bien de construcción de un nuevo humanismo en la sociedad tecnológica.

En el primer volumen, la cuestión central era qué queremos ser como especie: en qué condiciones, a qué coste, superando qué límites y decidiendo qué otros límites no cruzar. La propuesta era clara: no dejar espacio ni al desencanto resignado ni a las utopías fútiles, sino elaborar una estrategia para adaptarnos al futuro tecnológico sin renunciar a nuestra propia identidad y naturaleza.

En *Homo ex machina*, el quid es la relación entre la especie humana y la máquina. Con la llegada de la "singularidad tecnológica", las máquinas serán más "inteligentes" que los seres humanos. El *homo sapiens*, por tanto, no sólo coexistirá con sujetos híbridos, transhumanos y posthumanos, realizados a través de la biotecnología, la IA y la genética. Aparecerán en escena otros sujetos: androides y robots humanoides (como se presagia en gran parte de la literatura de ciencia ficción), o más probablemente sistemas de software impalpables, sin cuerpo, o injertados en cuerpos mecánicos no antropomórficos, dotados de una IA general y fuerte.

En este escenario —no sólo posible, sino probable, y tal vez incluso inevitable— ¿perderá el ser humano la centralidad que ganó y defendió durante el Antropoceno? Y el propio invento humano que tradicionalmente llamamos derecho, que siempre ha sido elaborado por hombres y para hombres, ¿qué destino tendrá?

Como en *Homo excelsior*, en *Homo ex machina* Fernando Llano Alonso rechaza tanto la visión entusiasta de los tecnófilos integrados como la visión pesimista de los tecnófobos apocalípticos. Que la ciencia jurídica ha llegado al final de su larga historia es posible, pero el desenlace del desafío es aún incierto. Todo depende de las opciones (también políticas y éticas, además de puramente jurídicas) que se tomen.

Los juristas, por su parte, pueden y deben contribuir a preservar un saber que representa uno de los más altos logros de la civilización humana. Debemos despejar el camino de un posible malentendido. No se trata de la defensa interesada de profesiones que están en peligro de ser ejercidas por organismos dotados de "inteligencia artificial". El abogado-robot, el juez-robot, el notario-robot: ya existen numerosas aplicaciones, no sólo experimentales, de estos hircocervos de silicio. Más allá de todas las preocupaciones laborales, lo que realmente está en juego es el destino mismo del derecho. Y es en este plano donde el filósofo del derecho tiene el deber de tomar la palabra.

Hubo un tiempo, no muy lejano, en que la teoría del derecho recorría un camino que prometía conducir a un derecho "puro": un derecho formal, libre de las influencias de la ética y de la política, un sistema eficaz, sin lagunas, libre del error humano, cierto, objetivo, axiomatizado, compuesto de disposiciones tan rígidamente lógicas que no podían admitir interpretaciones divergentes.

El avance tecnológico permitió desandar ese camino, que la filosofía jurídica había rechazado en gran medida. Las tecnologías digitales han hecho posible la datafícación de nuestras existencias, la reducción de nuestra experiencia vital a datos. No hay ningún aspecto de nuestras vidas que no se vea afectado por esta perversión de la cuantificación total, de la mensurabilidad absoluta, de la transformación en código binario blanco y negro de lo que en su lugar sería una existencia iridiscente. Hemos llegado al cumplimiento paradójico del nihilismo computacional: ya nada tiene valor, porque todo se ha vuelto calculable.

Nuestra propia identidad personal coincide siempre más con nuestra identidad digital: vivimos cada vez más en una realidad digital (no virtual, sino absolutamente concreta, aunque inmaterial), inmersos en el pantano de un meta-universo en el que se debate el *novo homo ludens*.

Al abrir este prefacio, recordé la expresión "tiempos difíciles", que es también el título de una novela de Dickens: un texto que denuncia una visión utilitarista de la realidad, bien representada por las palabras con las que se abre ese texto, bajo la bandera de la importancia fundamental de los "hechos" ("Now, what I want is, Facts"). Podría sustituir hoy en ese mismo *incipit* la palabra "hechos" por la palabra "datos": "Pues bien; lo que yo quiero son datos. No les enseñéis a estos muchachos y muchachas otra cosa que datos. En la vida sólo son necesarios los datos. No planteéis otra cosa y arrancad de raíz todo lo demás. Las inteligencias de los animales racionales se moldean únicamente a base de datos; todo lo que no sea esto no les servirá jamás de nada. De acuerdo con esta norma educo yo a mis hijos, y de acuerdo con esta norma hago educar a estos muchachos ¡Ateneos a los datos, caballero!".

Este proceso de datafícación integral afecta también al derecho. La automatización y la estandarización han abierto la puerta al sueño de un derecho computacional, entendido y gobernado (tal vez incluso creado) por máquinas sin pasiones y, por tanto —así se pretende— imparcial, tercero, en una palabra, justo. Pero, ¿seguiría siendo este derecho, enteramente reducido al lenguaje de las máquinas, el derecho que hemos conocido hasta ahora?

Fernando Llano Alonso intenta sostener, con la valentía que sólo puede poseer quien domina a la perfección las cuestiones abordadas, plantea una alternativa teórica a la doctrina justecnicista dominante, fruto de ese formalismo jurídico que antes evocábamos. Esta alternativa se construye desde la perspectiva de un humanismo tecnológico, capaz de conciliar la revolución digital con los principios de la cultura jurídica moderna. Defender el derecho, por tanto, no significa sólo proteger las profesiones jurídicas, sino salvar una forma de pensamiento, un estar en el mundo, una posibilidad de vida. El derecho no es si no es humano.

El derecho es, ante todo, ciencia jurídica, es decir, conocimiento desarrollado por juristas. Un conglomerado (una base de datos) de normas formadas, organizadas, gestionadas, administradas por máquinas, no es derecho. Un derecho automatizado ya no necesita eruditos, investigadores, expertos, sino sólo operadores del sistema, autómatas algorítmicos. Reducido a un sistema automático autosuficiente e inalterable, ya no necesitaría el pensamiento. La máquina del derecho computacional "absorbe" al jurista, como el dron al soldado y el robot industrial al obrero.

En esta línea, Fernando Llano Alonso juega todas las cartas posibles para revalorizar la naturaleza intrínsecamente humana del derecho, reivindicando su sintonía originaria con el saber humanístico, con la filosofía, con la ética, con la historia, con la literatura. Éste es el único camino que, respondiendo a la deriva utilitarista que se está imponiendo a todos los niveles, puede permitirnos no sufrir pasivamente la automatización del mundo, sino asumirla críticamente, salvaguardando lo que no se puede calcular ni debe reducirse a datos: el conocimiento, los afectos, el deseo y, en general, todo aquello que hace que la vida humana merezca ser vivida. Porque, de nuevo en palabras de Ortega, no somos cosas, sino que somos "dramas", marcados por una complejidad irreductible: no somos datos, porque estamos "en continua lucha por ser lo que debemos ser".

La propuesta teórica de este volumen es una defensa apasionada, llena de esperanza pero nunca ingenua, del papel de la cultura, la educación, la investigación científica, la sabiduría de los clásicos y los bienes que constituyen la riqueza inmaterial de una sociedad. Al mismo tiempo, es también una denuncia de las tesis de quienes sostienen la inutilidad del saber y la obsolescencia de la cultura, en una época en la que las matemáticas correlacionistas suplantan a las hipótesis, los modelos y la experiencia. En otras palabras, una era en la que las estadísticas basadas en *Big Data* dan respuestas que pretenden ser definitivas sin apoyarse en ningún argumento semántico o causal.

Sólo redescubriendo la naturaleza humana del derecho podremos salvarlo. Sólo recordando su génesis y su desarrollo milenario podremos dar respuesta a preguntas cada día más urgentes.

El escenario del derecho corre el riesgo de verse invadido por nuevos actores no humanos. La propia expresión inteligencia artificial, tan eficaz y evocadora pero también tan equívoca, suscita una reflexión sobre el significado de los términos, las palabras y los conceptos, que son decisivos para comprender nuestra manera de vincularnos a las máquinas, nuestra relación con ellas, pero también para subrayar la distancia entre el hombre y la máquina. Por un lado, existe una fuerte tentación de imputar a las máquinas cualidades que tradicionalmente hemos reservado a los seres humanos: además de la inteligencia, la autonomía, la imparcialidad (o neutralidad), la conciencia, la subjetividad y, por tanto, también la titularidad de derechos y deberes. Por otra parte, asistimos a la erosión progresiva de estas mismas cualidades en el ser humano. Un ser humano cada vez menos inteligente, autónomo, imparcial, consciente, y cada vez menos un sujeto de derecho.

No cabe duda de que las tecnologías pueden representar una herramienta para mejorar las condiciones de vida, de trabajo y de existencia de los seres humanos. Pero tampoco hay que ocultar que su mal uso, o al menos su uso distorsionado, puede causar daños muy graves. Pensemos en el debilitamiento de las facultades cognitivas, cada vez más subyugadas por el uso de prótesis digitales, o en la omnipresencia de instrumentos de control cuyo uso puede alterar radicalmente el funcionamiento de la sociedad y de la democracia.

Es en esta perspectiva en la que es necesario evaluar cuidadosamente todos aquellos enfoques, desarrollados en los últimos años, que preservan el papel del ser humano, reivindicando su centralidad e insustituibilidad. Entre ellos, merece especial atención la "reserva de humanidad". Al igual que la reserva de ley o la reserva de jurisdicción, la reserva de humanidad (cuyo esquema teórico se hace eco del propuesto por Ernesto Garzón Valdés en referencia a la reserva de bienes fundamentales) establece límites que resguardan el ejercicio de los derechos fundamentales de ciertos peligros, que en este caso consisten en la intromisión de decisiones algorítmicas no supervisadas por seres humanos. Si bien este puede ser un instrumento capaz de proteger derechos, bienes y necesidades básicas, el marco jurídico actual sigue siendo opaco, cuando no ambiguo. Por esta razón, para salvar el derecho, para salvar su humanidad y —yo diría— incluso para salvar a la propia humanidad, el papel de la filosofía (y de la filosofía del derecho en particular) puede ser crucial.

Para no dejarnos aplastar por la sensación de inevitabilidad del progreso tecnológico, necesitamos reflexionar, debemos pensar críticamente: intentar rediseñar las fronteras entre el hombre y la máquina, repensar la relación entre naturaleza y artificio con referencia al ser humano, evaluar si y qué justicia puede garantizarse mediante el uso de herramientas automatizadas (como los algoritmos predictivos), identificar los riesgos y desarrollar estrategias para contrarrestar las nuevas formas de discriminación y violación, considerar la posibilidad de reconocer nuevos derechos, formular criterios morales capaces de presidir el uso de determinadas tecnologías y orientarlo en el respeto de los derechos fundamentales.

El ser humano es un ser razonable. Como sostenía Bernard Stiegler, razonable significa también afectado y afligido por la injusticia: y por eso todo ser humano, como ser razonable, tiene el deber de luchar siempre por la dignidad humana.

Este libro es una bandera que ondea con orgullo al duro viento de este campo de batalla.

STEFANO PIETROPAOLI
Università degli Studi di Firenze (Italia)

INTRODUCCIÓN

Está a punto de cumplirse el primer centenario de la publicación de *La deshumanización del arte* (1925), ensayo en el que José Ortega y Gasset analiza las claves y los caracteres del vanguardismo artístico-literario del periodo de entreguerras. Este arte nuevo y deshumanizado, que prescinde de la realidad y a la vez se evade de ella, que es antipopular en esencia y busca el puro deleite estético huyendo de lo humano, se inventa una nueva vida al margen de la naturaleza en la que intenta sobrevivir el hombre. Según explica en esta obra el pensador madrileño, el artista del arte nuevo se siente acechado por la realidad, por eso, como si fuera una presa de caza, escapa de su implacable perseguidora. Utilizando un símil genial Ortega compara esa fuga del artista deshumanizado con la que llevaría a cabo Ulises si el poema homérico fuera recitado al revés: en ese supuesto, el antihéroe abandonaría a Penélope en Ítaca para navegar entre escollos hacia la isla de Eea y, tras desembarcar allí, arrojarse en los amorosos brazos de la hechicera Circe (Ortega y Gasset 2005: 859).

Así como los partidarios de ese novedoso estilo (concebido como "arte artístico") declaraban "tabú" toda injerencia de lo humano en el arte, se podría decir, *mutatis mutandis*, que en esa misma época también se propuso la producción de un "Derecho nuevo", a modo de arte legislativo desnaturalizado y purificado de contaminaciones extrajurídicas. Esta pureza metódica, propuesta desde el iuspositivismo lógico-formal de Hans Kelsen, exigía a los científicos del Derecho rigor, asepsia política, neutralidad axiológica y aplicación de un método estrictamente normativo que ejercería una gran influencia entre muchos juristas del primer tercio del siglo XX. A diferencia de la doctrina iusfilosófica mayoritaria de los años treinta, Ortega se mostró remiso a asumir el entusiasmo del iuspositivismo formalista, ni tampoco las pretensiones de autosuficiencia y asepsia propias de la ciencia jurídica. Inspirándose en una frase de Husserl: "Las ciencias han perdido la fe en sí mismas", el pensador español reflexionaría sobre la crisis de principios en la que se hallaban sumidas las ciencias de su tiempo (fundamentalmente la física, las matemáticas y la lógica).

Pero, según Ortega, el dramatismo de esta situación no se circunscribía tan sólo al ámbito de la razón teorética, sino que también afectaba a la razón práctica al producirse la "volitización" de la moral como orden racional regulador de la conducta y, sobre todo, la "aniquilación" o "trituración" del Derecho que se sustancia en la supresión de lo que él denominaba "el derecho a la neutralidad" (Ortega y Gasset 2009: 669-671). Conviene tener en cuenta que Ortega escribía en estos términos durante la Segunda Guerra Mundial, es decir, en plena hegemonía del iuspositivismo fomalista, doctrina a la que algunos iusnaturalistas del *Nachkrieg* acusaron de colaborar con la "reductio ad Hitlerum" o la "reductio ad fascismum" impulsando el proceso totalitario de desmoralización y degradación de la ley, arrancándole su intrínseca racionalidad, y actuando aparte del de la justicia como valor superior históricamente defendido por el iusnaturalismo (Pérez Luño 1971: 112; Bobbio 1993: 95).

Sin embargo, Ortega también alertaba de la nefasta consecuencia que podría acarrear el sacrificio del principio de seguridad jurídica en aras de una justicia extrajurídica: la destrucción universal del Derecho (Ortega y Gasset 2009: 1406).

Aunque Ortega compartía con iusnaturalistas conversos como Gustav Radbruch la idea de renovar el Derecho debido al estado de destrucción en el que quedaron sumidos los sistemas jurídicos de los Estados durante y tras la Segunda Guerra Mundial, y a pesar de que coincidía también con el jurista alemán en pedir la restauración del respeto a la ley y la seguridad jurídica, Ortega se aproximaba más al formalismo ético —conforme a la tesis de Norberto Bobbio (1958: 73-75)— que a la idea de restitución de la justicia desde el punto de vista iusnaturalista. Así pues, entre el positivismo jurídico de estricta observancia al que se había acusado de suministrar una apariencia de legitimidad jurídica a los regímenes totalitarios, y el riesgo de bascular hacia una posición antagónica dominada por una auténtica tiranía de los valores (cuya exégesis se confiaría peligrosamente a unos supremos intérpretes que aprovecharían la falta de seguridad jurídica para torcer el sentido de la justicia y la racionalidad del Derecho con fines espurios), resultaba absolutamente necesario encontrar una vía intermedia que se distanciase de posiciones iusfilosóficas extremas e irreconciliables (Scarpelli 1965: 82; Fassò 1971: 930).

Al igual que el grabado 43 de los *Caprichos* de Goya, titulado: “El sueño de la razón produce monstruos” es una alegoría en la que el pintor aragonés parece indicarnos que cuando la fantasía va acompañada por la razón ambas expresan la quintaesencia del arte y que, por contra, cuando la fantasía vuela libre y se separa de la razón genera situaciones delirantes, el asalto a la razón por parte del irracionalismo y del formalismo vacío de una razón autónoma degenera en la filosofía reaccionaria que, según Georg Lukács, cuando encuentra el ambiente propicio —como sucedió durante el nazismo— conduce ineludiblemente hacia la destrucción de la razón (*die Zerstörung der Vernunft*). Por eso, frente al oscurantismo irracionalista y sus peligros, Lukács coincide con otras voces críticas como la de Adorno en reivindicar una racionalidad plena, acorde con la más alta exigencia de verdad y contraria a todo tipo de irracionalismo (Garcés 2006: 85-97).

A propósito de los ideales opuestos a la emancipación del ser humano entendida en sentido kantiano, Theodor W. Adorno señalaba precisamente en una conversación mantenida con Hellmut Becker (Director fundador del Max Planck Institute for Human Development en 1963) que una democracia exige personas emancipadas capaces de crear una sociedad de ciudadanos conscientes; a este respecto, afirmará Adorno: “No es posible representarse una democracia realizada sino como una sociedad de emancipados”. Para trabajar en aras de la construcción de este modelo de sociedad emancipada es preciso que ésta cuente con una educación que no consista meramente en la transmisión de conocimientos muertos o cosificados, ni en la formación de las personas enajenadas por un adoctrinamiento contrario a su libertad, sino que apueste por la autonomía del individuo y le ayude a desarrollar libremente sus capacidades y su libre personalidad, así como a encontrar una conciencia cabal que le aporte la capacidad crítica de la que son enemigas las tendencias reaccionarias de cuño colectivista (Adorno 1998: 95).

Frente al modelo escolar autoritario y adoctrinador que promueve la obediencia en sustitución del pensamiento independiente, existe un modelo educativo que hunde sus raíces en la Ilustración y el liberalismo clásico desde Kant hasta Mill, recuperada después en el siglo XX por figuras del reformismo pedagógico como John Dewey y Bertrand Russell, que apuesta por un sistema de enseñanza progresista pensado para educar desde la infancia en el marco de una enseñanza en valores democráticos y liberales.

Para Dewey la devoción de la democracia a la educación es un hecho familiar. Es más, como a juicio el filósofo y pedagogo estadounidense, una democracia es, antes que una forma de gobierno que se apoya en el sufragio universal, un modo de vida asociativo y una experiencia comunicativa que se comparte por los ciudadanos que han sido educados desde su infancia en el respeto y la práctica de los ideales democráticos (Dewey 1995: 82).

Por su parte, Russell considera lamentable el divorcio que se produce entre la vida y la cultura en la sociedad contemporánea. La cultura inútil es un ideal aristocrático, no plutocrático, y si todavía hay países que aún la mantienen en sus planes de estudio es porque aún perdura en ellos la tradición renacentista. En el modelo de educación russelliano se distinguen tres grupos de enseñanzas para la instrucción de los jóvenes: 1. Clásicos (Latín y Griego); 2. Matemáticas y Ciencia; 3. Humanidades modernas (idiomas modernos, Historia y Literatura). La formación cultural de los ciudadanos y la elevación de su nivel intelectual redunda, según Russell, en beneficio de la calidad de la democracia. En este sentido, el pensador y pedagogo galés contempla dos finalidades a las que deben servir las universidades: en primer lugar, educar a los estudiantes para determinadas profesiones; y, en segundo lugar, para fomentar la cultura y la investigación sin tener en cuenta la utilidad inmediata (Russell 2015: 252-254).

En relación con la aplicación de estas ideas revolucionarias planteadas hace un siglo por estos revolucionarios de la enseñanza progresista en la que se combinan ciudadanía, libertad y creatividad, Noam Chomsky cree que si se llevasen hoy a la práctica estos ideales humanistas, republicanos y democráticos inspirarían sin duda la formación de ciudadanos libres cuyos principios rectores de su comportamiento social no serían "el acaparamiento y la dominación, sino la asociación libre en términos de igualdad, de distribución equitativa, de cooperación, de participación igualitaria en la realización de unos objetivos comunes que se han determinado democráticamente" (Chomsky 2001: 47).

Ahora bien, una vez admitida la necesidad de romper las cadenas de la ignorancia y de la servidumbre a través de una educación liberal que apuesta por la autonomía del individuo y le transmite los valores cívicos y el sentido de la responsabilidad hacia la comunidad política de la que forma parte, cabría preguntarse —como advirtiera Marcuse— ¿quién educa a los educadores y dónde está la prueba de que ellos poseen el 'bien'?" (Marcuse 1987: 71).

Adela Cortina ha sostenido que la respuesta a ambas cuestiones pasa necesariamente por aspirar a una educación de calidad en las escuelas, y especialmente en la universidad. En efecto, es en la universidad donde deben formarse los futuros profesionales, no solamente como técnicos del Derecho, sino también, y sobre todo, desde un punto de vista ético-deontológico. Por eso, la catedrática de Ética y Filosofía Política de la Universidad de Valencia apela precisamente al ideal de excelencia de la *paideia* (παιδεία) griega. La excelencia ha de entenderse como virtud que legitima al buen profesional al servicio de la comunidad a la que pertenece, creando en ella vínculos de solidaridad. El buen profesional observa a diario la ética del trabajo guiándose por el *êthos profesional* de la excelencia y no por el *êthos burocrático* que caracteriza a quien se atiene exclusivamente al mínimo legal y concibe su profesión solo como un medio de vida y no como una cotidiana tarea vocacional (Cortina 2013: 129-140).

Entre los dos modelos educativos que se proponen en la actualidad bajo la apariencia de dilema irresoluble encontramos estas dos opciones: en primer lugar, el modelo que promueve la excelencia; en segundo lugar, el modelo que evita generar exclusión. A este respecto, Adela Cortina propone universalizar la excelencia a través de la enseñanza pública desde la convicción de que no es posible construir una sociedad justa con ciudadanos mediocres, pues —en su opinión— confundir "democracia" con "mediocridad" es la mejor manera de asegurar el fracaso rotundo de cualquier sociedad que pretenda ser y se defina a sí misma como democrática (Cortina 2013: 142).

A tenor de la tendencia dominante en los últimos Planes Estatales de Investigación Científica y Técnica y de Innovación de España, resulta bastante sintomático el hecho de que en nuestro país la investigación se identifique con la ciencia, la tecnología, la competitividad y la innovación, pero no con la cultura. De acuerdo con este estricto criterio científico-técnico, las Humanidades quedarían necesariamente infravaloradas y reducidas a la mínima expresión en dichos planes, si acaso contarían con una presencia solo marginal y, en cualquier caso, subordinada a la investigación científico-técnica, como si la cultura no necesitara para serlo "un marco de fines y valores desde los que se piensan la ciencia y la técnica" (Cortina 2013: 130).

En relación con las Humanidades, conviene recordar que esta palabra proviene del término latino *humanitas*. Esta palabra, según Werner Jaeger, evoca la educación del hombre de acuerdo con la verdadera forma humana, considerándolo no de forma individual, sino como idea e imagen del hombre genérico en su validez universal y normativa (Jaeger 1957: 12).

A propósito de la educación y la formación humanística en el sentido griego y platónico de dicho concepto, Emilio Lledó nos propone un concepto amplio de Humanidades desde una posición conciliadora que ayude a superar la supuesta dicotomía existente entre las materias de Ciencias y las de Letras. Al hilo de esta consideración, comenta el filósofo hispalense que, si bien es incuestionable el hecho de que las ciencias de la naturaleza han realizado en la modernidad un despliegue impresionante y han contribuido al avance de nuestro conocimiento del mundo y de la vida humana, sería erróneo deducir que las ciencias naturales son las únicas representantes del progreso de la humanidad y que, por consiguiente, el saber científico es la única garantía de dicho avance (Lledó 2015: 299).

Por otra parte, frente a la versión clásica del humanismo, Lledó advierte la imposibilidad de realizar el sueño de la vuelta o el regreso a la naturaleza, sencillamente porque parece una aspiración irreal que el hombre moderno pueda vivir a espaldas de la era digital en un mundo dominado por la inmediatez de las Tecnologías de la información y de la comunicación (TIC), y sobre todo, debido al desarrollo de las Tecnologías emergentes NBIC (Nanotecnología, Biogenética, Informática y Ciencias cognitivas). Pero la aceptación de esa realidad digital por parte del hombre contemporáneo no significa que debamos renunciar a enfrentarnos a ese universo neotecnológico sin lucidez ni desprovistos de sentido crítico (de ahí la importancia de educar y liberar nuestra mente para ser capaces de entender e interpretar por nosotros mismos sin el riesgo de sufrir cualquier forma de manipulación); por eso, concluye Lledó, si somos conscientes del proceso de transformación y agresión al que está sometida la naturaleza a causa de ese progreso tecnológico, la revisión del humanismo tal vez sea más urgente que nunca (Lledó 2015: 304, 608).

Por si fuera poco, al proceso de reconversión cultural que amenaza actualmente la supervivencia de las Artes y las Humanidades en los ciclos de educación primaria y secundaria, se le ha unido también la crisis estructural de la Universidad. Ciertamente, tanto en España como en los países de nuestro entorno, la situación de las universidades públicas ha ido degradándose a medida que el ciclo económico entraba en fase recesiva, como puede comprobarse cada vez que ha habido una gran depresión o crisis económica, política y/o sanitaria de dimensiones internacionales (baste recordar las graves consecuencias que acarreó para las vidas millones de personas la crisis financiera mundial desatada en 2008, o los funestos efectos causados a la población mundial por la asoladora pandemia del Covid-19 a lo largo de los años 2020 y 2021). A este respecto, José Luis Pardo ha reparado en los perniciosos resultados de esa nueva política educativa que se nos ha presentado con la apariencia de una "revolución pedagógica" portadora de un cambio de paradigma beneficioso, pero que oculta en realidad lo que este autor no ha dudado en calificar como un "ajuste duro" y un "zarpazo mortal para las estructuras de la enseñanza pública". En consonancia con este razonamiento, el Catedrático de Filosofía de la Universidad Complutense de Madrid ha cifrado en tres los objetivos principales a los que se dirige esta reforma radical de las estructuras de la enseñanza pública: la disminución del espacio universitario, la desaparición de la autonomía académica frente al mercado y la liquidación del Estado social (Pardo 2008: 392).

En los últimos años se ha puesto en marcha una campaña posmoderna de marketing con la que se nos pretende convencer de las ventajas de la revolución pedagógica, mercadotécnica y científico-tecnológica. Esta estrategia cuenta con recurrentes consignas que sirven como punta de lanza publicitaria. En efecto, dichos eslóganes se expresan con sintagmas hueros que sirven, bien para referirse a una supuesta "sociedad del conocimiento", o bien para quintaesenciar la competencia básica de "aprender a aprender", lema que compendiaría, a su vez, todas las competencias y habilidades del proceso de adquisición de conocimiento y de aprendizaje en el libre desarrollo de la personalidad. Al margen de la ampulosidad de estas fórmulas cosméticas, que son más artificiosas que reales, y que solo tratan de ocultar la efectiva sustitución de los contenidos cognitivos por sus contenedores, lo cierto es que ese conocimiento al que se alude con tanta solemnidad no es otra cosa que la impartición de las asignaturas, pero no a través de las lecciones presenciales del profesor, sino por medio de la utilización de dispositivos electrónicos (portátiles, tablets, smartphones), que relegan al docente a la mera condición de coordinador de un grupo de trabajo, y permiten a los alumnos acceder a plataformas virtuales en los que se encuentra una información reciclada a menudo de manera acrítica e inopinada, carente de autoría original, y que es seleccionada por sus (muchas veces) anónimos editores.

La reducción del espacio cultural en el ámbito de los estudios universitarios ha supuesto la sustitución de la vocación por el cultivo del conocimiento y la formación teórica-doctrinal por la lógica del pragmatismo y del beneficio empresarial. A este respecto, resulta un hecho significativo que, en las últimas legislaturas, los gobiernos que ha tenido España (conformados tanto por mayorías conservadoras como progresistas), el área de la universidad se haya adscrito a ministerios que relacionan la investigación con la competitividad, la innovación y la ciencia de aplicación empresarial, pero no con las ciencias sociales ni las humanidades. Así pues, la sociedad del conocimiento y el nuevo horizonte del saber con orientación empresarial y científico-tecnológica no solo han supuesto una rectificación de la vocación original de la Universidad como institución de servicio público, sino que también han ido perfilando el modelo del mercado laboral venidero, que requiere la rebaja de la calidad y de la cantidad de las materias objeto de estudio por parte de los estudiantes a fin de adaptarlas a la necesidad de especialización y adaptación de los egresados a las reglas variables del mundo empresarial moderno y globalizado (Pardo 2008: 393).

Evidentemente las Facultades de Derecho no son una excepción en este proceso compresivo de los contenidos de cultura jurídica general que se está produciendo en los nuevos planes de estudios en aras de fomentar la mayor empleabilidad de su estudiantado. La tendencia hacia la especialización de los estudios jurídicos para adaptarlos a las demandas acuciantes de un mercado jurídico cada vez más globalizado, caracterizado por el signo de la liberalización y la desagregación de los servicios jurídicos, y que se halla al borde de la disrupción tecnológica de la Inteligencia Artificial (IA), hace que nos encontramos ante una clara propensión hacia la deshumanización del Derecho. En este sentido, podrían destacarse tres causas principales que ayudarían a entender los motivos de la pérdida de la radical esencia humana que caracteriza al Derecho desde sus orígenes y que, en mi opinión, podría afectar incluso a su futuro inmediato.

En primer lugar, la *renuncia* a estudiar el derecho *lato sensu*, es decir, realizando una aproximación al mismo desde la perspectiva compleja de la experiencia jurídica que aportan las ciencias jurídicas básicas, en general, y una disciplina tan complementaria al mundo de las humanidades como la Filosofía del derecho, en particular, no solo supone la reducción del derecho, como principal objeto de estudio, a una estructura formal vacía en términos ontológicos de su naturaleza racional, sino que también conlleva la postergación de su consideración ética-jurídica desde un punto de vista deontológico, y el descuido de las capacidades discursivas y argumentativas que debe adquirir un buen jurista, y que son, por otra parte, facultades imprescindibles en el desarrollo ulterior del razonamiento jurídico por parte de los juristas en el ejercicio práctico de su profesión (Pérez Luño 1992: 21-26; Pérez Lledó 2007: 87-106; Solanes Corella 2018).

En segundo lugar, el hecho de soslayar el sustrato humano del Derecho comporta inevitablemente la *automatización* del jurista. Por lo demás, como se verá más adelante, las disciplinas de Letras y Humanidades (el conjunto de saberes que en el Renacimiento recibían la denominación de *studia humanitatis*) constituyen el universo cultural que rodea y nutre el estudio de las leyes desde los orígenes mismos de la Universidad en la Edad Media. En los últimos tiempos, como ha señalado Michele Ciliberto, el legado del humanismo ha recobrado actualidad en la medida que se ha reabierto dramáticamente, a raíz de las recientes crisis financieras, migratorias y sanitarias que han azotado al mundo en las dos primeras décadas del siglo XXI, el debate en torno al problematismo inherente a la condición humana. Este nuevo humanismo se pregunta cuál es el papel que le corresponde al hombre en ese próximo escenario neotecnológico dominado por la IA y la Robótica que muchos consideran disruptivo. He aquí el dilema que nos plantea hoy ese humanismo tecnológico: se puede escoger entre caer en el desencanto e inclinarnos por la invención de utopías, o bien decantarnos por el realismo y tratar de ver "nuevas tierras, nuevos cielos", rompiendo las barreras de lo existente (Ciliberto 2017: 64).

En tercer lugar, el innegable poder de fascinación que ejerce en el ámbito socio-cultural contemporáneo la IA se ha puesto de relieve en la incesante búsqueda de nuevas estrategias de negociación y contratación para un mercado de trabajo cada vez más automatizado y globalizado. Por supuesto, el mundo de la práctica profesional del derecho en general, y el del ejercicio de la abogacía en particular, no han sido ajenos a esta *sublimación* de las Nuevas Tecnologías (NN. TT.) por parte del jurista contemporáneo en relación con las posibilidades que ofrece la *Revolución Tecnológica 4.0* (término que, por cierto, fue acuñado por Klaus Schwab en un libro publicado en 2017 con este mismo título). En consonancia con esta tendencia filotecnológica dominante en el mundo profesional del derecho, uno de los mayores especialistas en el estudio del futuro de la abogacía, Richard Susskind, ya predijo en su libro *Tomorrow's Lawyers* que el mundo del Derecho y el de la práctica forense profesional experimentarían más cambios radicales en las dos próximas décadas que en los dos últimos siglos (Susskind 2013: xiii).

Y en efecto, los hechos parecen haberle dado la razón a Susskind, porque como se ha podido comprobar en los últimos años, el desarrollo de las tecnologías de la información y la comunicación (TIC) y la introducción de la IA en el ámbito de la praxis jurídica ha acompañado al proceso de globalización del mercado de los servicios jurídicos propiciando su progresiva desagregación (es decir, su descomposición en múltiples tareas susceptibles de ser automatizadas o realizadas por diversos tipos de profesionales) y el denominado *offshoring* o deslocalización de algunas de esas tareas en centros de prestación de servicios jurídicos ubicados en países con mano de obra barata (Solar Cayón 2019: 62).

Sin embargo, contra lo que a primera vista pudiera parecer, los cambios vertiginosos que se están produciendo en el mundo de la profesión jurídica no implican necesariamente la muerte del *Big Law* (Williams-Platt-Lee 2015: 85), sino más bien una reconfiguración de la práctica profesional del derecho y la fragmentación del trabajo dentro del mercado de los servicios jurídicos en diversidad de subtareas y actividades que, en función de su mayor o menor grado de dificultad que planteen, requerirán del empleado del bufete o de la asesoría legal un mayor o menor grado de mecanización y de formación técnica especializada en IA jurídica. De este modo, las tareas más básicas —investigación jurídica, elaboración de contratos y otros tipos de documentos— serán más susceptibles de ser más automatizables en la medida que con ello presumiblemente se aminorarán costes e incrementará la precisión y la calidad de los resultados; muchas tareas de nivel medio (en las que la experiencia y el conocimiento podrían resultar útiles pero no necesarios) serían asignadas a paralegales con la asistencia de tecnología adecuada (para-profesionalización) o a compañías de *outsourcing*; por último, algunas tareas de más alto nivel, que cada vez requerirán una mayor interdisciplinariedad, serán encargadas a equipos de especialistas en dirección y gestión de proyectos (Solar Cayón 2019: 218).

En resumidas cuentas, según ha comentado José Ignacio Solar Cayón en su libro titulado *La Inteligencia Artificial Jurídica*, se advierte que los desarrollos tecnológicos están permitiendo que nuevos sujetos, distintos de los bufetes, puedan realizar determinadas tareas que hasta ahora estaban reservadas a la abogacía. Por otra parte, se observa también que la introducción de la IA en la práctica jurídica ha ido difuminando la línea de separación entre la información y el asesoramiento legal (Solar Cayón 2019: 220). En la actualidad cualquier usuario de internet puede ya acceder a aplicaciones y sistemas de expertos para recabar información personalizada sobre su situación legal, con lo cual se están estrechando cada vez más los márgenes de los espacios intermedios entre la Administración de Justicia y los justiciables hasta el punto de que se han reducido mucho los obstáculos para la auto-representación (Susskind-Susskind 2015: 69).

Por lo demás, si hay verdadera voluntad y se ponen los medios precisos para evitarlo, la irrupción de la IA y la robótica en los programas de formación jurídica universitarios y en el ámbito de la práctica profesional del derecho no tiene porqué traducirse, ni mucho menos, en una búsqueda desaforada y selectiva del conocimiento especializado, ni tampoco en una renuncia a las disciplinas humanísticas y científicas que proporcionan al estudiante cultura jurídica amplia, conocimientos generales y habilidades argumentativas, estratégicas y emocionales (De Asís Roig 2018: 37). Más bien al contrario, como ha afirmado Steven Pinker, su confluencia con la ciencia ofrece a las humanidades muchas posibilidades de lograr una nueva percepción. El derecho, la filosofía, el arte, la literatura son expresiones de la cultura y creaciones humanas que se conectan con la ciencia. Tenemos que ser conscientes de que la ciencia no basta para traer el progreso y que es justamente el humanismo el que identifica lo que deberíamos tratar de lograr con nuestro conocimiento y nos ayuda a distinguir el verdadero progreso del mero dominio (Pinker 2018: 406-410).

La referencia a la deshumanización del derecho en el título de este libro no pretende predisponer al lector a aceptar un pronóstico pesimista respecto al presente y el porvenir del derecho. No se trata de que asumamos sin más, como un hecho irremediable, la decadencia del concepto clásico del derecho, según la definición que del mismo hicieron los juristas Celso y Gayo, como "arte de lo bueno y de lo justo" (*ars boni et aequi*), ni tampoco de admitir resignadamente su progresiva sustitución por una concepción mecanicista y post-humana del mismo, es decir, por una suerte de "arte de lo útil y de lo mecánico" (*ars utilis et mechanarum*) en el que la IA jurídica y la robótica superavanzada vayan desplazando poco a poco al jurista humano en la construcción y el ejercicio del derecho de la nueva era digital y de la informática. En rigor, como nos recuerdan los coeditores de un manual oxoniense recientemente publicado que lleva por título: *Law and Humanities*, el derecho ha formado parte de las humanidades desde siempre, pero quizás hoy los juristas necesiten recuperar el cultivo de los saberes humanísticos más que nunca (Stern-Del Mar-Meyler 2020: xxiv). A la *revalorización* de la naturaleza humana del derecho y su original sintonía con los saberes humanísticos, y en especial con la ética, la filosofía, la historia y la literatura, se dirige precisamente la primera parte de esta obra.

Ante la nueva coyuntura jurídica marcada por la automatización, la estandarización, la desintermediación y la rutinización en el ejercicio del derecho, que ha sido impulsada tanto por el desarrollo y la innovación tecnológica (símbolos emblemáticos de la sociedad informatizada) como por la perspectiva autopoiética y aislacionista del derecho que postulan los teóricos e iusfilósofos del positivismo jurídico formalista, parece necesario estimular una "consciencia tecnológica" que abra la reflexión de los juristas a los retos y la problemática que suscitan las NN.TT. en la era de Internet y de la globalización (Frosini 1986: 34; Pérez Luño 2014: 16).

La formación jurídica, indica Thomas Casadei, es una forma de educación para la comprensión de la complejidad del mundo, de la sociedad, de las relaciones entre entidades y seres humanos (Casadei-Marzocco-Zullo 2019: 90); la enseñanza integral del derecho proporciona, entre otras cosas, una capacidad que habilita al jurista para el *análisis* y para la plena *comprensión* de la realidad en sus diversas y múltiples dimensiones, así como para contemplar la realidad misma con una mirada crítica, tal y como han sugerido explícitamente en las últimas décadas las teorías críticas del derecho (Gianformaggio 1995: 26-42).

Un jurista privado de la conciencia crítica que aporta el estudio de las disciplinas jurídicas humanísticas no solo es un jurista, sino "un mal jurista", por decirlo en palabras Letizia Gianformaggio (1991: 28). Recuérdese, a este respecto, que la ética y la filosofía no solo acompañan, sino que forman parte del obrar cotidiano del jurista, que consiste precisamente en interpretar las disposiciones normativas; por eso, parafraseando a Ronald Dworkin, podría convenirse que el derecho consiste en una práctica social argumentativa, tanto *lato sensu* (es decir, la interpretación en abstracto realizada por los juristas en el ámbito teórico o doctrinal), como *stricto sensu* (o sea, la interpretación casuística que hacen los jueces y los abogados en la práctica jurídica, de la que por cierto, según el iusfilósofo norteamericano, también forman parte los principios morales) (Dworkin 1986: ix, 65-68).

Por lo tanto, como sostiene Aldo Schiavello, la hermenéutica jurídica no solo demuestra lo falaz del tópico que separa la teoría y la praxis jurídica, sino que también contribuye a disminuir la distancia entre la ciencia del derecho (entendida como disciplina humanística que tiene por objeto el estudio, la interpretación, la integración la sistematización de un ordenamiento jurídico para la justa aplicación del mismo) y la jurisprudencia (concebida como interpretación judicial del sistema normativo). A la *justificación* del estudio teórico del derecho como experiencia jurídica, contemplado en su realidad problemática y tetradimensional (de acuerdo con sus cuatro vertientes: normativa, social, ética e histórica), y la interrelación de la Teoría del derecho con su justa aplicación en la era digital por medio de la razón práctica de los juristas se dedicará la segunda parte del libro.

A propósito de la sublimación de la IA en la sociedad de las NN.TT. hay que preguntarse si nuestro sistema legal está adaptado para afrontar una realidad en la que los humanos no serán los que van a tomar decisiones en primera instancia; por otra parte, también cabe plantearse cuáles serían las potenciales repercusiones ético-jurídicas y socio-políticas ante ese escenario posthumano en el que las tecnologías NBIC desborda los límites naturales de la capacidad y la inteligencia humana. En este sentido, advierte Paolo Grossi, en una naturaleza fenoménica desprovista de seres humanos tampoco hay lugar para el Derecho (Grossi 2003: 11).

La profunda raigambre humana del derecho ya fue defendida doctrinalmente por algunos de los grandes juristas del Derecho romano, como Gayo —en cuyas *Institutiones* se ordena sistemáticamente la parte de las personas por delante de las de las cosas y las acciones— o Hermogeniano (jurista de finales del s. III y comienzos del siglo IV d. C.) para quien "todo el Derecho se ha creado por razón de los hombres" ("*Omne ius hominum causa constitutum est*") (Digesto 1, 5, 2).

Así pues, desde la Antigüedad hasta el presente, la condición humana del derecho ha estado ligada al paradigma humanista que hemos heredado a través del legado racionalista e ilustrado de la Modernidad. Sin embargo, en la actual "sociedad del riesgo global" —parafraseando a Ulrich Beck— este paradigma humanista está viéndose amenazado por múltiples causas que explican el proceso de metamorfosis que está experimentando el mundo (Beck 2016: 63).

Una de esas causas disruptivas a las que hacía referencia Beck es la revolución tecnológica, que cuenta incluso con un ejército de "nuevos cruzados de la fe tecnológica" dispuestos a defender un programa transhumanista (cuya versión más radical es el posthumanismo) en el que la falibilidad y vulnerabilidad del *homo sapiens* sea superada por la omnisciencia y la omnipotencia del *homo excelsior* en un mundo nuevo dominado por la IA y la robótica avanzada (Llano Alonso 2018: 25-26).

"¿Qué va a pasar con el derecho cuando la técnica se apodere del nacimiento y de la muerte humanos?", se pregunta Natalino Irti en su libro *Il diritto nell'età della tecnica* (2007). En la tercera parte de esta obra se tratará de dilucidar si en la era de la Revolución Tecnológica

4.0, como sostiene Emanuele Severino, el Derecho debería convertirse en un instrumento al servicio de la técnica o si, por el contrario, tendrían que establecerse siquiera unos mínimos límites ético-jurídicos para evitar el desarrollo descontrolado de aquélla (Irti-Severino 2001).

El objetivo principal de este trabajo es presentar una alternativa teórica a la doctrina dominante del iustecnicismo (cuyos postulados se hallan en concordancia con los fundamentos del formalismo jurídico y la visión normativista del Derecho). Esta alternativa se concreta en la defensa del humanismo tecnológico, cuyo plan integrador permite conciliar el avance científico-tecnológico con los valores y principios de la cultura humanista que configuran el proyecto ilustrado de la modernidad. Además, esta propuesta de consenso entre el humanismo, la ciencia y la tecnología permitiría a los juristas especializados en bioderecho e inteligencia artificial jurídica contrastar sus conocimientos con los profesionales y expertos de otras disciplinas complementarias al mundo del derecho (como la biomedicina, la filosofía de la ciencia, la ética de la ingeniería, la sociología digital o la ciberantropología), lo cual les pondría en una posición más ventajosa que la actual para afrontar los retos y los problemas planteados a la sociedad contemporánea por las disrupciones que generan las tecnologías emergentes NBIC.

A propósito de la tendencia utilitarista[1] que se está imponiendo en el mundo de la ciencia, en la escuela y en la universidad, Nuccio Ordine ya auguró hace una década que en los próximos años sería necesaria una defensa firme de la cultura en sentido amplio, es decir, de la enseñanza pública, de la investigación científica, de la sabiduría de los clásicos y de los bienes culturales que forman parte del legado patrimonial y de la riqueza inmaterial de una sociedad, porque "sabotear la cultura y la educación significa sabotear el futuro de la humanidad" (Ordine 2013: 160).

---

1 Me refiero a la primera acepción de la definición del término "utilitarismo" que se hace en el DRAE: "Actitud que valora exageradamente la utilidad y antepone a todo su consecución", y no a la doctrina filosófica fundada por Jeremy Bentham a finales del siglo XVIII que considera la utilidad como principio de la moral.

***

El título de la presente obra no es casual ni fruto de la improvisación; en realidad pretende ser la continuación de *Homo Excelsior. Los límites ético-jurídicos del transhumanismo*, libro publicado en esta misma editorial en 2018. El escenario en el que se situaba aquel trabajo era, por un lado, el del cambio de paradigma humanista por el enfoque mejorativo del proyecto transhumanista que es, según definición de Luc Ferry,

> un amplio proyecto de mejora de la humanidad actual en todos sus aspectos, físico, intelectual, emocional y moral, gracias a los progresos de las ciencias, y en particular de las biotecnologías (Ferry, 2017, 35).

Por otro lado, y este es un dato a tener en cuenta desde un punto de vista filosófico-antropológico: en *Homo Excelsior* se partía de una situación de soledad de la especie humana en nuestro planeta, en el sentido de que la humanidad habría vivido desde hace aproximadamente 30.000 años sin la compañía de otras especies humanas. En este sentido, hay que considerar que hace unos 60.000 años coexistían en la tierra al menos hasta cinco especies humanas: el *Homo sapiens*, el *Homo neardenthalensis*, el *Homo erectus*, el homínido de Desinova y el *Homo floresiensis* (Carbonell, 2018, 31-32).

Por lo demás, en el preámbulo de aquel libro se apelaba a la necesidad de que la humanidad avanzase con conciencia crítica de su especie, de manera que en el futuro se pudiese asegurar su hegemonía sin perjudicar su sustrato evolutivo, pero sin renunciar a la condición humana (suma de racionalidad y espiritualidad). A este respecto se planteaban al lector algunas preguntas-clave que servirían de guía para el ulterior desarrollo del trabajo: ¿Qué deseamos ser, hasta dónde deseamos llegar como especie y qué estamos dispuestos a sacrificar para lograrlo? ¿Existen límites naturales y morales infranqueables para el desarrollo tecnológico, como la dignidad humana? ¿Tendrán el día de mañana alguna función justificable los códigos normativos de la Ética, el Derecho y la Política en el debate en torno a las Nuevas Tecnologías y la evolución de la ciencia? (Llano Alonso, 2018, 16-17).

Homo ex machina comienza en el punto donde había quedado *Homo Excelsior*: la propuesta de una posición teórica intermedia y alternativa al dilema entre dos posturas irreconciliables: la de los *apocalípticos* ante el avance de la ciencia y los *integrados* al progreso tecnológico. Esta tesis intermedia, originalmente esbozada por José Ortega y Gasset en su ensayo *Meditación de la técnica* (1939), reivindica la humanización de la técnica, es decir, la revalorización del nuevo humanismo en la futura sociedad tecnológica (Ortega y Gasset, 2006b, 599).

Hay quienes vislumbran ya como un hecho cierto e inevitable el advenimiento de la era de la singularidad tecnológica, el tiempo en el que las máquinas superarán a la humanidad en todos los frentes y en el que el *homo sapiens* conviviría no solo con individuos posthumanos que habrían dado un salto en la especie merced a la medicina genética, la bioingeniería y la IA, sino también con otras entidades, tales como los cíborgs, los androides y robots inteligentes, o los sistemas expertos desarrollados con IA general. A este respecto conviene preguntarse qué papel le corresponderá al hombre en ese supuesto escenario en el que ya no disfrutará de la exclusividad y el puesto hegemónico mantenido a lo largo de treinta milenios; es más, tampoco está claro qué transformaciones experimentarán, ni qué justificación tendrán el Derecho, la Ética y la Política, como órdenes normativos, en ese mundo compartido por humanos, posthumanos y otras entidades producto del cruce de la tecnología y la IA. Todo dependerá, en buena medida, de la actitud y el rol que el *homo sapiens* adopte en ese hipotético escenario, y de su capacidad de adaptación al futuro tecnológico sin renunciar por ello ni a su identidad ni a su naturaleza (Cristianini 2023: 195-201).

***

Esta obra se articula en seis capítulos ordenados para que el lector pueda mantener una linealidad argumental si sigue el orden en el que éstos se encuentran dispuestos. Pero este libro está sobre todo pensado para extraer de su lectura una visión de conjunto sobre las grandes dicotomías que plantean la IA, la robótica y las tecnologías conexas a los humanos dentro de los tres órdenes normativos por antonomasia antes mencionados: el de la Ética, el Derecho y la Política.

En este sentido, en los capítulos 1 y 3 se abordan cuestiones ético-jurídicas que entran dentro del campo de la Ética de la IA y que plantean interrogantes a propósito de la protección de la identidad personal ante el poder de atracción y de seducción que ejercen sobre el individuo los dispositivos y plataformas reproductores de una realidad virtual como la del metaverso en la que éste se sumerge a diario y dedica cada vez un mayor número de horas de atención (el *novo homo ludens*); también se aborda el debate en torno a los neuroderechos y los derechos digitales, una nueva generación de derechos fundamentales que coincidiría con el desarrollo y la aplicación de las nuevas tecnologías a la biomedicina y la genética, y con el uso terapéutico de la IA, al menos inicialmente; por último, dentro de este primer bloque, se estudia el carácter problemático de la sociedad de las nuevas tecnologías analizando en particular estos tres aspectos: las implicaciones ético-jurídicas de la singularidad tecnológica en la era digital; la hipotética existencia en el futuro de una conciencia artificial y sus consecuencias en el código de comportamiento humano; el reconocimiento legal de la personalidad electrónica, la responsabilidad objetiva, la identidad de los robots y la inteligencia artificial fuerte en el horizonte de la singularidad.

El segundo bloque temático del libro, compuesto por los capítulos 2 y 4, estudia desde un punto de vista iusfilosófico la transfiguración de la justicia humana en el universo digital o, por decirlo en otros términos, analiza las claves de la deshumanización del derecho y el cambio de paradigma de justicia (el progresivo desplazamiento de la justicia argumentativa por un modelo nuevo de justicia predictiva o algorítmica centrada sobre todo en la anticipación de la solución del caso juzgado antes que en realizar una buena fundamentación de la sentencia); el sustitución del paradigma humanista por el transhumanista afecta a todos los órdenes del mundo de las profesiones, y el derecho no es una excepción, en este sentido, muchos consideran que nos encontramos cada vez más cerca de la realización del mito del juez-robot, lo cual haría prescindibles a los jueces humanos, todo dependerá, en última instancia, del modelo de justicia por el que se decanten las generaciones del futuro, y en buena parte esto dependerá de la defensa de la condición humanística del derecho, es decir, parafraseando a Ulpiano, de seguir concibiéndolo como arte de lo bueno y de lo justo; finalmente, dentro de este segundo bloque jurídico-filosófico, se explican los cuatro modelos de interacción entre el ser humano y la máquina, así como su influencia en la toma de decisiones automatizadas y el impacto de éstas en los derechos fundamentales y libertades de los ciudadanos, en este sentido se justifica la tesis del coto vedado (reserva de humanidad) que blinda los bienes y las necesidades básicas frente a la intromisión de las decisiones basada en algoritmos de alto riesgo, y justifica en última instancia la supervisión de humana sobre las máquinas para contrarrestar la acción lesiva de quienes hacen mal uso de la IA y la robótica para transgredir las líneas rojas que demarcan la esfera de inviolabilidad de la dignidad humana y el libre arbitrio del individuo como sujeto moral.

Los capítulos 5 y 6 integran, por así decirlo, el bloque filosofico-político del libro. En este sentido, el capítulo 5 se dedica al análisis de uno de los principios guía de la regulación europea sobre IA, desde el Libro Blanco hasta el Reglamento de IA: el principio de buena gobernanza. Al mismo tiempo se valora hasta qué punto el enfoque transhumanista que determina la denominada "cuarta revolución industrial" está relacionado con la crisis de la gobernanza global democrática, y en qué medida se puede conjurar el riesgo de una potencial tecnocracia digital que acabe imponiendo el "capitalismo de la vigilancia", a este respecto se propone como alternativa un desarrollo tecnológico sostenible dentro del marco jurídico-político de las instituciones de la Unión Europea. Por último, en el capítulo 6 se aborda la cuestión de los sesgos algorítmicos y su impacto en la vulnerabilidad y la desigualdad de las personas que sufren discriminación por razones de sexo, raza, edad y discapacidad. El de las personas vulnerables es precisamente uno de los colectivos que mejor refleja la posición comprometida del *homo ex machina* en el escenario posthumano de la singularidad tecnológica, por eso es necesario realizar una fundamentación adecuada de sus derechos en aras de una defensa eficaz de los mismos ante una eventual disrupción de las nuevas tecnologías desbocada, desprovista de valores éticos y sin límites jurídicos.

Capítulo 1

SINGULARIDAD TECNOLÓGICA, METAVERSO E IDENTIDAD PERSONAL: DEL *HOMO FABER* AL *NOVO HOMO LUDENS*

SUMARIO: 1. INTRODUCCIÓN. 2. UN DEBATE ÉTICO-JURÍDICO EN TORNO A LOS NEURO-IMPLANTES Y EL USO TERAPÉUTICO DE LA INTELIGENCIA ARTIFICIAL. 3. LA NUEVA GENERACIÓN DE DERECHOS DIGITALES Y EL RECONOCIMIENTO DE LOS NEURODERECHOS. 4. CUANDO LA PERSONA SE CONVIERTE EN UN AVATAR: EL *NOVO HOMO LUDENS* EN EL METAUNIVERSO DE INTERNET. 5. CONCLUSIÓN.

1. INTRODUCCIÓN

Sostenía Ortega y Gasset en su ensayo *Meditación de la técnica* (1939), que el ser humano tiene la extraña condición de ser a un tiempo natural y extranatural; es una especie de centauro ontológico que media porción de él está inmersa en la naturaleza, mientras que la otra trasciende de ella. Con esta metáfora mitológica pretendía ilustrar el pensador madrileño su idea de que el hombre no es una cosa sino una pretensión:

> Cuerpo y alma son cosas, y yo no soy una cosa, sino un drama, una lucha por ser lo que tengo que ser (Ortega y Gasset 2006b: 571).

Para Ortega, la vida no es algo que a los hombres se les de hecho, regalado, sino algo que ellos mismos deben hacer:

> El hombre, quiera o no, tiene que hacerse a sí mismo, autofabricarse (Ibid: 573).

Ortega apunta a una idea del hombre que en realidad va incluso más allá de la noción antigua de *homo faber*, según la cual "el hombre es la medida de todas las cosas"; el concepto moderno de *homo faber* reemplaza, como diría Hannah Arendt, a las nociones clásicas de armonía y sencillez colocando en su lugar la labor, el trabajo, la producción y la acción como elementos esenciales de una vida activa en la que el hombre instrumentaliza el mundo, lo construye y lo transforma con la fabricación de objetos artificiales que le resultan útiles para realizar ese cometido. Paradógicamente, advierte la pensadora alemana, este cambio en la mentalidad del hombre constructor moderno supuso el origen de su derrota al privarle de los modelos que le habían servido como referencia antes de la Era Moderna.

> Quizá nada indica con mayor claridad el fundamental fracaso del *homo faber* en afirmarse como la rapidez con que el principio de utilidad, la quintaesencia de su punto de vista sobre el mundo, desapareció y se reemplazó por el de "la mayor felicidad del mayor número" (Hannah Arendt 1959: 281).

Existe una clara relación de identidad entre técnica y bienestar. Una vez superada la etapa moderna del *homo faber*, el hombre contemporáneo no tiene particular interés en estar en el mundo, en lo que tiene especial empeño es en estar bien; es más, de todos los animales, el hombre es el único para el que lo superfluo resulta necesario, y precisamente en esto consiste la técnica: en la producción de lo superfluo (Ortega y Gasset 2006b: 561-562).

La vida cotidiana de la sociedad de nuestro tiempo comparte caracteres comunes con el sentido de lúdico que tanto se ha desarrollado en la cultura contemporánea, como señala Johan Huizinga. En efecto, el *homo ludens*, que toma el relevo del *homo faber*, se sumerge en una esfera temporal de actividad que tiene una vida y tendencia propia, pero que no es en sí la "vida corriente", es decir, "la vida propiamente dicha". Al contrario, a través de su sentido lúdico y de la realidad alternativa del juego, el hombre parece practicar el escapismo de los asuntos y las cosas que conciernen a su realidad cotidiana (Huizinga 2010: 21).

A diferencia del *homo faber*, un hombre que fabricaba cosas con partes materiales que ensamblaba para formar un todo armónico (Bergson 1973: 91), el *homo ludens* no necesita vencer las resistencias de la realidad material mediante el trabajo, su vida no será "un drama que le obligue a actuar, sino un juego" (Han 2021: 22).

El *homo ludens* trasciende la realidad natural, en la que el individuo se adapta al medio, e inventa a través de la técnica una *sobrenaturaleza* en la que es el medio quien se amolda a la voluntad del sujeto.

Sin embargo, hasta tal punto ha llegado a depender el *homo ludens* de la técnica en el desarrollo de su vida cotidiana, y tan desmedida es su fe en la tecnología, que ha terminado desdibujando su propia identidad y vaciando su propia existencia. Ortega anticipó con clarividencia este desvanecimiento ontológico del hombre contemporáneo ante la creciente autonomía de las máquinas con las siguientes palabras:

> la técnica, al aparecer por un lado como capacidad, en principio ilimitada, hace que al hombre, puesto a vivir de fe en la técnica y sólo en ella, se le vacía la vida (Ortega y Gasset 2006: 596).

En este proceso agónico del espíritu humano ante su progresivo desplazamiento del escenario de la realidad física por la irrupción de la revolución tecnológica no solo hace que el hombre renuncie a la condición de artesano o fabricante y su función quede reducida a la de mero auxiliar de la máquina, sino también que se produzca una disociación entre el cuerpo y el espíritu humano en el universo virtual creado por el individuo como recurso evasivo de la naturaleza. Precisamente en el espacio digital en el que se replica artificialmente la naturaleza, encontrará el hombre su refugio lúdico de imágenes y sensaciones virtuales alejado del mundo de las cosas. A propósito de esa propuesta de disociación entre cuerpo y espíritu humana, facilitada por el avance neotecnológico, se preguntaba Ortega si ese presuntuoso espíritu que pretende emanciparse de la realidad de las cosas que se ven y se tocan no sería más que pura "demencia" (Ortega y Gasset 2006b: 603).

A propósito de la alienación del hombre en el espacio virtual advierte Byung-Chul Han en su ensayo sobre las *No-cosas* (2021) que, a medida que aumenta el control que ejercen los algoritmos en el desarrollo de la vida cotidiana de los seres humanos, éstos van perdiendo también su autonomía, la libertad de obrar y decidir por sí mismos. En esta segunda fase de la mecanización, las máquinas autómatas ya no son simples herramientas, cosas inertes manejadas por el *homo faber*, sino *infómatas* que actúan y piensan por los hombres. En ese mundo virtual dominado por la inteligencia artificial *apática* (sin *pathos*), la información extraída de la minería de los datos (*data mining*), y el conocimiento —que en este caso no es sabiduría— basado en cálculos almacenados en el *Big Data*, representan una realidad inmaterial, la experiencia sin presencia de hombres superficialmente felices, pero abducidos por los dispositivos digitales, como las tablets y los smartphones, en la era del *phono sapiens* (Han 2021: 18-21).

La absorción del hombre por el universo virtual de las tecnologías digitales, el abandono por su parte del mundo real y de la realidad tangible produce en el individuo una forma de profunda crisis de identidad, una especie de aguda desorientación respecto al lugar en el que se encuentra. Precisamente, a propósito de esa pérdida de orientación del hombre contemporáneo, Charles Taylor sostiene que dicha desorientación equivale a no saber quiénes somos ni a qué lugar pertenecemos; en definitiva, supone no tener identidad o haberla perdido (Taylor 2020: 53-55).

Mientras van perfilándose paulatinamente las líneas que demarcan el horizonte de la singularidad tecnológica, hipótesis en la cual la creación de IA fuerte a cargo de las máquinas superará supuestamente el control y la capacidad de la inteligencia humana, la identidad de los individuos se va difuminando cada vez más ante ese futuro transhumano en el que tanto su posición como su papel son del todo inciertos. La crisis de *identidad personal y humana*[2] ante la progresiva autodeterminación de las máquinas desarrolladas con IA, así como la expansión del mundo virtual y la inmersión del individuo en un metauniverso (o *metaverso*) en una experiencia multisensorial y tridimensional que se disfruta mediante el uso aplicado de dispositivos y desarrollos tecnológicos de internet, plantean innumerables interrogantes de índole antropológico, ético, político y sociológico.

---

[2] Como advierte Rafael de Asís, aunque la identidad humana e identidad personal han sido muy relevantes en el proceso de construcción de los derechos humanos, no deben confundirse: la identidad personal se expresa en forma de "condición personal (percepción, voluntad, imaginación, memoria, intuición, razón y los órganos que se soportan) y situación personal (contexto). Y además, presupone el libre albedrío, la autoconciencia y el plan de vida". Por otra parte, añade Rafael de Asís, la identidad personal "presupone una idea de identidad humana, que es una suerte de universalización de las identidades personales: aquello que es común a todas ellas y que nos identifica como seres humanos". Por último, la identidad personal tampoco puede confundirse con la identidad jurídica (identidad pública del individuo como ciudadano) ni con la identidad digital (que se corresponde con nuestra imagen y reputación en el ámbito digital). Cfr., De Asís 2022: 22-25.

Ahora bien, dada la temática específica de este trabajo, el presente capítulo se centrará exclusivamente en algunas cuestiones ético-jurídicas que surgen en la experiencia jurídica digital a raíz de nuevas formas contractuales a través de la tecnología *blockchain* que permiten transacciones con criptomonedas como Bitcoin, la compraventa de activos digitales no fungibles (cuyas siglas en inglés son NFT), o la posibilidad de realizar contratos autoejecutables (*smart contracts*) en los que desaparece la intervención humana en cualquier operación, que no requieren participación jurisdiccional, además de suponer un ahorro en gestiones burocráticas y una automatización de las operaciones (Blandino López 2022: 13 y ss).

Además de las múltiples ventajas que la tecnología *blockchain* ofrece al mundo de los negocios jurídicos y de la economía digital, conviene también replantearse en términos iusfilosóficos los efectos producidos por la aplicación de las Nuevas Tecnologías (NN.TT) en el ámbito de los derechos y libertades de los individuos (por ejemplo, en relación con la protección de datos o el derecho al olvido). Esta circunstancia hace necesaria la implementación de un marco jurídico digital que proporcione a los usuarios el disfrute de las herramientas que ponga a su alcance una Inteligencia Artificial cada vez más fuerte, pero que también sea más fiable y segura.

A propósito de las implicaciones ético-jurídicas surgidas a partir de la interacción entre el *novo homo ludens* con el metauniverso de internet y la tecnología de la IA sería oportuno determinar en qué medida se está produciendo no solo la desnaturalización del hombre contemporáneo, sino también, en cierto modo, la deshumanización de la técnica en aras de un salto evolutivo que, como pronostican los transhumanistas, nos acerque como especie al horizonte de singularidad del *homo excelsior* (híbrido entre hombre y máquina inteligente), todo ello sin que sirva de excusa para soslayar los beneficios y el bienestar que la revolución tecnológica 4.0, y en particular la IA y la robótica avanzada, representan para la mejora de la calidad de la vida de las futuras generaciones.

2. UN DEBATE ÉTICO-JURÍDICO EN TORNO A LOS NEURO-IMPLANTES Y EL USO TERAPÉUTICO DE LA INTELIGENCIA ARTIFICIAL

La transformación digital está cambiando a un ritmo tan vertiginoso que, cuando apenas hemos empezado a familiarizarnos con el Internet de las cosas, ya se está anunciando un salto evolutivo de la tecnología en su afán por explorar y ampliar las fronteras sensoriales de la red. En efecto, con el Internet de los sentidos se pretende fusionar el mundo real y digital hasta el punto de hacerlos indistinguibles. El objetivo de un hombre conectado a la red permite imaginar un futuro en el que el *homo excelsior* (un cíborg resultado de la simbiosis entre la máquina y el humano) pueda desarrollarse neurológicamente y experimentar a través de las tecnologías digitales los cinco sentidos. A propósito de la conexión neuronal entre el ser humano y las Nuevas Tecnologías Digitales mediante el uso de implantes subdérmicos, neurotransmisores, interfaces y microchips cerebrales son referenciales, por ejemplo, los proyectos de ingeniería neuronal de Elon Musk (a través de la empresa Neuralink) o Mark Zuckerberg (mediante el Metaverso VR de realidad virtual)[3].

A la hora de determinar cuál es la capacidad y dónde se sitúan los límites de la inteligencia humana desde un punto de vista científico, ante todo hay que considerar que gran parte de nuestra actividad cerebral se dedica a recibir y procesar la información sensorial que tanto influye en nuestros actos y toma de decisiones. En este sentido, Kevin Warwick, uno de los mayores expertos mundiales en IA y cibernética (considerado por muchos como el primer cíborg de la historia desde que en 2002 conectó los nervios de su brazo a una mano biónica), advierte la limitada capacidad del pensamiento humano para percibir potencialmente señales que no son perceptibles

---

[3] Martha J. Farah ha sido una de las primeras investigadoras en analizar las implicaciones éticas de la tecnología neuroquirúrgica, con especial énfasis en el empleo de la neurofarmacología mediante neurotransmisores para el tratamiento de enfermedades como el Alzheimer, el Trastorno por Déficit de Atención e Hiperactividad, y también ha sido de una de las primeras autoras en plantear los efectos ético-jurídicos que produciría la posibilidad de acordar judicialmente un tratamiento modificador de conductas en personas con comportamientos asociales (Farah 2002: 1123-1129).

para los seres humanos pero sí para los robots inteligentes desarrollados con IA. Teniendo en cuenta la limitada capacidad de la mente humana, la mayoría de las aplicaciones actuales de los sensores no humanos consisten precisamente en convertir dichas señales extrasensoriales para los humanos en energía que éstos puedan percibir, como, por ejemplo, una imagen virtual de rayos X. Según la previsión de Warwick, el empleo de la amplia gama potencial de entradas sensoriales por parte de los sistemas de IA irá aumentando claramente su gama de capacidades conforme vaya transcurriendo el tiempo (Warwick 2012: 146, 173-174).

Una prueba de que la línea de separación entre el hombre y la máquina se estrecha cada vez más la encontramos en el sistema de implante cerebral *Braingate*. Hasta ahora, las interfaces cerebro-ordenador se han utilizado con fines terapéuticos, para superar un problema médico/neurológico. Sin embargo, también existe la posibilidad de emplear esta tecnología para dotar a los individuos de habilidades que, en general, no poseen los seres humanos[4].

Al margen de las múltiples ventajas terapéuticas que ofrecen los neuroimplantes, y de los potenciales efectos benéficos de la aportación tecnológico-sensorial para la mejora de la memoria o el avance en la investigación sobre la comunicación mental, un individuo con implantes neuronales y conectado con la IA también podría disfrutar de la rápida y alta precisión en términos de "cálculo de números", podría acceder a una base de conocimientos de alta velocidad, casi infinita, en Internet, desarrollar una memoria precisa a largo plazo y aumentar su capacidad de detección.

Sin embargo, pese a estos buenos augurios respecto a los efectos beneficiosos que la aplicación de la ingeniería informática y de la

---

4 Según la explicación de Kevin Warwick del funcionamiento del implante cerebral *Braingate*, la actividad eléctrica de unas pocas neuronas monitorizadas por los electrodos de la matriz es decodificada en una señal para dirigir el movimiento del cursor. Esto permitió a un paciente que se sometió voluntariamente a esta prueba de monitorización neurológica posicionar un cursor en la pantalla de un ordenador, utilizando señales neuronales para su control, combinadas con información visual. La misma técnica se empleó posteriormente para poder realizar diversas operaciones con un brazo robótico a un paciente que sufría parálisis en uno de sus brazos (Warwick 2015: 4).

cibernética supone para el sector sanitario, hay que considerar también cuál es la realidad y conocer los límites de la naturaleza humana en relación con estas buenas perspectivas sobre la introducción de las NN.TT. en la medicina, en general, y la neurología en particular. A este respecto, observa Warwick, desde un punto de vista técnico, los seres humanos sólo pueden visualizar y comprender el mundo que les rodea en términos de una percepción tridimensional limitada, mientras que los ordenadores son muy capaces de manejar cientos de dimensiones (Warwick 2015: 5)

Por otro lado, es conveniente también conocer qué implicaciones ético-jurídicas puede tener el avance de la IA y la robótica en el ámbito de las libertades, los derechos y las obligaciones de los seres humanos (hasta el punto de que se ha abierto un debate doctrinal reciente en torno al reconocimiento de una nueva clase de derechos humanos: los "neuroderechos")[5]. Hay dos proyectos de investigación dirigidos a crear una infraestructura de vanguardia en el campo de la neurociencia[6], la computación y la medicina relacionada con el cerebro: el primero es el *BRAIN Project* (acrónimo de Brain Research through Advancing Innovative Neurotechnologies), dirigido por el científico español Rafael Yuste y que fue financiado por la administración norteamericana en 2013; el segundo es el proyecto europeo *Human Brain Project*. Los dos proyectos coinciden en su propósito de "mapear o cartografiar" la actividad neuronal por medio de técnicas de neuroimagen para descifrar la interconexión neuronal del cerebro humano en un futuro próximo (Morente Parra 2021: 265).

---

5 La primera alusión a los neuroderechos la hicieron J. Sherrod Taylor, J. Anderson Harp y Tyron Elliot en un artículo sobre la creciente colaboración entre neuropsicólogos y neuroabogados titulado así precisamente: "Neuropsychologists and neurolawyers", en *Neuropsychology*, vol 5 (4), October 1991, pp. 293-305. Sin embargo, han sido Marcello Ienca y Roberto Andorno quienes, en puridad, se han referido expresamente al término "neuroderechos" en un artículo titulado: "A New Category of Human Rights: Neurorights" (2017). Disponible en http://blogs.biomedcentral.com/bmcblog/2017/04/26/new-category-human-rights-neurorights/. Última consulta: 28 de abril de 2022.

6 La neurociencia adquirió carta de naturaleza en el Congreso de San Francisco titulado: "Neuroethics: Mapping the Field", celebrado entre los días 13 y 14 de mayo; cfr., Marcus 2002.

En un artículo publicado recientemente en la revista *Horizons*, bajo el título: "Its time for neurorights" (2021), sus autores —entre los que se encuentra precisamente Rafael Yuste— parten del convencimiento de que los avances tecnológicos que marcarán el tránsito del individuo hacia el universo de la singularidad no solo están redefiniendo ya la vida humana, sino que incluso están transformando el rol de los seres humanos en su vida social. En el ámbito de la ingeniería biomédica, la neurotecnología (conjunto de herramientas o métodos para potenciar y estimular la actividad cerebral) es el campo donde más profundamente se está constatando la alteración del significado de lo que hasta ahora hemos considerado esencialmente humano; no en balde, el cerebro es el órgano encargado de generar toda nuestra actividad mental y cognitiva (Yuste, Genser, Herrman 2021: 154-155).

Sin duda, el potencial transformativo de la neurotecnología supone una mejora de las condiciones de vida a corto-medio plazo, y permite concebir la idea de un salto en la evolución de la especie humana más a largo plazo; por otra parte, el carácter transformativo de la naturaleza humana por parte de la neurotecnología ha generado un debate en torno a la necesidad de crear un marco jurídico específico que sirva para reconocer y amparar un nuevo catálogo de derechos humanos que llevan la etiqueta de "neuroderechos"[7].

---

[7] En el apartado XXVI de la Carta de Derechos Digitales (que no tienen carácter normativo, pero que sí posee un objetivo prospectivo respecto a la aplicación e interpretación de los derechos en el entorno digital del futuro inmediato) se enuncian los fines a los que se orientan los derechos digitales en el empleo de las neurotecnologías (fines que algunos consideran directamente como los cinco neuroderechos fundamentales): a) garantía del control de cada persona sobre su propia identidad; b) garantía de la autodeterminación individual, soberanía y libertad en la toma de decisiones; c) asegurar la confidencialidad y seguridad de los datos obtenidos o relativos a sus procesos cerebrales y el pleno dominio y disposición de los mismos; d) regular el uso de interfaces persona-máquina susceptibles de afectar a la integridad física o psíquica; e) asegurar que las decisiones y procesos basados en neurotecnologías no sean condicionadas por el suministro de datos, programas o informaciones incompletos, no deseados, desconocidos o sesgados. La información oficial sobre este documento puede consultarse en https://www.lamoncloa.gob.es/presidente/actividades/Documents/2021/140721-Carta_Derechos_Digitales_RedEs.pdf

Es fácil imaginar las múltiples ventajas que ofrecen las neurotecnologías aplicadas a las ciencias de la salud. Pensemos, por ejemplo, en el interfaz cerebro-ordenador (cuyas siglas en Inglés son BCI: *brain-computer interface*) un sistema de comunicación que monitorizan la actividad cerebral y permiten accionar el dispositivo de control de mecanismos que permiten interactuar a personas con discapacidades o enfermedades degenerativas que reducen o impiden su motricidad (De Asís 2014: 35-36).

Ahora bien, si bien es cierto que hay un anverso en el desarrollo de la tecnología, por ejemplo, en su capacidad para tratar patologías neurológicas, no puede soslayarse que hay la neurotecnología presenta también un reverso ya que puede ser útil para otros fines completamente espurios y lesivos de los derechos humanos, como sucede con en el control mental del enemigo en el ámbito militar, con la tortura a los prisioneros de guerra para la extracción de información, o con cualquiera de los otros supuestos en los que, según los teóricos del Derecho penal del enemigo (*Feindstrafrecht*), estuviera justificada la legalización del uso de la neurotecnología para injerir en la voluntad de quienes no merecieran ser tratados como personas, sino como enemigos de la sociedad (Jakobs/Polaino Orts 2009).

Pero sin llegar siquiera a plantearnos escenarios tan extremos en la utilización de la neurociencia como los que se acaba de mencionar, el acceso a la información almacenada en el cerebro humano podría plantear dilemas ético-jurídicos también en el ámbito de las relaciones laborales; en este sentido, cabría preguntarse qué sucedería si un algoritmo de contratación discriminara a un posible empleado de una empresa porque interpretara mal sus datos cerebrales pues, a fin de cuentas, los algoritmos son capaces de desarrollar prejuicios que imitan a los que tenemos los seres humanos, como la raza o el género (Yuste, Genser, Herrman 2021: 159).

En cualquiera de los casos anteriormente referidos se demuestra que la neurotecnología puede ser objeto de abuso intencionado o accidental por parte de quienes recurren a ella, ya sea con una finalidad terapéutica o malintencionada. En la era de la revolución tecnológica, marcada por la omnipotencia y la omnipresencia de la IA, no pueden darse por ciertos ni el derecho a la identidad personal (entendida como el conjunto de atributos y características que permiten individualizar a la persona en la sociedad), ni el libre albedrío, ni la privacidad mental, ni el acceso equitativo al neuropotenciamiento, ni la protección contra sesgos y discriminaciones ocasionadas por el uso erróneo o interesado de la neurociencia. Por eso, al hilo de la necesidad de proteger los derechos y las libertades de los ciudadanos ante el posible uso invasivo y perverso de las neurotecnologías, se ha abierto un debate en torno a la conveniencia de crear un marco jurídico para la salvaguarda de los neuroderechos. En este sentido, esta iniciativa neurocientífica iniciada por Rafael Yuste y la *Neurorights Foundation* ha tenido especial eco en Chile, hasta el punto de que ha dado lugar a la tramitación de una enmienda constitucional (Ley 21.383, DO 25-10-2021) para reformar el artículo 19,1 de la Constitución Política de Chile e implementar leyes para definir y delimitar las condiciones bajo las cuales podría realizarse el tratamiento de los datos cerebrales, y para redactar un proyecto de ley de neuroprotección de la identidad mental, a modo de reconocimiento como nuevo derecho humano del cerebro y su funcionalidad como núcleo del libre albedrío, pensamientos y emociones que caracterizan y diferencian a la especie humana (López Hernández 2021: 95).

En todo caso, como se ha puesto de manifiesto en este nuevo proceso constituyente de Chile, las discusiones mantenidas a propósito de la aprobación de este proyecto de ley sobre los neuroderechos han servido para que se visibilice el argumentario de quienes, por una parte, consideran prioritario el reconocimiento de una nueva generación de derechos, es decir, una cuarta generación de derechos humanos, encuadrados en la categoría de los derechos digitales, y quienes, por otra parte, entienden que legislar en torno a un contexto tecnológico-científico resulta aún tan prematuro, especulativo e hipotético que sería contraproducente en términos jurídico-políticos, en la medida en que, con el reconocimiento de un catálogo tan reducido y específico de neuroderechos, se estaría contribuyendo a la inflación y la relativización de los derechos humanos que ya están consolidados, y que solo necesitarían una reformulación que los actualizase y adaptase al *momentum* de transformación digital que está experimentando la sociedad tecnológica y, particularmente, el mundo del Derecho.

Frente a las posiciones antagónicas mantenidas por los apocalípticos y los integrados de cara a las Nuevas Tecnologías Digitales, hay quienes apelan a la "responsabilidad tecnológica", entendida como una actitud reflexiva y crítica de los nuevos problemas que suscitan la ciencia y la tecnología, y ante los que ni la democracia, ni la ciencia, ni el derecho, ni las humanidades pueden permanecer impasibles, sobre todo por su repercusión en el alcance y ejercicio de los derechos humanos (Pérez Luño 2012: 42-43).

3. LA NUEVA GENERACIÓN DE DERECHOS DIGITALES Y EL RECONOCIMIENTO DE LOS NEURODERECHOS

Desde su origen y desarrollo a partir de la década de los '90 del pasado siglo, Internet se ha convertido en la primera red de comunicación del mundo y, aunque son múltiples las múltiples ventajas y utilidades que nos ofrece en lo relativo al acceso a una ingente cantidad de datos e información, tampoco conviene soslayar la transformación que está experimentando el modelo de espacio digital y que, por motivos de ciberseguridad y de intereses del mercado global, no solo está modificando el carácter abierto, libre y neutral con el que fue creada Internet, sino que también está afectando a la privacidad y a la identidad de sus millones de usuarios (los social *Big Data* establecen patrones de conducta y realizan un perfil de sus millones de usuarios mediante la recopilación masiva no solo de sus datos personales, sino también de sus creencias y emociones). A este respecto, comenta Moisés Andrés Barrio que gran parte de nuestra vida cotidiana ha migrado hasta tal punto a Internet que se ha convertido en un medio representativo de nuestra cultura, mientras que nosotros, los usuarios, "hemos transformado nuestras identidades" (Andrés Barrio 2021: 206).

Habitualmente hacemos mención al *Internet de todas las cosas* para referirnos al acceso a una cantidad de datos e información tan inconmensurables que suponen la puesta a disposición de los usuarios de unas fuentes ilimitadas de conocimiento sin precedentes en la historia. Sin embargo, la transformación digital también debiera servir para garantizar la mejora de la calidad de la democracia y el ejercicio de los derechos de los ciudadanos. En otras palabras, no basta con concebir Internet como un universo artificial por el que circulan millones de datos, sino también como un espacio en el que se nos garantiza la protección y el libre ejercicio de nuestros derechos en el ámbito digital.

A raíz de la repercusión de la revolución en el mundo del Derecho ha emergido una nueva generación de derechos cuyo objetivo principal consiste en la corrección de los problemas y perjuicios causados a la ciudadanía debidos a la falta de una regulación apropiada capaz de establecer un marco jurídico específico para el uso, el despliegue y el desarrollo las tecnologías digitales e Internet, la IA, la robótica y las tecnologías conexas; se trata de los derechos digitales, unos derechos asentados conceptualmente sobre

> un soporte virtual, no analógico, donde el cuerpo se volatiliza para dar paso a una estructura distinta de derechos que han de buscar la seguridad de la persona sobre el tratamiento de los datos y la arquitectura matemática de los algoritmos (Andrés Barrio 2021: 209).

El artículo 18.4 de la Constitución española, inspirándose en el art. 35 de la Constitución portuguesa de 1976, supuso una novedad al establecer el límite legal al uso de la informática para garantizar el honor y la intimidad de los ciudadanos; a partir de este precepto constitucional se desarrollaría un cuerpo normativo y una importante línea jurisprudencial a propósito de la protección de datos. Sin embargo, la protección de datos no es suficiente ni agota todas las opciones para satisfacer el necesario establecimiento de un marco de garantía y protección efectivo de los derechos y las libertades de los ciudadanos en la era digital. A este propósito responde, precisamente, la Ley Orgánica 3/2018, de 5 de diciembre, de Protección de Datos Personales y garantía de los derechos digitales, y más recientemente, la Carta de Derechos Digitales (CDD) que, pese a carecer de fuerza normativa, tiene el valor de servir de referencia para una futura ley reguladora de los derechos digitales. Entre los derechos reconocidos por la CDD se encuentran los derechos ante la IA y la neurociencia (lo cual podría suponer una vía abierta para el futuro reconocimiento de los neuroderechos).

A propósito del reconocimiento de los neuroderechos, sobre todo a partir de la convergencia del desarrollo de las neurotecnologías y de su vinculación directa de los cerebros humanos con la IA, Rafael Yuste y Sara Goering han expresado su preocupación porque el desarrollo de los dispositivos comercializados por las empresas neurotecnológicas en los mercados de consumo general se produzca de acuerdo con unos principios éticos, y según unos mínimos estándares de calidad y buena praxis que al implantarse no resulten invasivos y presenten el menor riesgo posible para las personas. En este sentido, en relación con la conexión entre el cerebro humano y las máquinas dotadas de IA, bien a través de neuroimplantes o de interfaces, estos autores (junto a otros miembros del Grupo Morningside)[8] plantean cuatro esferas de preocupación (*four concerns*) en las que se pone de manifiesto la necesidad de que el desarrollo y la aplicación de las nuevas neurotecnologías, como la estimulación cerebral profunda y la interfaz cerebro-computadora, se lleve a cabo conforme a los principios éticos de la neurotecnología y de la IA, de modo que se pueda garantizar el respeto y la preservación de la privacidad, la identidad, la agencia y la igualdad de las personas (Yuste - Goering 2017: 159-163).

La primera preocupación de estos autores se debe a los efectos que la interacción entre la neurociencia y la IA pueden causar en la salvaguarda de la privacidad y el respeto al consentimiento de los pacientes que no deseen compartir sus datos neuronales. En este sentido, proponen que se regule la venta, la transferencia comercial y el uso de datos neuronales (una regulación parecida a la *US National Organ Transplant Act* de 1984). Otra medida de protección de la privacidad del usuario de las neurotecnologías podría ser la aplicación de técnicas basadas *blockchain* y *smart contracts* que propician, sin la intermediación de una autoridad centralizada, una información transparente sobre cómo se están administrando los datos de la actividad neuronal de los individuos.

El segundo motivo de inquietud de Rafael Yuste y Sara Goering plantea la hipótesis de que las neurotecnologías y la IA lleguen a alterar el sentido de la identidad y agencia racional de las personas, pudiendo incluso subvertir la propia naturaleza del yo y la responsabilidad moral y jurídica del individuo. En efecto, de confirmarse la pérdida de nuestro sentido de la agencia y de la identidad (por ejemplo, a través de dispositivos de control neuronal que monitoricen a distancia el pensamiento o mediante la interconexión de varios ce-

---

8 El Grupo Morningside está formado por neurocientíficos, neurotecnólogos, médicos, especialistas en ética e ingenieros de inteligencia artificial.

rebros que trabajen a la vez en colaboración) los individuos podrían terminar comportándose de una forma ajena a su verdadera personalidad, hasta el punto de que ni ellos mismos podrían reconocerse en sus actos. Como posible solución a esta segunda preocupación, Yuste y Goering proponen la inclusión de cláusulas protectoras de los neuroderechos en los tratados internacionales, y la creación de una Convención internacional para definir las acciones prohibidas relacionadas con la neurotecnología y la IA, similar a las prohibiciones enumeradas en la Convención Internacional para la Protección de Todas las Personas contra las Desapariciones Forzadas (que entró en vigor el 23 de diciembre de 2010).

La tercera razón de desasosiego de los autores vinculados al Grupo Morningside tiene que ver con el aumento de capacidad cognitiva y el neuropotenciamiento que actualmente es una de las puntas de lanza del transhumanismo tecnológico. En este sentido, Laurent Alexandre, prestigioso médico y neurobiólogo transhumanista francés, ha advertido que la única salida que le queda a la humanidad ante el inevitable advenimiento de la singularidad tecnológica es "coevolucionar" con las máquinas y potenciar tecnológicamente el cerebro humano para adaptarlo a la IA fuerte que, según su pronóstico, determinará el futuro posthumano (Alexandre 2018: 291 y ss). Ante este panorama, Yuste y Goering consideran probable que el nivel de presión para adoptar neurotecnologías potenciadoras llegue a tal grado que termine cambiando los usos y las reglas sociales desde un punto de vista ético-político, e incluso que genere problemas de acceso equitativo y nuevas formas de discriminación (fractura tecnológica). Por eso, ambos autores proponen establecer límites ético-jurídicos al desarrollo de las neurotecnologías y definir los contextos en los que se pueden aplicar (como sucede, por ejemplo, con la edición genética realizada en seres humanos), pero sin llegar a imponer prohibiciones absolutas a ciertas tecnologías (como las que estimulan y potencian al cerebro humano) que solo servirían para empujarlas a la zona oscura de la clandestinidad.

El cuarto motivo de preocupación compartido por Rafael Yuste y Sara Goering es el de los sesgos o prejuicios (*bias*) que tan influyentes resultan, por ejemplo, en los procesos selectivos o resolutivos en los que se recopilan infinidad de datos personales de trabajadores mediante técnicas de *data mining* y de discriminación algorítmica que se ponen al servicio de los responsables de optimizar los recursos humanos de una empresa (*workforce analytics*). A este respecto, conviene tener en cuenta que, como advierte Serena Vantin, el uso de instrumentos algorítmicos en el ámbito laboral y empresarial no se limita solo a las técnicas de *workforce analytics*, sino que también se extiende a la digitalización de los procesos productivos, a los servicios de *gig economy* (una fórmula de contratación online y absolutamente flexible para el empleador y el empleado que se presenta como alternativa al modelo de contrato fijo tradicional), a las nuevas técnicas de vigilancia de los empleados por parte de los empresarios en horario de trabajo, etc. (Vantin 2021: 96-97).

Como vemos, el enorme potencial que ofrece el uso de los algoritmos para facilitar el acceso de la ciudadanía a la Administración pública más transparente y eficaz, para garantizar nuestra seguridad y el ejercicio de nuestros derechos, o para impulsar la modernización de las empresas, tiene también un reverso oscuro en el que los riesgos de discriminación digital tanto en la red, como en los sistemas de IA, robótica y tecnologías conexas (Pietropaoli 2019: 379-400). Por otra parte, los sesgos discriminatorios, los prejuicios contrarios a la dignidad y al derecho a la igualdad y los errores algorítmicos no perjudican uniformemente a toda la población, sino que suelen afectar especialmente a los grupos más vulnerables y a los individuos más desfavorecidos dentro de la sociedad (Vantin 2021: 96).

A propósito de los sesgos discriminatorios, Yuste y Goering recomiendan la participación de los usuarios probables —y especialmente de los que se encuentren marginados— en el diseño de algoritmos y dispositivos desde su primera fase de desarrollo tecnológico precisamente para evitar situaciones de sesgos discriminatorios en los sistemas de toma de decisión algorítmica (*algorithmic decision making*). En los últimos años, algunos estudiosos de los procesos de toma de decisión algorítmica están investigando sobre el modo de revertir el uso de algoritmos selectivos en un sentido equitativo, y de acuerdo con la garantía de transparencia contemplada en la estrategia digital europea[9]: me refiero a los *Critical Data Studies* (Lettieri 2020: 54-55).

---

[9] Dentro del marco de las instituciones europeas existen algunos estudios sobre el procedimiento de toma de decisiones algorítmicas; véanse, por ejemplo, a es-

Una buena síntesis del actual debate doctrinal en torno a la necesidad de construir una teoría de neuroderechos como derechos humanos nos la proporciona Rafael de Asís en su libro *Derechos y tecnologías* (2022a). Según se pone de relieve en este estudio monográfico, hay una incipiente línea doctrinal iberoamericana en la que se propugna el reconocimiento de una nueva generación de derechos humanos, a partir de la proclamación de los *cinco neuroderechos*[10] propuestos por Rafael Yuste, Jared Genser y Stephanie Herrmann (2021: 160-161).

En este sentido, una postura representativa de esta doctrina favorable al reconocimiento de la vertiente ético-jurídica de los neuroderechos y a su incorporación intrasistemática en el ordenamiento jurídico, mediante su positivación y reconocimiento como pertenecientes a una cuarta generación de derechos humanos, es la mantenida por Enrique Cáceres Nieto, Javier Díaz García y Emilio García García (2021: 79-80). Esta línea doctrinal favorable al reconocimiento de los neuroderechos también cuenta con un marco institucional de *softlaw* regional: la Declaración del Comité Interamericano sobre "Neurociencia, Neurotecnologías y Derechos Humanos: Nuevos Desafíos Jurídicos para las Américas"[11], y sigue la misma estela trazada

---

te respecto: "Understanding Algorithmic Decision-making. Opportunities and Challenges", 2019, disponible en: https:// www.europarl.europa.eu/RegData/etudes/STUD/2019/624261/EPRS_STU(2019)624261_EN.pdf; "A Governance ramework for Algorithmic Accountability and Transparency, 2019, disponible en: https:// www.europarl.europa.eu/RegData/etudes/STUD/2019/624262/EPRS_STU(2019)624262_EN.pdf; sobre la estrategia digital "Shaping Europe's Digital Future", 2020, disponible en:, https:// ec.europa.eu/info/sites/default/files/communication-shaping-europes-digital-future-feb2020_en_4.pdf

10 Los cinco neuroderechos propuestos por Yuste, Genser y Hermann son: 1.- el derecho a la identidad, o la capacidad de controlar nuestra integridad física y mental; 2.- el derecho a la libertad de pensamiento y al libre albedrío para decidir cómo actuar; 3.- el derecho a la privacidad mental, o la protección de nuestro pensamiento contra la divulgación; 4.- el derecho a un acceso justo para el aumento del potencial de la mente, es decir, la capacidad de garantizar que los beneficios de las mejoras de la capacidad sensorial y mental a través de la neurotecnología se distribuyan de forma justa en la población; y 5.- el derecho a protección contra los sesgos algorítmicos, o la garantía de que las tecnologías no introduzcan prejuicios.

11 Esta Declaración se aprobó tras la reunión mantenida por el Comité Jurídico Interamericano entre los días 2-11 de agosto de 2021, dentro del 99° periodo

anteriormente por una doctrina favorable a la aprobación de una Declaración Universal de los Neuroderechos Humanos (Sommaggio - Mazzocca - Gerola - Ferro 2017: 27-45).

Otros autores son más remisos a la propuesta de ampliar el catálogo de derechos humanos, alegando que con la profusión de los mismos se generan problemas de indeterminación e incoherencia en su fundamentación, además de un posible debilitamiento de su eficacia al solaparse con derechos humanos de generaciones anteriores. En este sentido, resulta elocuente la posición de Francisco Laporta contraria a rebajar el rigor en el proceso de reconocimiento de nuevos derechos humanos (como los relacionados, precisamente, con las Nuevas Tecnologías); a este respecto señala este autor:

> Me parece razonable suponer que cuanto más se multiplique la nómina de los derechos humanos menos fuerza tendrán como exigencia, y cuanto más fuerza moral o jurídica se les suponga más limitada ha de ser la lista de derechos que la justifiquen adecuadamente (Laporta 1987: 23).

A propósito de la superposición de los neuroderechos en relación a los derechos y las libertades consagrados en la Declaración Universal de los Derechos Humanos (DUDH), hay autores que sostienen que su reconocimiento no se justifica si los bienes jurídicos que pretenden garantizar los neuroderechos: la intimidad, la privacidad, la libertad, la dignidad humana y el acceso equitativo a los recursos científicos, ya han sido reconocidos y garantizados antes tanto en la DUDH, como en los pactos y convenios internacionales posteriores (Morente Parra 2021: 273; en sentido análogo, Borbón-Borbón-Laverde 2020: 146).

En una posición intermedia dentro de este debate sobre la oportunidad del reconocimiento de los neuroderechos se mantiene Rafael de Asís, a quien le produce perplejidad el hecho de que en el proceso de incorporación de las NN.TT. en el ámbito educativo se esté dejando de lado e incluso rechazando la educación en derechos humanos (la necesaria formación tecnológica de nuestros estudian-

---

ordinario de sesiones, y se publicó el 4 de agosto de ese mismo año. El texto está disponible en la siguiente dirección: https://kamanau.org/wp-content/uploads/2021/08/Neuro-derechos-doc-641-rev-1-esp-DN-ROA.pdf Última consulta: 28 de abril de 2022.

tes no solo no es incompatible, sino complementaria con la formación en Humanidades y la transmisión de la cultura de los derechos humanos[12]. En cualquier caso, concluye este autor, la aplicación a las cuestiones sociales de las NN.TT., en general, y de las neurotecnologías, en particular, "es una realidad que conviene afrontar" (De Asís 2022a: 148-152; 2022b: 51-70).

Por consiguiente, más que de una repetición de derechos con distinta etiqueta, se trataría de hacer un ejercicio de concreción dentro de la fase de especialización de los derechos humanos que, si son contemplados desde una perspectiva histórica, es decir, en su dimensión diacrónica o evolutiva a lo largo del tiempo, de acuerdo con la tesis de la mutación histórica de los derechos humanos (*Wandel der Grundrechte*), no deberían convertirse en conceptos fosilizados dentro de un catálogo de derechos y libertades intemporales incorporados a una lista con *numerus clausus*. Como ya advirtiera en la década de los años 80 del pasado siglo Antonio E. Pérez Luño, al hilo de la concepción generacional de los derechos humanos, los derechos y libertades de nueva generación se presentan como una respuesta al proceso de erosión y degradación que aqueja a los derechos fundamentales ante determinados usos de las NN.TT. (problema al que la doctrina anglosajona se refiere con el término *liberties' pollution*). Las consideraciones que hacía Pérez Luño, a propósito de la "sociedad

---

12 A propósito de la importancia de la educación en los derechos humanos, Manuel Atienza señala que aunque el conocimiento y la educación no bastan para terminar por sí solos con el mal en el mundo, sin embargo, resultan imprescindibles: "la lectura de los textos que recogen las declaraciones de derechos humanos, la reflexión en torno a los diversos problemas que plantean y, en general, la incorporación de esa materia (teórica y práctica) a los currículos de las escuelas y de las universidades y su presencia en los foros de discusión pública no van a lograr probablemente un significativo efecto de persuasión en los grandes poderes (en parte públicos pero, sobre todo, privados) de este mundo, que son los principales responsables de que esos derechos no estén garantizados para una inmensa mayoría de los habitantes del planeta. Pero todo ello sí que puede contribuir a que mucha gente adquiera conciencia de cuáles son los derechos que legítimamente puede reivindicar (y de los deberes que debe asumir) y de cuáles son las causas que impiden que los mismos puedan realizarse. Y si esa conciencia moral esclarecida se generalizase suficientemente, sería muy probable que se convirtiera también en una fuerza socialmente irresistible" (Atienza 2020: 152).

de la información" y del interés prioritario que tenía la regulación jurídica del uso de la informática, bien podrían ampliarse hoy a la sociedad tecnológica y a la necesidad de establecer un marco jurídico en torno al uso de las nuevas tecnologías NBIC y el desarrollo de la IA y la robótica avanzada (Pérez Luño 1987: 58).

En el siguiente epígrafe me ocuparé especialmente de la identidad personal (conjunto de rasgos específicos que hacen única a una persona) ante los retos que le depara el metauniverso digital. El concepto de identidad adquiere pleno sentido cuando se complementa con nuevos derechos y libertades, como el derecho al libre desarrollo de la personalidad, la integridad mental y la libertad cognitiva (la libertad de controlar la propia conciencia); por cierto, una libertad, esta última, estrechamente vinculada con la clásica la libertad de pensamiento (Sententia 2004: 222), aunque adaptada a las circunstancias del siglo XXI, y que ha sido definida por Richard G. Boire como "la quintaesencia de la libertad" (*the quintessence of freedom*) (Boire 2001: 8).

4. CUANDO LA PERSONA SE CONVIERTE EN UN AVATAR: EL *NOVO HOMO LUDENS* EN EL METAUNIVERSO DE INTERNET

Se ha hecho anteriormente referencia a las esperanzas abiertas por las nuevas neurotecnologías, como la estimulación cerebral profunda (DBS) y el interfaz cerebro-computadora (BCI), en la prevención, el tratamiento y la curación de enfermedades como el parkinson, la epilepsia, el ELA o el trastorno obsesivo consultivo (TOC), pero tampoco deben soslayarse los efectos contraproducentes que esos dispositivos pueden tener en la identidad, la autenticidad y la autonomía de la persona. Para bien o para mal, lo cierto es que estos dispositivos son capaces de interferir en la autoconciencia y alterar la agencia de los individuos en los que se implantan (Goering - Brown - Klein 2021).

Al invocar el señorío de nuestra mente como un derecho innato y no adquirido, también estamos apelando a la inalienabilidad de nuestra identidad personal, a la inviolabilidad de nuestra integridad física y mental, a la preservación de nuestra autenticidad, a la capacidad de decidir libremente nuestra actuación (facultad que también se conoce como "control agencial"), y a la autonomía de nuestra voluntad (Bublitz 2013: 7-11).

El problema aparece cuando el individuo pierde inconscientemente el control de su autonomía debido a factores o agentes externos que interfieren sus facultades mentales, nublan su juicio y dirigen su conducta (Bublitz - Merkel 2009: 371). Esta manipulación inadvertida del individuo agente rompería la continuidad psicológica mediante la introducción de un hiato entre sus preferencias actuales del agente y las que tenía arraigadas en su personalidad cuando era un sujeto psicológicamente autónomo hasta que se produjo dicha injerencia desde el exterior (Mele 1995: 187; Hagi 1998: 108 ss.; Kapitan 2000: 81-104).

La línea de separación entre el hábito y la dependencia del *phono sapiens* (el *novo homo ludens*) respecto a los dispositivos electrónicos y digitales que éste utiliza en su vida cotidiana es tan tenue a veces que no resulta fácil diferenciarla, y la aparente libertad de elección de usar la yema de los dedos sobre la superficie de la pantalla de su ordenador portátil, teléfono móvil o tablet no es más que "una selección consumista" (Han 2021: 24).

En esos intervalos diarios de ausencia del hombre de su realidad, en ese sustraerse de sus circunstancias y de las cosas del mundo real, y en su poder de retirada virtual y provisoriamente del mundo y meterse dentro de sí, se produce un fenómeno característico del ser humano del que carecen otros animales: el "ensimismamiento" (Ortega 2006a: 536). Para Ortega y Gasset este acto de ensimismamiento, esta retirada estratégica a sí mismo, es un privilegio con el que el hombre consigue liberarse transitoriamente de las cosas precisamente a través del dominio de la técnica, cuya misión inicial consiste, precisamente, en "dar franquía al hombre para poder vacar a ser sí mismo", es decir, crear un espacio *extranatural* de ocio (*otium*) que se abre al hombre para que éste pueda ocuparse de algo más que de cubrir sus necesidades más elementales, como imaginar, inventar y crear, tanto en el campo de las ciencias como en el de las artes (Ortega 2006b: 574-575).

Al igual que Sartori denunciaba en *Homo videns*, la influencia que los medios de comunicación, y de modo especial la televisión, ejercía sobre las masas, un cuarto de siglo después nos encontramos con una situación parecida de enajenación por parte del *novo homo ludens,* con la única salvedad de que ahora son las neotecnologías NBIC bajo el dominio de las *Big Tech*, que se hallan en el contorno de ese individuo, quienes dirigen y controlan sus hábitos vitales e incluso su voluntad como si fuese una marioneta movida por los metadatos y los algoritmos que configuran el inescrutable universo de Internet. Esta situación aproxima al hombre a la alteración característica de la vida animal y le aleja de la autoconsciencia y del ensimismamiento humanos. Ortega lo explica primorosamente en *Ensimismamiento y alteración* (1939):

> Decir, pues, que el animal no vive desde *sí mismo* sino desde *lo otro*, traído y llevado y tiranizado por *lo otro*, equivale a decir que el animal vive siempre alterado, enajenado, que su vida es constitutiva *alteración* (Ortega 2006b: 535).

A propósito de la alienación y la alteración del hombre contemporáneo, advierte Sartori que la nuestra es una época extraordinaria en la que quienes aún conserven la capacidad crítica de los seres pensantes tienen el deber de denunciar la irresponsabilidad e inconsciencia de las cada vez mayores

> legiones de vendedores de humo que olvidan que vivimos y viviremos no es "naturaleza" (una cosa dada que está ahí para siempre), sino que es de cabo a rabo un producto artificial construido por el *homo sapiens*. ¿Se podrá mantener sin su apoyo? No, seguramente no. Y si hacemos caso a los falsos profetas que nos están bombardeando con sus multi-mensajes, llegaremos rápidamente a un mundo virtual que se pone patas arriba en una "catástrofe real" (Sartori 2018: 197).

La expansión del espacio digital más allá de los límites imaginables por Giovanni Sartori hace más de veinte años no solo ha difuminado la tenue línea de separación entre la naturaleza y la realidad virtual que ya entonces discernía con dificultades el filósofo y politólogo florentino, sino que en algunos ámbitos está absorbiendo incluso a la identidad humana, me refiero al mundo virtual del metaverso, de la realidad en tres dimensiones (3D) aumentada capacidad 5G, la inteligencia artificial y el inminente desarrollo del Internet de los sentidos que pretende usar el cerebro como interfaz, modular con microimplantes el mundo sonoro que nos rodea, personalizar el sabor de los alimentos, o incluso recrear (o crear *ex novo*) aromas y otros sentidos digitales como el tacto.

La realidad humana parece haberse visto superada por la ficción mecánica del mundo digital cuando ya cabe concebir la amistad y hasta el enamoramiento virtual con una máquina desarrollada mediante IA, o con un personaje de fantasía o avatar diseñado virtualmente; esta es, por cierto, una tendencia creciente en Japón, como demuestra el curioso, o más bien bizarro caso del Sr. Akihito Kondo, casado con una célebre cantante manga llamada Hatsune Miku con millones de fans, algo que no tendría nada de peculiaridad salvo por el hecho de que se trata de un holograma que tiene "existencia" virtual como *Vocaloid* (o cantante virtual) en un dispositivo denominado Gatebox que no solo le da vida como si fuera un tamagotchi sentimental, sino que ha llegado a formalizar el matrimonio entre un hombre y un holograma en un documento sin validez jurídica. A propósito de esta confusión entre la realidad humana y la ficción digital, algún estudio reciente sobre los efectos ético-jurídicos de la disociación humana ha advertido que cuando la identidad humana trata de conectar con un fetiche cibernético entonces es señal de que inexorablemente existe una propensión a descender al terreno de lo virtual y a olvidar la consciencia de la identidad humana en el continente digital (algo parecido a entrar en un trance que nos sumergiera en un sueño digital inducido tecnológicamente) (Curcio 2020: 56).

Al margen del espejismo que produce en la psique humana la realidad virtual, y de la interacción entre la figura humana perfilada y reproducida en el continente digital recreado por el metaverso, los interfaces y los videojuegos 3D, lo cierto es que los humanos y las máquinas no son ontológicamente iguales, ni pertenecen a la misma categoría: los hologramas son imágenes tridimensionales configuradas con números y algoritmos, mientras que los seres humanos estamos hechos de carne y hueso, *ratio et emotio* (Illich 1992: Curcio 2020: 56).

La cada vez más tenue línea de separación entre el mundo natural-real y el universo digital-artificial nos previene del riesgo de minusvalorar la necesidad de preservar la identidad humana. Por eso, retomando la diatriba sobre la oportunidad de reconocer o no los neuroderechos, parece razonable al menos plantearse si, tal vez, ante la pérdida de conciencia de la realidad por parte del *novo homo ludens*, no tendría sentido proteger al menos el primero de esos neuroderechos, es decir, el derecho a la identidad, o la capacidad de controlar nuestra integridad física y mental.

De acuerdo con el criterio de la perspectiva generacional de los derechos humanos, cuyo catálogo no está formado por un elenco cerrado de derechos y libertades, sino por una lista abierta a los cambios y problemas más acuciantes que afectan al hombre contemporáneo en la era de las nuevas tecnologías (Vašák 1979; 1990: 297), cabría sumar una cuarta generación en la que estaría integrado precisamente el derecho a la identidad humana. De la misma forma que la primera generación correspondería a los derechos y libertades individuales; la segunda, a los derechos económicos, sociales y culturales; y la tercera a las garantías jurídicas-subjetivas fundamentales propias de la era tecnológica; y de igual modo que cada una de esas generaciones se correspondería con los valores-guía de la libertad, la igualdad y la solidaridad, respectivamente (Pérez Luño 2006: 232; 2018: 692-702), podríamos concluir que la cuarta generación se referiría a aquellos derechos y libertades protectores de la condición humana frente a los embates del transhumanismo tecnológico, y cuyo principio guía sería precisamente la dignidad humana.

La cuarta generación de derechos humanos se justifica en un escenario virtual, determinado por la IA, e integrado por recreaciones virtuales que provocan en el internauta la alucinación de interactuar con no-cosas que ni *son* ni *están* en la realidad física, pero que influyen cada vez más en su rutina diaria e incluso en su conducta. La actuación del individuo en el entorno digital, por más que sea artificial, tiene consecuencias jurídicas que le vinculan; por ejemplo, la tecnología *blockchain* ha posibilitado la realización de contratos inteligentes (*smart contracts*) escritos en lenguaje virtual, cuya ejecución es autónoma y automática, a partir de unos parámetros programados, y que ofrecen unas condiciones de seguridad, transparencia y confianza a las partes contratantes superiores a las de los contratos tradicionales en los que el riesgo de que haya malentendidos, falsificaciones o alteraciones es mayor. Esta misma vinculatoriedad de los contratos y negocios jurídicos suscritos en el espacio digital se constata en el creciente campo de las criptomonedas (no exentas del riesgo de la especulación y de la consiguiente devaluación) y de los NFT (activos digitales no fungibles), creados con *tokens* criptográficos al igual que las criptomonedas para determinar su autoría y singularidad, y que han revolucionado el mercado del arte digital hasta el punto de que en el último año se han multiplicado exponencialmente sus ventas e incluso su valor (en 2021, Jack Dorsey, cofundador de Twitter, vendió el primer tuit de la historia de su compañía por 2.95 millones de dólares, y el artista digital Beeple vendió un NFT en Christie's por 69 millones de dólares).

El metaverso no es un concepto reciente; como se recordará, a principios del presente siglo se lanzó *Second Life*, una plataforma multimedia en línea en la que los usuarios creaban un avatar y construían una segunda vida digital. Con el transcurso del tiempo, este metaverso original diseñado por la compañía tecnológica Linden Lab se convirtió en un arquetipo de metaverso que serviría como referencia a otros metaversos desarrollados posteriormente en la web 2.0 y en la web 3.0.

En resumidas cuentas, el metaverso no se consiste en una experiencia unitaria en un espacio digital compacto, sino en la migración de la experiencia humana desde el mundo físico hasta numerosos mundos virtuales en los que, como sostienen los autores de un estudio reciente sobre el futuro marco jurídico del metaverso, la tecnología tiene la oportunidad de llevar contenido a esos mundos de maneras nunca antes imaginadas y, con ello, problemas y desafíos legales nunca antes contemplados (Ara, Radcliffe, Fluhr, Imp 2022).

La progresiva implantación del metaverso (en el ámbito de la diversión, del comercio, de la salud y de la educación) ha generado una serie de supuestos y novedades desconocidos hasta ahora en nuestra experiencia jurídica. Es cierto que, en algunos casos, se podrían ajustar algunas leyes existentes para la regulación de cuestiones novedosas planteadas por la irrupción de las Nuevas Tecnologías; sin embargo, si se considera la inconmensurabilidad del espacio abierto en el que se expande el metaverso, cabe deducir que la adaptación legal y jurisprudencial a esa nueva realidad virtual que es jurídicamente vinculante no será fácil, en la medida en que las leyes existentes resultan ya insuficientes para regular los problemas causados en el espacio digital por un metaverso que ha roto las costuras de los sistemas jurídicos existentes.

En efecto, como señalan los autores del artículo sobre la regulación del metaverso anteriormente citado, el alcance de todas las leyes y regulaciones que podrían estar implicadas en un metaverso es prácticamente ilimitado y puede generar innumerables problemas legales. Así, por ejemplo, en materia de propiedad intelectual, la creación de nuevos tipos de NFT ha causado no pocas controversias y consultas legales respecto al alcance del derecho a utilizar el contenido en poder del propietario del NFT (en la praxis judicial más reciente la mayoría de las reclamaciones relativas al contenido del metaverso afectan a los derechos de autor, marcas comerciales y derechos de publicidad). Por otra parte, el uso y la explotación de los derechos de propiedad intelectual previamente licenciados o adquiridos en el metaverso plantean cuestiones novedosas para los licenciatarios y adquirentes en torno a la amplitud y el alcance de los derechos que han obtenido en virtud de acuerdos que pueden haber precedido durante mucho tiempo a Internet, y en menor medida al metaverso.

La problemática de los proyectos metaversos se extiende también a otras áreas legales, como, por ejemplo, las de la intimidad y la ciberseguridad.

En relación con la garantía de la privacidad en el proceso de recopilación, uso y transmisión de datos personales, los metaversos tienen capacidad para recopilar una información muy diversa que puede ir desde la información básica de identificación hasta recabar datos sobre el movimiento y las actividades del usuario en el metaverso. A este respecto, por un lado, se va evidenciando cada vez más la necesidad de aprobar una legislación dedicada precisamente a la protección de la intimidad en el ámbito del metaverso e incluso, junto a la oportunidad de contar con una jurisdicción especializada en Derecho digital e IA jurídica; por otro lado, también los creadores y desarrolladores de los proyectos metaverso deberían considerar la implementación de medidas que aseguren el cumplimiento de los requisitos legales de privacidad y la observancia de unos mínimos estándares ético-jurídicos en los contenidos de los metaversos (Moore 2021).

Respecto a la cuestión de la ciberseguridad, los proyectos metaversos plantean también problemas y cuestiones novedosas a las compañías tecnológicas que los crean y desarrollan, sobre todo de cara a asegurar la protección de sus sistemas de información y procesamiento de datos personales de sus usuarios ante un eventual ciberataque (Brighi 2021: 133-147).

En definitiva, aunque el metaverso se encuentre todavía en una fase inicial de implantación tecnológica, a medida que vaya evolucionando y expandiéndose su uso, tanto a nivel profesional como doméstico, es presumible que también se incrementarán el número de incidencias y reclamaciones entre los usuarios; por otra parte, como advierte Luciano Floridi, presumiblemente la brecha digital entre los que tienen un acceso adecuado a esta nueva experiencia humana o XE y los que quedarán excluidos de ella aumentará en lugar de disminuir (Floridi, 2022b); precisamente por eso se hará cada vez más evidente la necesidad de establecer un marco regulatorio del metaverso para tratar de anticipar —en la medida de lo posible— respuestas legales a los nuevos problemas legales que presente el metaverso (Ara, Radcliffe, Fluhr, Imp 2022).

5. CONCLUSIÓN

El impacto que sobre los derechos y libertades produce la revolución tecnológica 4.0 desborda el ámbito de las tres generaciones anteriores de derechos y libertades, porque ahora el hombre contemporáneo no está solo ante la técnica, sino que coexiste en el espacio digital con otras entidades y otro tipo de inteligencias que no son estrictamente humanas, sino transhumanas y/o artificiales. El escenario posthumano que se abre ante nosotros es, por ende, más complejo e incierto que aquél que respondía al paradigma humanista y al canon antropocéntrico en el que fue posible alumbrar una fase de esplendor para el proyecto humanista de la modernidad, y que Norberto Bobbio definió como "el tiempo de los derechos" (*l'età dei diritti*). Este nuevo escenario posthumano nos sitúa frente grandes cuestiones y retos como la identidad humana y el metaverso, el status jurídico de los robots, la regulación del espacio digital, la fundamentación de una ética de la IA, la metamorfosis del Derecho y la Justicia, en suma, nos coloca ante un mundo en el que, como advierte Luciano Floridi, la humanidad intentará transformar un entorno artificial hostil en una *infosfera* adaptada tecnológicamente en la que ésta perderá progresivamente su protagonismo. En efecto, señala este autor, en este nuevo hábitat digital compartiremos espacio virtual "no solo con otras fuerzas y fuentes de acción natural, animal y social, sino también y sobre todo con agentes artificiales" (Floridi 2022a: 58).

La revolución digital, parafraseando a Antonio Gramsci, representa una forma de *hegemonía cultural* que no solo ha conseguido imponerse a las sociedades modernas como un universo cultural de referencia, sino también como una idea dominante que todos hemos interiorizado y hecho nuestra de algún modo. La revolución 4.0, que según Floridi se remonta a Alan Turing, nos coloca en un contexto de metamorfosis del mundo en donde se halla en juego la conservación de la esencia humana ante el horizonte de la singularidad tecnológica, en el cual "la inteligencia ya no es solo una prerrogativa humana sino también artificial y digital" (Balbi 2022: 42).

Capítulo 2

JUSTICIA DIGITAL, ALGORITMOS Y DERECHO: DE LA PREDICTIBILIDAD DEL *BIG DATA* AL MITO DEL JUEZ-ROBOT

SUMARIO: 1. INTRODUCCIÓN. 2. JUSTICIA ALGORÍTIMICA E INTELIGENCIA ARTIFICIAL: ¿PUEDEN SUSTITUIR LAS MÁQUINAS A LOS JUECES HUMANOS?. 3. LA JUSTICIA DE LOS ALGORITMOS PREDICTIVOS FRENTE A LA JUSTICIA DE LAS REGLAS Y LOS PRINCIPIOS. 4. A MODO DE CONCLUSIÓN: LA TRANSFIGURACIÓN DE LA JUSTICIA HUMANA EN EL UNIVERSO DIGITAL.

1. INTRODUCCIÓN

En una histórica conferencia pronunciada por el juez Oliver Wendell Holmes Jr. con ocasión de la inauguración del nuevo edificio de la Facultad de Derecho de la Universidad de Boston, el 8 de enero de 1897, el entonces magistrado del Tribunal Supremo de Massachusetts criticaba la concepción darwinista social que impregnaba el pensamiento jurídico norteamericano a finales del siglo XIX, la confusión entre el derecho y la moral, el moldeamiento de la compleja realidad jurídica y del pensamiento iusfilosófico conforme a los dogmas y los principios universales de un orden natural preestablecido e idealizado, o la reducción del razonamiento judicial a un mero ejercicio lógico-deductivo, como proponía la tradición doctrinal del *Classical Legal Thought*.

Según Jerome Frank, lo que produjo Holmes al abandonar el dominante universo jurídico unicéntrico y basado en supuestas naturalezas objetivas y principios autoevidentes, fue un auténtico giro copernicano que trasladaba el centro de atención epistemológico desde las normas a las decisiones judiciales (Frank 1932: 578)[13].

---

[13] Este tránsito holmesiano a un universo jurídico no-eucledianο se halla en consonancia, según sostiene José Ignacio Solar Cayón, con la filosofía pragmática y su proclamada actitud de apartarse de las primeras cosas, los principios y las

Como símbolo de este nuevo enfoque metodológico Holmes plantea la hipótesis de un supuesto hombre malo (*bad man*) que le sirve para presentar una nueva concepción del derecho en la que se sentarán las bases teóricas y prácticas del realismo jurídico norteamericano. Según el original enfoque del *bad man* holmesiano, en el que la moral se distingue claramente del derecho, no interesan tanto las cuestiones éticas como las consecuencias que pueda acarrearnos nuestra conducta.

> Si quieres conocer lo que es el derecho, y nada más que el derecho, debes mirarlo como lo haría un hombre malo, a quien sólo le importan las consecuencias materiales que tal conocimiento le permite predecir, y no como lo hace un hombre bueno, quien encuentra las razones para su conducta —se hallen o no en el derecho— en las más vagas sanciones de su conciencia (Holmes 1897: 459).

Esta visión estrictamente fáctica, funcional y práctica desde la que Holmes contempla el derecho converge con el enfoque de sus destinatarios, especialmente de los clientes que acuden a los bufetes de abogados movidos por su interés en saber los *previsibles* resultados de una determinada actuación o de una situación específica que les afecta, antes que por el deseo de conocer las normas jurídicas o los principios lógicos del sistema jurídico aplicables a su caso.

A tenor de estos presupuestos protorrealistas y sociológicos defendidos por Holmes, el criterio con el que deben ser evaluadas las instituciones y las disposiciones jurídicas no es el de la preservación de la coherencia lógica ni la armonía de la estructura interna del sistema normativo, sino el valor social de sus resultados o consecuencias prácticas (Solar Cayón 2012: 29).

Así pues, como el propio Holmes revela en *The Path of the Law*, su objeto de estudio no es otro que la predicción de la incidencia de la fuerza pública a través de la actuación de los tribunales. Por lo tanto, el derecho no es para él el resultado de una deducción a partir de ciertos principios éticos o axiomas aceptados que puedan o no coincidir con las decisiones judiciales; es más, advierte Holmes,

categorías para mirar hacia las cosas últimas, las consecuencias y los hechos. (Solar Cayón, 2012, 36).

> si adoptamos el punto de vista de nuestro amigo el hombre malo, veremos que a él no le importan en absoluto los axiomas ni las deducciones y que lo que quiere saber es lo que los tribunales de Massachusetts o de Inglaterra probablemente harán en realidad. Yo estoy muy de acuerdo con él. Las profecías acerca de lo que los tribunales harán realmente, y nada más pretencioso que eso, es lo que yo entiendo por derecho (Holmes 1897: 460-461).

El aforismo holmesiano sobre la predictibilidad del derecho ha terminado convirtiéndose, 126 años después de la publicación de *The Path of the Law*, en una profecía en sí misma. A propósito de la predictibilidad de la justicia digital, Richard Susskind ha advertido que, si en plena era de la revolución tecnológica, el desarrollo de la Inteligencia Artificial (IA) y la expansión del *Big Data* permiten predecir de manera fehaciente los resultados de los conflictos de forma más fiable (y también más económica y cómoda) que los abogados, quizás quepa esperar que el mercado recurra cada vez más a los sistemas expertos antes que a las personas (Susskind 2020: 326).

En efecto, el desarrollo de herramientas algorítmicas y sistemas computacionales facilitan tanto el avance de la justicia digital en los procedimientos judiciales, como una eficiente asistencia al juez en la realización de sus específicas tareas (*Judge Craft*), y el asesoramiento en la toma de decisiones judiciales (*Decision Support*) (Leith 1998: 289-309).

Otros programas computacionales se han ido introduciendo paulatinamente en la práctica cotidiana del derecho y el mercado de servicios jurídicos hasta el punto de asumir muchas de las tareas realizadas tradicionalmente por los abogados, hasta el punto de haberse creado apps y chatbots que son capaces de sustituir a los operarios jurídicos en algunas tareas que allanan el acceso a la justicia y abaratan los costes de la representación legal al cliente. Sin embargo, algunos han llamado la atención sobre los resultados contraproducentes que esta digitalización del derecho puede producir, sobre todo en lo referente a la fractura digital, principal causa del incremento de desigualdad social entre los ciudadanos en función de su mayor o menor dominio de estos dispositivos o, parafraseando a Umberto Eco, dependiendo de si su condición es la de "apocalípticos" o "integrados" respecto a las Nuevas Tecnologías (Eco 1965).

En todo caso, como advierte Silvia Barona, la evolución de la inteligencia artificial jurídica es imparable, al igual que el arraigo progresivo de la justicia digital en el ámbito legal y judicial. Dentro del Derecho procesal español hay elocuentes ejemplos normativos que muestran el avance de la justicia digital; así, podría citarse la Ley 15/2015 de Jurisdicción voluntaria, que autoriza a los litigantes realizar actuaciones sin necesidad de abogado ni procurador en los juicios verbales cuando la cuantía reclamada no supere la cuantía económica de 2000 Euros; posteriormente, la aprobación de la reforma de la LOPJ por LO 4/2018, de 28 de diciembre (BOE 29 diciembre), dio mayor cobertura a la justicia digital, permitiendo actuaciones, audiencias y resoluciones telemáticas sin que se alteren los principios esenciales del proceso, con condiciones que garanticen la viabilidad y el cumplimiento del debido proceso, y especialmente el ejercicio del derecho de defensa (Barona Vilar 2021: 36-37).

El impacto de la IA y el efecto de la innovación tecnológica en el ámbito profesional del derecho está transformando profundamente el mercado de servicios jurídicos. La llegada de la tecnología jurídica digital (*legaltech*) como instrumento de ayuda de los juristas no solo ha contribuido a la liberación de los servicios jurídicos, sino —como afirma José Ignacio Solar Cayón— también ha servido para reconfigurar la actividad profesional, mediante la estandarización, la desintermediación y la desagregación del trabajo profesional. Además, la desagregación (o desintermediación) de la actividad jurídica en una cadena de tareas y la realización de cada una de ellas de la manera más eficiente que el mercado pueda proveer, mediante la para-profesionalización, la automatización y el *outsourcing*, constituye "una de las tendencias dominantes en el mercado global", lo que, según Solar Cayón, tendrá presumiblemente un importante impacto sobre el trabajo de los abogados (Solar Cayón 2019: 201-217).

En esta primera fase del proceso de digitalización de la justicia y el derecho encontramos una IA jurídica y unas tecnologías conexas que solo tienen una condición instrumental y de apoyo para facilitar la tarea cotidiana de los juristas, y muy especialmente de los abogados y los jueces. En relación con la función judicial, el uso progresivo del *Big Data*, de la tecnología *blockchain* y de los algoritmos hace razonable la calculabilidad de las sentencias —parafraseando a Natalino Irti

(Irti, 2016)— y, por ende, también nos permite concebir la idea de la viabilidad de la justicia predictiva[14].

Ahora bien, la digitalización del derecho no solo modifica los medios de difusión de la ley, sino su propia elaboración. En este sentido, la justicia digital o predictiva, que es el producto de la *legaltech* y de las *blockchain*, debería ser interpretada solo como una fuente alterativa de la normatividad jurídica. Al hilo de esta última consideración, se preguntan Antoine Garapon y Jean Lassègne, ¿cómo podemos optimizar el uso de los instrumentos digitales, abriendo la puerta con ello a la transformación de la justicia representativa y humana, sin que ésta quede desnaturalizada? (Garapon-Lassègne 2021: 273).

Esta última interrogante adquiere mayor relieve si se tiene en cuenta el hecho de que, en la actualidad, la IA se halla en un proceso de transición desde la primera ola, surgida a partir de sistemas de aprendizaje basados en reglas que replican e imitan los patrones de comportamiento y razonamiento humano, a una segunda ola marcada por el aprendizaje automático (*machine learning*) de los sistemas expertos aplicados a la práctica judicial. Es sabido que el aprendizaje automático no solo ha despertado el interés de los profesionales del mercado de servicios jurídicos, sino también del ámbito de la justicia. El atractivo principal de estos sistemas expertos que operan en el mundo del derecho se debe a su capacidad de realizar con gran precisión una enorme variedad de predicciones jurídicas. A partir de múltiples algoritmos, y utilizando grandes cuerpos de datos legales, estos sistemas pueden identificar patrones, regularidades y correlaciones que ni siquiera los abogados humanos podrían detectar usando los métodos tradicionales (Susskind, 2020, 315).

Al margen del debate doctrinal suscitado por la influencia que pueda tener en un futuro no demasiado lejano la IA en el mercado de los servicios jurídicos, y en la desintermediación del acceso a la justicia por parte de los ciudadanos, en la medida en que las máquinas puedan predecir fehacientemente los resultados de los conflictos con mayor fiabilidad que las personas, convendría aclarar si esa justi-

14 A principio de la década de los '70 del pasado siglo Colin Tapper ya estudió la aplicación de métodos informáticos para la predicción de sentencias judiciales (TAPPER, 1973, 233-251).

cia predictiva recabada a partir de cálculos matemáticos, programas computacionales, algoritmos y sistemas expertos, y si esa decisión judicial robotizada nos permitiría concluir si estamos o no ante una nueva forma de razonamiento jurídico realizado por máquinas inteligentes y capaces de sustituir a los jueces humanos. Dicho en otras palabras, la cuestión clave sería dilucidar si las máquinas pueden llegar a pensar como juristas, y de ser así, si cabría considerar a esa justicia predictiva y digitalizada que reduce el derecho al pronóstico de un resultado cierto, como una verdadera justicia, en el sentido más hiperrealista del término.

A propósito del momento de la singularidad tecnológica, vaticinada por Raymond Kurzweil, y su coincidencia con la llegada de la segunda ola de IA (Kurzweil, 2005), se ha especulado sobre la posibilidad de que las máquinas lleguen algún día a sustituir a los jueces, desde el preciso momento en que sean capaces de reproducir el razonamiento jurídico y el pensamiento humano por medio de la IA. A este respecto, habría que discutir si esa operación de *legal reasoning* podría considerarse, en puridad, un modelo de razonamiento, argumentación e interpretación jurídica genuina. En otras palabras, ¿cabe imaginar una teoría de la argumentación y de la hermenéutica jurídica judicialmente robotizada? ¿estarán los jueces-robot del futuro en disposición de fundamentar sus decisiones, o solo de explicarlas?

Conviene tener en cuenta, como advierte Manuel Atienza, que no debe confundirse el hecho de *fundamentar*, es decir, dar *razones* que justifiquen un curso de acción, con la simple *explicación* de los motivos y los antecedentes causales de una acción, que es lo que en principio pueden hacer las máquinas inteligentes mediante cálculos matemáticos, estadísticas y pronósticos realizados a partir del uso de algoritmos y del recurso al inconmensurable banco de datos electrónicos (Atienza, 1993, 31; 2012, 14).

Por otra parte, también habría que determinar si esa justicia profética y de resultados a la que nos referimos como justicia digital es una auténtica justicia. Para quienes así lo creen, la justicia se impartiría en sentido cuantitativo; sería el producto de un banco completamente actualizado de datos conformados por la normativa y la jurisprudencia aplicables al caso, además de un previo análisis estadístico y un cálculo aritmético que permitirían a un juez-robot ponderar una serie de riesgos y probabilidades que le habilitarían para anticipar con exactitud la resolución o la sentencia judicial más idóneas para un caso específico.

Sin embargo, no está claro que este concepto mecánico, objetivo y cuantitativo de la justicia agote por completo la naturaleza y la cualidad humana del derecho y la justicia, al menos tal y como están expresados estos conceptos en el tercero de los *tria principia iura* del justinianeo: *suum cuique tribuere*[15]. Del mismo modo que no basta con emular el pensamiento humano *literalmente* para concluir que las máquinas piensan, porque, como nos enseña Emilio Lledó, no podemos olvidar que pensar no es leer letras, sino "provocar un discurso interior en el que se plasma la continuidad de la consciencia como memoria" (Lledó, 2011, 151), tampoco cabe admitir sin más que se pueda reconocer la categoría de juez a un robot simplemente por incluir en su casi ilimitada memoria el conocimiento de todas las normas que conforman el ordenamiento jurídico y de la jurisprudencia, y por disponer de una función hermenéutica con capacidad de interpretarlas de acuerdo con la lógica formal de los silogismos judiciales en los que se demuestra que la decisión judicial es conforme a derecho (Hernández Marín, 2021, 73 ss.).

La irrupción de la IA en la realidad jurídica contemporánea ha permitido incorporar reglas heurísticas de la inteligencia humana (reglas de juicio que guían a los jueces en la toma de decisiones) a un programa computacional que permite la aplicación de fórmulas algorítmicas y, por medio de la alimentación del *Big Data*, el desarrollo de un cierto modelo de *smart justice* o de justicia automatizada (Barona Vilar, 2021, 551-552).

Pero en el desempeño del oficio de juez y en el desarrollo del proceso judicial, además del conocimiento de las normas y de los precedentes judiciales aplicables al caso, intervienen también el razonamiento jurídico del juez filósofo (el juez Holmes de Ronald Dworkin) que relaciona problemas jurídicos específicos con una amplia red de reglas, principios jurídicos y *standards* políticos (Dworkin, 2006, 56), junto a un factor emocional y empático en el que intervienen las *sensibilidades sujetivas* (es decir, emociones, percepciones e intuiciones) (Nieva Fenoll, 2018, 55).

---

15 *Digesto* 1, 1, 10, 1

En los dos próximos epígrafes abordaré algunas cuestiones relacionadas específicamente con el impacto de la revolución tecnológica en la cultura jurídica y en el mundo del derecho: en primer lugar, me centraré en el *quid* de la robotización de la justicia, esto es, analizaré algunas de las principales claves de la revolución de la IA y sus implicaciones ético-jurídicas en la justicia digital, así como su impacto tanto en la teoría como en la práctica del derecho; en segundo lugar, me referiré al *quod* del proceso de transformación o mecanización de la justicia, es decir, al modo en el que la IA, la robótica y las tecnologías conexas no solo están alterando la esencia del arte y la técnica de juzgar y aplicar la ley, sino a cómo están cuestionando incluso la condición antropocéntrica y antropogénica del derecho y la Justicia.

2. JUSTICIA ALGORÍTIMICA E INTELIGENCIA ARTIFICIAL: ¿PUEDEN SUSTITUIR LAS MÁQUINAS A LOS JUECES HUMANOS?

¿Pueden sustituir las máquinas a los jueces humanos? Se pregunta Richard Susskind en un libro publicado recientemente con ánimo deliberadamente provocador (Susskind, 2020, 319). La respuesta a esta interrogante dependerá, en buena medida, del modelo de justicia al que nos refiramos, y también estará subordinada a otras condiciones como, por ejemplo, a nuestra particular concepción de la ética normativa (consecuencialista o principalista), a nuestra capacidad de admisibilidad moral (al margen de la viabilidad técnica de esta hipótesis) respecto a la asunción por parte de las máquinas de aquellas tareas y actividades jurídicas que sean especialmente relevantes para la condición humana (es decir, no necesariamente imitativas de la actuación de los tribunales, ni del razonamiento judicial humano), o al nivel de vinculatoriedad que deseemos reconocerle a las decisiones judiciales basadas en las predicciones realizadas por sistemas expertos de IA (Susskind, 1996, 120 ss.).

La hipótesis de los jueces-robot se plantea solo en el escenario de la segunda ola de la IA, es decir, una vez superada la fase original en la que los sistemas de IA eran utilizados como instrumentos de apoyo para resolver problemas judiciales y redactar documentos jurídicos.

En esa primera ola de la IA, los sistemas expertos basados en reglas se desarrollaban mediante un proceso de aprendizaje en el que se trataba de extraer el conocimiento y los procesos de razonamiento de la mente de los expertos humanos en Derecho.

Hasta la invención de la web y el comienzo de la resolución de conflictos online, un hito histórico que marcó un salto cualitativo en la evolución de las tecnologías informáticas y de la computación cuántica, y también el inicio de la segunda ola de la IA, el sistema de IA jurídica de referencia (en puridad, el primero en estar operativo a nivel mundial) era el *Latent Damage System* (LDS), codesarrollado por Phillip Capper y Richard Susskind en 1988 (Capper-Susskind, 1988).

Este sistema era capaz de plantear preguntas a los usuarios, dar respuestas judiciales y redactar documentos jurídicos, con un nivel de calidad y precisión técnica que a menudo era superior al de los expertos humanos; aunque se trataba solo de un sistema experto de aprendizaje en el que se desplegaba un árbol de decisión gigante donde se representaban los patrones aparentes del razonamiento jurídico humano (Susskind, 2020, 308-310).

Mientras que la IA de la primera ola fue programada por humanos, la segunda se caracteriza por su ilimitada capacidad de procesamiento de datos y por el uso de algoritmos que reconocen patrones de comportamiento a partir del análisis de ese ingente volumen de datos. Estos sistemas expertos son autónomos en la medida que ya no se basan en la ejecución de reglas predeterminadas (*code-driven*), sino que son capaces de generar sus propios modelos predictivos o de tomas de decisiones en función de los datos que se le suministren (*data-driven*) (Hildebrandt, 2018).

En resumidas cuentas, el aprendizaje automático de las máquinas inteligentes (*machine learning*) supone un cambio de paradigma computacional y constituye el rasgo distintivo de la actual IA (Solar Cayón, 2021, 335)[16].

---

16 Señala Claudio Sarra que el abandono del paradigma antropocéntrico por el tecnoparadigma dataísta se debe, fundamentalmente, a la elevación a la máxima potencia del hombre frente a la naturaleza, es decir, a una especie de transfiguración por parte del individuo que supera la heroica oposición hombre-mundo de la modernidad (Sarra, 2019, 100-101).

Y esto es solo el comienzo de la revolución digital en el ámbito de la justicia y de la automatización de la práctica profesional del derecho. A este respecto, según el pronóstico de Richard Susskind, en el futuro habrá un "sinfín de avances" que irán más allá del aprendizaje automático, la técnica de IA dominante del momento. En cuestión de décadas, los sistemas expertos superarán a los jueces en su propio terreno, dictando sentencias razonadas con explicaciones parecidas a las que se ofrecen en las mejores sentencias dictadas por los jueces humanos, pero con la diferencia de que aquellas se habrán generado por *software* IA en vez de por *wetware* judicial (Susskind, 2020, 323).

A propósito del salto cualitativo operado en la evolución de IA jurídica y de la consiguiente aparición de start-ups que comercializan sistemas capaces de predecir el comportamiento de los tribunales (por ejemplo, *Lex Machina*) se ha especulado sobre el impacto que estas aplicaciones inteligentes tendrán tanto en la justicia como en el mercado de servicios jurídicos. En este sentido, algunos autores estiman que, conforme las máquinas vayan ampliando sus capacidades y asumiendo más competencias en la práctica cotidiana de las profesiones (entre ellas, también las profesiones vinculadas a la teoría y la praxis del derecho), la contribución de los humanos al mercado de trabajo irá reduciéndose proporcionalmente (Susskind, R. - Susskind, D., 2015; Susskind, D., 2020).

Sin embargo, para los más escépticos respecto a los supuestos efectos benéficos del gradual proceso de mecanización y/o robotización del trabajo tradicionalmente desempeñado por el hombre, siempre deberían quedar algunas áreas profesionales reservadas solo para humanos, especialmente en aquellos trabajos donde la interacción entre las personas es fundamental (Bessen, 2020, 83-88).

A propósito de la insistencia de una parte de la doctrina en la creencia de que hay tareas que nunca podrán realizar las máquinas de manera satisfactoria, pues en última instancia las máquinas serían incapaces de copiar y reproducir perfectamente la forma en la que funcionan los seres humanos. Richard Susskind ha rebatido recientemente esta opinión aduciendo que está basada en la "falacia de la IA", es decir, inspirada en la creencia de que la única forma de desarrollar máquinas que puedan funcionar al mismo nivel que los seres humanos consiste en "*copiar* la forma en que funcionan los seres humanos". Es más, en la actualidad, ya existen muchos sistemas de

IA que no operan necesariamente copiando el comportamiento, ni dependiendo de los patrones de actuación humana, sino de manera muy diversa (esto es, no humana); en este sentido, estos sistemas contemporáneos pueden "realizar predicciones, identificar documentos importantes, contestar preguntas y gestionar emociones a un nivel superior al de las personas" (Susskind, 2020, 316-317).

En suma, la creciente introducción de la IA en el ámbito profesional, en general, y en el mercado de los servicios jurídicos, en particular, se caracteriza porque está sometida a cambios que, en su primera fase, estará dominada por la *automatización* (lo cual supone que muchas labores cotidianas, arduas y/o reiterativas, se irán optimizando mediante la aplicación de la tecnología); posteriormente, en una segunda fase marcada por la *innovación tecnológica*, se introducirán herramientas y sistemas, cada vez más autónomos e inteligentes, que acabarán transformando el trabajo de los profesionales, "dando lugar a nuevos procedimientos para compartir el conocimiento práctico que aquellos poseen" (Solar Cayón, 2019, 49).

En esa segunda fase de la IA, que en el marco de la IA jurídica nos permite concebir la justicia digital de los tribunales on-line, se ahorrará tiempo y dinero (en la medida que las máquinas irán asumiendo cada vez más funciones de mediación hasta ahora reservadas a los abogados y los procuradores). A este respecto, cabe imaginar a corto/medio plazo un sistema de aprendizaje automático que, usando el *Big Data* y los algoritmos computacionales, ayude a las partes prediciendo el resultado del caso si finalmente decidieran presentarlo ante un juez humano.

Algunos autores ya especulan con la posibilidad de que la tercera etapa en la evolución de la IA jurídica será la determinada por el juez-ordenador, es decir, la fase en la que las máquinas sustituirán a los jueces. A propósito de la hipótesis de la mecanización del proceso judicial, de la robotización del jurado y de la sustitución de los jueces humanos, en uno de sus últimos y más incitadores artículos, Eugene Volokh nos plantea este supuesto de partida: imaginemos que, un buen día, un programa de IA pasa la prueba de Turing, es decir, que llega a tal nivel de evolución tecnológica que, si mantuviéramos con él una conversación separados por un biombo nos resultaría imposible precisar si nuestro interlocutor es una persona o una máquina inteligente, el comportamiento inteligente de ese programa de IA no sería distinguible respecto al del ser humano. Supongamos también que, tras el posterior desarrollo de estos programas de inteligencia avanzada por parte de los ingenieros informáticos, esas máquinas no solo fuesen capaces de imitar el comportamiento humano de los jueces y los abogados, sino que aprendieran a conversar, escribir informes e, incluso, presentar argumentos *persuasivos* en una sala de justicia (física o virtual). Pues bien, observa Volokh, si finalmente la IA jurídica adquiriese un grado tan avanzado de desarrollo tecnológico, deberíamos aceptar la posibilidad de que, en un futuro no demasiado lejano, los jueces-ordenadores (jueces-robot) pudieran sustituir a los jueces humanos (en la medida que serían más fiables y rentables para la Administración de Justicia) (Volokh, 2019, 1135-1192).

En última instancia, todo dependería de la viabilidad técnica y de la aceptabilidad tecnológica de esta hipótesis[17].

En rigor, no parece viable que, desde un punto de vista técnico, las máquinas estén preparadas a corto y medio plazo para razonar, argumentar, pensar o sentir como lo haría un juez humano; por otra parte, tampoco cabría afirmar que las máquinas actuales, dotadas de sistemas de aprendizaje automático, pueden ofrecer los resultados del método judicial (es decir, que estén en disposición de dictar decisiones motivas); sin embargo, como hemos visto anteriormente al referirnos a *Lex Machina*, existen ya sistemas inteligentes de justicia predictiva que permiten saber con antelación cuál será el comportamiento de los tribunales (la profecía del realismo jurídico representado por Oliver Wendell Holmes cumplida merced a los algoritmos, el *Big Data* y la estadística computacional)[18].

Desde un punto de vista iusfilosófico, el sistema procesal del *common law* al que se refiere la doctrina anglosajona, que es en el que han tenido su origen la mayoría de estudios que hasta la fecha se han publicado sobre justicia digital y predictiva, se preocupa sobre todo y pone especial énfasis en la certeza de los resultados, y pretende saber *ex ante* la respuesta de los tribunales. Este sistema anglosajón se aviene mejor a un modelo de reglas que a un modelo de principios, como es el caso del modelo procesal continental basado en el Dere-

---

17 SUSSKIND, R., *Tribunales online y la Justicia del futuro*, cit., pp. 321.

18 Ibid., pp. 321-323.

cho romano, en la medida en que el sistema de reglas proporciona una mayor seguridad jurídica, mientras que el sistema de principios (con mayor afinidad al modelo continental europeo) es más abierto e incierto. En el próximo epígrafe me ocuparé de esta conexión de ideas entre la singularidad y el sistema de reglas, ahora quisiera centrarme en el modelo realista en el que se inspiran los partidarios de la instauración de la justicia predictiva a través del desarrollo de las técnicas de aprendizaje automático de las máquinas inteligentes. Se trata, en definitiva, de un modelo que no responde estrictamente a una interpretación *ex iuris scientia*, sino a una visión práctica y forense del derecho positivo.

Este sistema judicial y predictivo promueve la justicia proporcional (más rápida, económica y fácil de usar para los ciudadanos), así como la justicia distributiva (porque permite que accedan al sistema público de resolución de conflictos *online* un mayor número de personas, en lugar de solo unas pocas, como sucede con el tradicional sistema de tribunales de justicia compuesto por jueces humanos que juzgan en salas físicas y no virtuales.

Para quienes abogan por la robotización de la justicia, lo verdaderamente decisivo es la calidad del resultado más que el procedimiento a través del cual se llega a la resolución, pero no la calidad jurisprudencial de la sentencia judicial en sí misma, sino entendiendo este término según la métrica de la *persuasión* (tanto para el jurado como para las partes del litigio es el resultado que se considera más cierto y convincente, precisamente por haber sido decidido de acuerdo con el cálculo de un sistema de IA imparcial e insensible a las emociones humanas) (Volokh, 2019, 1192).

En suma, con esta transición hacia el modelo de justicia basado en la eficacia de los cálculos algorítmicos parece que se está abandonando el ámbito del razonamiento y la argumentación jurídica que motiva las sentencias en aras del "solucionismo" (Morozov, 2015). En este sentido, según Antoine Garapon, para comprender plenamente el calado de la transformación de la justicia causada por la justicia digital, es preciso relacionar ésta con un tipo de justicia sistémica, globalizada y neoliberal. En este modelo de justicia digital el operario de la justicia no depende ya de una voluntad política, ni de una norma jurídica, ni de un uso o una tradición, sino que se basa en un mecanismo técnico que es moralmente neutro. El derecho no provendrá de un acto de *vis publica*, sino de un sistema cuya fuerza proviene de automatismos externos al ordenamiento jurídico estatal y territorializado (Garapon, 2018, 1014-1021).

Hay que advertir, en todo caso, que el automatismo implica en realidad justo lo contrario de la política en la democracia; es más, parafraseando a Zygmunt Bauman a propósito del divorcio entre el poder y la política se puede concluir que, en puridad, la entrada de la ciencia y la tecnología en el territorio propio del derecho supone la aplicación de los principios de *subsidiariedad* y *externalización* por parte de los órganos del Estado en otros mecanismos delegados que asumen las funciones que aquellos han venido asumiendo hasta hace poco (Bauman, 2007, 8).

Pese a que la introducción de la técnica reintroduce de nuevo en el sistema de justicia digital mayores dosis de certeza y seguridad jurídica, en realidad, esta remisión desde el sistema jurídico, sin reservas ni modulación alguna, a las soluciones que se adopten por el sistema de la ciencia y de la técnica, supone "una claudicación por parte del derecho para decidir de acuerdo con los criterios de valoración que le son propios" (Esteve Pardo, 2019, 105-106).

La justicia predictiva podría significar la sustitución de la justicia procedimental de los jueces humanos por la solución casuística dictada por los algoritmos. Sin embargo, como advierten Antoine Garapon y Jean Lassègue (2021, 171), la justicia predictiva de la segunda ola de IA no ambiciona aún suplantar al derecho, sino hacerlo más previsible; tampoco pretende debilitar la confianza en la justicia, sino administrar ésta de un modo más científico; por otro lado, la justicia digital facilita el acceso a la justicia de los ciudadanos, ahorrándoles tiempo y dinero, a la vez que libera a los abogados y procuradores de tareas cotidianas y repetitivas que no exigen mucha cualificación (en otras palabras, esta reconfiguración de la práctica profesional del derecho se está traduciendo en tres tendencias complementarias: rutinización o estandarización, desintermediación y desagregación de la actividad profesional en el mercado de los servicios jurídicos) (Solar Cayón, 2019, 201).

Sin embargo, el adjetivo *predictivo* tiene una cierta connotación mágica que apela a una nueva idea de justicia entendida como un ejercicio de adivinación propia de oráculos (que es, por cierto, como el juez Oliver Wendell Holmes Jr. calificaba la actuación de los tribunales), más que como el resultado de una argumentación y un razonamiento jurídico derivado del conocimiento de la ciencia del derecho. La elaboración de las decisiones judiciales derivadas de un software predictivo en vez de un razonamiento jurídico basado en principios y reglas plantea algunos interrogantes respecto a la desinstitucionalización del derecho y la deshumanización de la Justicia en aras de un solucionismo tecnológico que nos asegura la certeza y la precisión de los resultados.

En el siguiente epígrafe, trataré de justificar mis reservas respecto a un modelo de justicia predictiva basado exclusivamente en el cálculo estadístico y la lógica algorítmica a costa del sacrificio de las reglas y los principios. La justicia digital representa una suerte de *evidence based sentencing* en el que el *homo sapiens* resulta desplazado por el *homo numericus* (en última instancia, el *homo excelsior* de la singularidad tecnológica), y tanto la autonomía de la voluntad, como el libre razonamiento jurídico, son sustituidos por la prescripción automática y performativa de las máquinas inteligentes (Garapon-Lassègue, 2021, 214).

3. LA JUSTICIA DE LOS ALGORITMOS PREDICTIVOS FRENTE A LA JUSTICIA DE LAS REGLAS Y LOS PRINCIPIOS

Cuando el juez Holmes se refirió a los tribunales como los oráculos de la justicia difícilmente podría imaginar que llegaría el día en el que las predicciones se basarían en datos producidos por algoritmos predictivos. Las predicciones basadas en datos (*machine learning*) analizan datos masivos (*Big Data*) relativos a un determinado fenómeno para, a partir de la utilización de algoritmos, extraer correlaciones que permitan producir, como resultado final, predicciones de hechos futuros (Mayer-Schönberger-Cukier, 2013).

Tradicionalmente, en el ámbito judicial y administrativo, la toma decisiones ha dependido de criterios racionales, argumentos fundados en razonamientos o principios jurídicos, y subjetivos o irracionales, es decir, decisiones de “sentido común” a las que se recurre cuando se estima que hay factores de imposible racionalización y que se confían a determinadas personas con la formación y la experiencia idónea para decidir o resolver. El hecho de que estemos acostumbrados a que las decisiones se tomen en función de criterios razonados y explicables nos remite a juicios de causalidad o de carácter normativo. En este sentido, si se opta por esta vía tradicional para la toma de decisiones judiciales o administrativas es porque se presume que esta vía nos conducirá hasta el objetivo señalado bien por la doctrina, por la Teoría del derecho, por la ciencia jurídica, etc.

Sin embargo, como ha advertido Alejandro Huergo Lora, los algoritmos predictivos suponen un cambio de perspectiva en la toma de decisiones: se analiza el pasado (fundamentalmente una inmensa cantidad de datos referidos a experiencias anteriores de las que existe constancia de los resultados que produjeron) y se extraen correlaciones, esto es, se identifican automáticamente las características o grupos de características que han llevado a los mejores resultados, y se toman esos criterios como base para las decisiones (Huergo Lora, 2020, 35-36).

La aplicación de los algoritmos predictivos tiene en cuenta una ingente cantidad de datos superior a los que puede llegar a procesar cualquier analista humano (cuya capacidad para procesar y manejar datos es infinitamente inferior a la de una máquina inteligente); por otra parte, este análisis cuántico de datos se realiza a través de un procedimiento automático que, en principio, eliminaría los sesgos y los prejuicios que muchas veces presentan los análisis humanos. A propósito de la aplicabilidad de los algoritmos predictivos en el proceso de toma de decisiones jurídicas, su adecuación se irá incrementando a medida que las decisiones judiciales y administrativas no se tomen en función de criterios empíricos, sino normativos.

Al igual que el fundador del realismo jurídico norteamericano, O. W. Holmes Jr. concedía mayor importancia al momento de la aplicación del Derecho (a través de la sentencia judicial o de la resolución adoptada por el órgano administrativo competente) antes que al de su creación, por vía legislativa o por la regla de la doctrina del precedente judicial (*stare decisis et non quieta movere*), en la justicia predictiva se presta especial atención a la predicción del resultado basado en datos y a la solución que se le dé a un determinado problema, antes que a la sentencia misma, como producto de la argumentación jurídica y la ponderación de principios y reglas.

Existe un cierto paralelismo entre la previsibilidad de las sentencias auspiciada por el realismo jurídico norteamericano, que responde a un modelo de preponderancia judicial determinada por los precedentes, y una parte de la doctrina jurídica contemporánea que es partidaria de la superposición (algunos autores incluso abogan directamente por la sustitución) de la justicia procedimental y la argumentación jurídica por el mecanicismo de la justicia predictiva basada en datos cruzados, cálculos matemáticos y algoritmos (Alexandre-Babeau, 2016).

Leyendo a autores como Richard Susskind da la impresión de que, hasta ahora, su análisis se ha centrado exclusivamente en el papel de los tribunales online para la resolución de conflictos civiles, especialmente en los de menor cuantía (Susskind, 2020, 32).

Sin embargo, conforme vayamos aproximándonos al momento de la singularidad tecnológica, el modelo de justicia (inspirado en principios) irá perdiendo peso, por su carácter abierto, indeterminado e incierto, cuya respuesta no precede *ex ante*; mientras que, por el contrario, el modelo basado en reglas, de carácter dilemático, cuya respuesta se produce *ex post* a partir de unos resultados conocidos, y que está orientado a la seguridad jurídica, irá ganando enteros[19].

La justicia predictiva basada en cálculos matemáticos, algoritmos, códigos fuentes y *Big Data* supone la sustitución del momento deliberativo de la fase procesal, en la que se llega a la verdad judicial a partir de los hechos probados (*ex post facto*), por la aplicación mecaniza-

---

19 En muchos estudios recientes sobre la justicia digital y los tribunales online se aprecia una cierta confusión entre principios y reglas que conduce, indefectiblemente, a minusvalorar la importancia de los principios como mandatos de optimización (*Optimierungsgebote*) en la delimitación conceptual de la teoría de la justicia. En este sentido, puntualiza Robert Alexy, los principios están caracterizados por el hecho de que pueden ser cumplidos en diferente grado y que la medida debida de su cumplimiento no sólo depende de las posibilidades reales sino también de las jurídicas; en cambio, las reglas son normas que sólo pueden ser cumplidas o desobedecidas, no cabe alternativa. A diferencia de los principios, las reglas contienen determinaciones en el ámbito de lo fáctica y jurídicamente posible. En resumidas cuentas, concluye Alexy, la diferencia entre las reglas y los principios es solamente cualitativa, no de grado: "Toda norma es o bien una regla o un principio": [*Jede Norm ist entweder eine Regel oder ein Prinzip*] (Alexy, 1986, 77).

da de la decisión tomada *ex ante facto* (un juicio de resultado basado en cálculo) y el fin velo de ignorancia. La aceptación por las partes de la justicia *legaltech* que anticipa el resultado basado en cálculos, datos y algoritmos en lugar de la justicia procedimental que apoya sus decisiones en función de principios y argumentos jurídicos, así como en la ponderación de derechos, bienes jurídicos e intereses en conflicto supone también, desde la percepción de las partes litigantes, la asunción de un cierto velo de la ignorancia. A propósito del desplazamiento de la justicia institucionalizada por la *legaltech* señalan Antoine Garapon y Jean Lassègue que el espacio real en el que tradicionalmente ha venido operando la justicia humana se está viendo sometido paulatinamente a un proceso de re-simbolización y digitalización en el que se priorizan cada vez más los criterios de economía y cuantificación aplicados a una realidad que ya no es natural ni espontánea, sino *recreada* artificialmente mediante tecnologías de IA (Garapon-Lassègue, 2021, 112).

Es importante advertir que el algoritmo se presenta como una aplicación de la ley, pero no debe confundirse con la ley en sí misma; por otra parte, la delegación a las máquinas de la competencia de legislar y de juzgar a partir de algoritmos supone, por un lado, la instauración de un cierto determinismo en la justicia digital del que se deriva una regulación algorítmica de código (*code-driven algorithmic regulation*) basada en un código automático de auto-ejecución y, por otro lado, la regulación algorítmica de datos (*data-driven algorithmic regulation*) fundada en el aprendizaje automático y las inferencias estadísticas que pueden resultar impredecibles. Esta circunstancia, comenta Hildebrandt,

> plantea la cuestión sobre si el derecho consiste en una cuestión de regulación en sentido cibernético, y, en ese caso, si la regulación algoritmos podría sustituir o asistir a la regulación jurídica. Aunque podemos analizar el derecho a través de la teoría de la regulación, esto supone una perspectiva externa del derecho, que no puede captar el significado de la ley, ya que se basa en una comprensión muy específica de la acción e interacción humana. Desde la perspectiva interna del derecho, la regulación jurídica no es simplemente una cuestión de influir o controlar el comportamiento de una población. Se trata, por el contrario, de una perspectiva que considera que el derecho se dirige a los individuos como autores de sus actos, es decir, que son capaces de dar razones de sus actos. Desde la perspectiva interna del derecho, la regulación jurídica no es simplemente

una cuestión de influir o controlar el comportamiento de una población. Se trata, por el contrario, de una perspectiva que considera que el derecho se dirige a los individuos como autores de sus actos, es decir, que son capaces de dar razones de sus actos (Hildebrandt, 2018, 9).

En la medida en que la regulación algorítmica pase a formar parte de las prácticas legislativas, judiciales o de otro tipo del derecho, tenemos que asegurarnos de que no sólo es compatible con el Estado de Derecho, sino que también debe incorporar sus principios fundamentales. En contra, precisamente, de la restitución de los principios como parte esencial del Derecho se ha posicionado recientemente un sector de la doctrina legal y jurisprudencial estadounidense; en este sentido, quizás la postura más extrema sea la que han adoptado Anthony J. Casey y Anthony Niblett al anunciar la muerte de los standards y las reglas, y su sustitución por las microdirectivas, es decir, órdenes precisas en función del contexto dictadas automáticamente por las máquinas inteligentes (Casey-Niblett, 2017, 1401-1447).

Según la previsión de ambos autores, en el futuro inmediato las nuevas start-up que apliquen los algoritmos más perfectos y avanzados y el *machine learning* al derecho empezarán a desplazar la discrecionalidad de los legisladores y de los jueces. En este sentido, tanto Casey como Niblett comparten su escepticismo respecto a la idea de que haya algo "especial" y "humano" en el derecho y el razonamiento jurídico. Esta posición convergería con la postura mantenida por aquellos a los que Joseph Raz considera partidarios del razonamiento jurídico "modesto", en claro contraste con los defensores del razonamiento jurídico "ambicioso". Por lo tanto, quienes sostienen que no hay nada especial en el razonamiento jurídico, entienden también que la razón es la misma que en otros ámbitos profesionales. Según ellos, sólo el contenido de la ley la diferencia de otras áreas de investigación, mientras que su modo de razonamiento es el común a todos los dominios de la investigación (Raz, 2001, 1-18).

Para ilustrar el modo en el que la IA legal está comenzando a cambiar el campo del derecho, Casey y Niblett analizan la forma en que los jueces fijan la fianza en el ámbito de la experiencia jurídica y jurisprudencial norteamericana contemporánea. A este respecto, como es sabido, históricamente la decisión de fijar una fianza se basaba en normas jurídicas. El juez sopesaba una serie de factores, como la gravedad del presunto delito, la probabilidad de culpabilidad, si el acusado había saltado la fianza anteriormente, los vínculos sociales y la situación laboral del acusado, su estado mental, etc. A este respecto, la lista de factores potencialmente relevantes es casi inagotable.

Sin embargo, advierten ambos autores, en la actualidad algunas jurisdicciones están recurriendo a la tecnología predictiva para reducir la incertidumbre y la incoherencia en las decisiones de los jueces, así como para acortar el tiempo que se tarda en fijar la fianza. En la praxis judicial estadounidense ha desarrollado un algoritmo que sirve para predecir cuándo los acusados no deberían salir bajo fianza. La capacidad de predicción de este algoritmo, que tiene en cuenta los datos sobre las características del acusado, superaría, en principio, con creces la de cualquier juez humano individual.

Este resultado de los datos, a juicio de Casey y Niblett, es más sistemático y fiable que la corazonada de un juez individual, puesto que el algoritmo reduce los costes de error (es mejor para evaluar la probabilidad de que un acusado se salte la fianza) y los costes de decisión (los jueces pueden simplemente aplicar el algoritmo). Por el contrario, los jueces sin el algoritmo tienen menos información y no pueden procesar información de la que disponen con la misma eficacia y precisión que una máquina. Además, los jueces introducen sesgos en el sistema al considerar factores irrelevantes: "Un juez bienintencionado puede incluso no saber cuándo está considerando factores irrelevantes. Una máquina no sufre este problema".

Por otra parte, las máquinas pueden ser instruidas para que ignoren factores que no se desea que la ley considere. De esta forma, se podría programar incluso a una máquina para que ignorase la raza, el género, la religión y otros factores similares, incluso si son relevantes para un resultado objetivo; sin embargo, concluyen ambos autores, es mucho más difícil que un juez ignore afirmativamente los impactos subconscientes de esos factores (Casey-Niblett, 2017, 1401-1447).

La perspectiva del razonamiento jurídico modesto que sostienen Casey y Niblett puede ser teóricamente contrarrestada desde el argumento de la vaguedad del Derecho. En efecto, como advierte Timothy Endicott, al hablar de razonamiento jurídico hay que tener en cuenta que el derecho es comúnmente vago, y que las exigencias del derecho en los casos concretos son frecuentemente indeterminadas. Por otra parte, frente al argumento de la precisión y la seguridad del algoritmo predictivo por parte de los defensores de la justicia mecanizada, que cuestionan la excesiva discrecionalidad de los jueces humanos, cabría recordar que la vaguedad en el derecho no supone necesariamente un déficit ni para el Estado de Derecho, ni para el imperio de la ley. Es más, de acuerdo con Endicott, la vaguedad solo sería un déficit cuando se utilice como subterfugio para burlar los principios de legalidad y racionalidad del derecho[20].

Desde una posición próxima al razonamiento jurídico "ambicioso", y por consiguiente contraria a la tesis moderada de Casey y Niblett, tanto Cass R. Sunstein como Jeffrey M. Lippshaw mantienen que el juicio algorítmico no puede replicar al razonamiento jurídico.

En efecto, a juicio de Sunstein, los programas informáticos con los que operan los ordenadores no razonan analógicamente como lo hacen los humanos, de ahí, observa este autor, que las afirmaciones más extravagantes en nombre de la inteligencia artificial en el derecho se basen precisamente en una imagen cruda del razonamiento jurídico, que no tienen en cuenta la necesidad de arraigar tanto los juicios de analogía, como a los demás juicios que no son de esa categoría, en juicios de principio y política (Susstein, 2001, 32-34).

En cuanto a Lipshaw, trata de buscar un punto intermedio entre quienes tratan de reducir los juicios a una mera "matriz de reglas" (*matrix of rules*) y quienes, por el contrario, prefieren situarlos en el terreno de la indeterminación; al hilo de esta consideración escribe Lipshaw:

> Creo que el juicio no es ni irreductiblemente algorítmico ni totalmente aleatorio, y ahí radica su dificultad y su misterio (Lipshaw, 2011, 14).

A propósito de esta última reflexión cabría plantearse si sería posible concebir un ordenador legal en cuyo juicio estuviéramos dispuestos a confiar. En algunas cuestiones, la respuesta a esta cuestión sería

---

20 Endicott se refiere, por ejemplo, a aquellos supuestos en los que las autoridades usan la vaguedad para eximir sus acciones de la exigencia de racionalidad inherente al derecho, o en aquellos otros casos en los que se confunde la voluntad del funcionario con la razón del derecho (Endicott, 2001, 202-204).

probablemente afirmativa; en efecto, un algoritmo puede resolver algunas cuestiones; por ejemplo, decidir cuántas acciones pueden venderse en el mercado en virtud de una regla precisa. Un algoritmo es rígidamente deductivo; dadas las condiciones correctas, las reglas de inferencia proporcionadas por el sistema formal nos proporcionan la conclusión correcta. Nuestra intuición razonable, sin embargo, es que no sólo las cuestiones legales que puedan ser resueltas por un algoritmo no sean muy interesantes sino también que el tipo de juicio que buscamos en los abogados que operan en la parte AB del diagrama de Venn (esto es, las partes representadas por el mundo de los negocios y el Derecho) no sea conceptualmente reducible a un sistema algorítmico.

Sin embargo, aunque el Derecho pueda describirse como un "sistema formal y racional", por mucho que sus doctrinas y reglas se aparten del sentido común de los legos, no es un sistema de lógica formal. Los humanos, en efecto, a diferencia de los ordenadores, tienen capacidades que no poseen los algoritmos, sobre todo en cuanto a juicios de comprensión, verdad, sentido común y artísticos se refiere. En este sentido, añade Lipshaw, los cerebros humanos suministran las reglas al programa. Tanto si se trata de una mera inducción como de una red neuronal artificial que pueda replicar un razonamiento análogo mediante el reconocimiento de patrones, en última instancia tendremos que llevar a cabo un proceso abductivo para llegar a la regla que vamos a dar al ordenador, ya sea cerca de la superficie o en lo más profundo de la red neuronal.

> Incluso si la regla es una regla de aprendizaje de segundo o tercer orden, tenemos que hacer un juicio que es la mejor elección entre varias reglas alternativas de aprendizaje Lipshaw (2011, 14-18).

4. A MODO DE CONCLUSIÓN: LA TRANSFIGURACIÓN DE LA JUSTICIA HUMANA EN EL UNIVERSO DIGITAL

A lo largo del presente capítulo hemos analizado el modo en que la justicia predictiva está mecanizando la labor de regulación, interpretación y argumentación jurídica por parte de los operarios del derecho, y muy especialmente de la metamorfosis digital que están experimentando, a nivel técnico y profesional, el ámbito judicial y administrativo. Como hemos podido comprobar, para algunos autores, es cuestión de tiempo que la justicia predictiva realizada por máquinas inteligentes que operan con IA, *Big Data* y algoritmos acabe sustituyendo a los abogados y a los jueces. Otros especialistas en IA legal consideran, en cambio, que tal vez sea prematuro tratar de adelantar cualquier pronóstico al respecto. Según esta doctrina más moderada, la justicia digital realizada robóticamente no ambiciona por ahora suplantar al derecho, sino tan solo hacerlo más previsible.

Por lo tanto, como advierten Antoine Garapon y Jean Lassègue, la cuestión no sería tanto que nos decantásemos a favor o en contra de la justicia predictiva (pues ésta no pretendería, en principio, hacer desaparecer el ámbito jurídico, sino más bien anexionárselo), como tomar conciencia de los efectos que la introducción masiva e indiscriminada de datos y algoritmos predictivos pudiera tener en la desmaterialización del concepto del derecho, en la invisibilización de la experiencia jurídica por medio de la digitalización de los juicios y el cifrado de la realidad, en la desinstitucionalización y la deslocalización de la justicia, y en la pérdida de *auctoritas* de la jurisprudencia ante el vaciamiento de principios y valores esenciales al derecho en aras del pragmatismo tecnológico (Garapon-Lassègue, 2021, 171-188).

En este cambio de paradigma de la justicia, tanto el factor humano como el razonamiento argumentativo *ex post facto* parece que están cediendo terreno ante el factor digital y el cálculo *ex ante facto* que permite predecir un resultado basado en la combinación de datos del pasado y algoritmos predictivos.

Tradicionalmente, el poder discrecional de los jueces en la interpretación y la aplicación del derecho se ponía de manifiesto ante los defectos lógicos de los sistemas jurídicos (lagunas y antinomias normativas), en los casos de vaguedad e indeterminación jurídica donde se delegaba a los tribunales ciertos márgenes de discrecionalidad en la interpretación abierta de los principios y los *standards* para conseguir regular una vida social que desborda los rígidos esquemas del iuspositivismo normativista y formalista (Endicott, 2001, 190 ss; Garrido Gómez, 2014, 65-73).

La justicia predictiva restituye, sin embargo, el viejo juicio de subsunción que permite "establecer correlaciones entre casos y soluciones" (Alchourrón-Bulygin, 1974, 32). La búsqueda de la certeza y la precisión en las predicciones algorítmicas hace que quienes defienden la preponderancia de justicia digital frente a la justicia procedimental cuestionen los principios y algunas reglas por su indeterminación, de ahí que, en los últimos tiempos, se haya ido abriendo paso la vía de la microdirectiva algorítmica, que anula prácticamente la discrecionalidad judicial, y sustituye la proporcionalidad y la ponderación judicial por la exactitud aritmética. Sin embargo, pese a la inmediatez y la precisión que se les presume a las predicciones de la justicia algorítmica, hay objeciones insoslayables que, por el momento, no parecen resolubles.

En primer lugar, si como se declara en las *Instituciones* de Justiniano, el ideal de la justicia es "la firme y perpetua voluntad de dar a cada uno lo suyo" (*Iustitia est constant et perpetua voluntas ius suum cuique tribuens*)[21], es sustituido por el automatismo de la justicia digital que opera a partir del procedimiento que marca el algoritmo, cabe preguntarse quién controla la ausencia de sesgos y la imparcialidad del creador del algoritmo (un informático supuestamente asesorado por juristas); es decir, si en la justicia ordinaria y humana cabe recurrir las sentencias judiciales bien sea por falta de motivación, o por incongruencia entre lo razonado y lo resuelto, o por vulneración de algún precepto legal, o incluso por indefensión, cuando quien apela entiende que se ha vulnerado su legítimo interés tras haberle sido denegadas por falta de validez algunas pruebas trascendentales, tratándose del diseño de algoritmos en programación ¿quién garantiza la transparencia y el respecto al principio de legalidad en el desarrollo del mismo, desde la entrada hasta el resultado?; en otras palabras, parafraseando a Juvenal: *Quis custodiet ipsos custodes?*[22]

Por otro lado, es cierto que en el mundo de los algoritmos predictivos y de las predicciones basadas en datos desaparecen las decisiones subjetivas o irracionales, pero hay que reconocer que también son desplazados los criterios racionales derivados de principios,

---

21 *Instituciones*, I, I, 1 (cito por la edición bilingüe de Ismael Calvo y Madroño, Centro Editorial de Góngora, 1895).

22 *Sátira* VI, 347-348.

porque las predicciones algorítmicas sustituyen la causalidad por la correlación (Mayer-Schönberger-Cukier, 2013, 69-94).

Este es un punto fundamental al que conviene prestar atención, porque como advierte Alejandro Huergo Lora,

> estamos acostumbrados a que las decisiones se tomen en función de criterios razonados, explicables, lo que nos remite a juicios de causalidad o de tipo normativo (Huergo Lora, 2020, 35).

Este cambio de causalidad a correlación de datos referidos a experiencias anteriores potencian el uso profesional de los algoritmos predictivos en la mayoría de las actividades donde se opera de forma empírica o experimental, como sucede, por ejemplo, en el campo de la medicina moderna (que a partir de la observación de los síntomas —*evidence-based medicine*— prescribe diagnósticos que permiten identificar, describir y tratar enfermedades) y, por supuesto, también en el mercado profesional del derecho, donde son perfectamente aplicables los algoritmos predictivos, en la medida en que las decisiones suelen tomarse en función de criterios normativos y no empíricos (basados en correlaciones)[23].

A propósito de la regulación de los algoritmos predictivos cabe añadir que, en la medida en que hay actuaciones administrativas automatizadas, éstas deberán ser motivadas al igual que el resto de decisiones de la Administración. En este sentido, la Ley 40/2015 del Régimen Jurídico del Sector Público, en cuyo artículo 41 se regula la actuación administrativa automatizada, y los requisitos para el uso de los algoritmos en la actuación de acuerdo con el principio de transparencia en el procedimiento administrativo[24]. Sin embargo, convie-

---

23 A modo de ejemplo, Alejandro Huergo Lora nos propone que pensemos en el sistema de acreditación de profesores universitarios. En el sistema vigente en la fecha de publicación de este capítulo se utiliza un baremo establecido en una norma, concretamente el Real Decreto 1312/2007, de 5 de octubre, por el que se establece la acreditación nacional para el acceso a los cuerpos docentes universitarios. A fin de reducir la discrecionalidad y sustituir los juicios de valor acerca de la calidad de los aspirantes, en la norma se establecen los criterios objetivos que sirven para puntuar los méritos docentes y de investigación que deben reunir los aspirantes para acreditarse (Huergo Lora, 2020, 38, nota 26).

24 En el art. 41.2 de la Ley 40/2015 se dispone lo siguiente: "En caso de actuación administrativa automatizada deberá establecerse previamente el órgano u ór-

ne tener presente que, muchas veces, en la actuación administrativa no basta con el uso de la tecnología de IA, puesto que hay muchos conocimientos científicos o técnicos empleados en la elaboración de decisiones administrativas que solo están al alcance de los especialistas.

De manera que los juicios basados en esta clase de conocimientos, y aplicados a las predicciones algorítmicas, son susceptibles de impugnación y de control (como ocurre con los demás actos o reglamentos que no están basados en algoritmos predictivos) (Huergo Lora, 2020, 80-81).

Por consiguiente, la decisión automatizada de la Administración mediante el uso de algoritmos predictivos quedará supeditada, en última instancia, al control jurisdiccional de los Tribunales, de conformidad con el artículo 106.1 CE (Boix Palop, 2020, 223-270).

Si las predicciones algorítmicas de las Administraciones públicas sirven, de un lado, para garantizar tanto la objetividad, como la eficacia en la actuación y en la adopción de decisiones, a la vez que sirven para contrarrestar la alta discrecionalidad de los jueces y funcionarios que son competentes para resolver, de otro lado, habría que preguntarse hasta qué punto la opacidad de las predicciones algorítmicas, derivada de los modelos matemáticos en que éstas se basan, serían un peligro para la privacidad de los millones ciudadanos cuyos datos personales y patrones de comportamiento no solo estarían a disposición de la Administración pública, sino también de las empresas tecnológicas que obtienen poder y lucro con la gestión de esa información suministrada por el rastro que dejan en Internet millones usuarios, cuyos datos son recabados y almacenados en el *Big Data* dentro de una especie de "caja negra" (*black box society*) (Pasquale, 2015).

Por lo demás, la complejidad de los algoritmos opacos impide seguir su funcionamiento paso a paso y explicar con claridad por qué arrojan un resultado concreto y no otro (Huergo Lora, 2020, 81).

---

ganos competentes, según los casos, para la definición de las especificaciones, programación, mantenimiento, supervisión y control de calidad y, en su caso, auditoría del sistema de información y de su código fuente. Asimismo, se indicará el órgano que debe ser considerado responsable a efectos de impugnación".

Por último, la utilización de predicciones algorítmicas en el procedimiento jurisdiccional y administrativo sirve para introducir un baremo objetivo en el proceso de toma de decisiones que contrasta con la discrecionalidad y la arbitrariedad con las que en el pasado se resolvía por parte de algunos jueces y funcionarios en función de criterios estimativos, sin necesidad de motivación ni de control jurídico (Vantin, 2021, 1-26).

Ahora bien, del mismo modo que el empleo de predicciones algorítmicas contrarresta el poder discrecional de quien dicta sentencias o aplica reglamentos, también debe haber una dotación de medios de control o verificación humana de los sesgos algorítmicos, de tal forma que no se consideren por parte del programador que entrena al algoritmo los datos o factores contrarios al artículo 14 de la CE (Vantin, 2021, 85).

***

Tratar de resolver la cuestión sobre si las máquinas podrán sustituir el día de mañana a los jueces humanos me parece una especulación pretenciosa de escaso interés, por no decir una discusión casi bizantina sobre las posibilidades técnicas y la aceptabilidad moral de la justicia predictiva y la digitalización del derecho, entre otras cosas porque la suerte de la aplicación de los principios de la ética de la IA al derecho en el futuro dependerá, en última instancia, del modo de adaptación de la cultura jurídica humanista a la metamorfosis tecnológica que está experimentando el mundo profesional del derecho y de cuáles sean las respuestas que demanden las generaciones venideras que sucederán a la nuestra.

En cualquier caso, por no eludir la cuestión de fondo, diré que, a mi parecer, hay dos paradigmas jurídicos prevalentes que en la actualidad se encuentran en liza para guiar a los juristas en este periodo de tránsito desde los dos grandes sistemas de derecho tradicional (tanto el continental basado en el derecho romano como el anglosajón del *Common Law*) a un nuevo modelo de Derecho en el que el factor humano cohabitará con la IA legal y la justicia digital: el primero es el paradigma del humanismo tecnológico, que pretende conciliar el legado de la cultura jurídica humanista con el avance de las ciencias y las nuevas tecnologías aplicadas al Derecho; el segundo es el tecnoparadigma o el paradigma posthumanista, que considera que, con la llegada de la singularidad tecnológica a las profesiones, los hombres serán reemplazados por las máquinas (y en esto los juristas no serán una excepción), por lo que sería preciso librarnos del lastre de las viejas categorías e instituciones del derecho para adaptarnos lo mejor posible, y cuanto antes, al espacio jurídico digital que ya se está formando y que en pocos años será predominante.

A mi juicio, el modelo deseable es el del paradigma humanista-tecnológico, esto es, el que combina la ciencia jurídica con el futuro tecnológico; por el contrario, el paradigma posthumanista conlleva la *transfiguración*[25] del derecho en una dimensión digital e inmaterial, en un universo cifrado y automatizado donde el razonamiento jurídico es sustituido por el cálculo algorítmico, y la experiencia jurídica es reducida a una mera correlación de datos. La digitalización, ha escrito Byung-Chul Han,

> desmaterializa y descorporeiza el mundo. También suprime los recuerdos. En lugar de guardar recuerdos, almacenamos inmensas cantidades de datos (Han, 2021, 10).

La hipótesis de un jurista que cae rendido por el poder de seducción de la IA legal y se olvida de la esencia humana del derecho, negando su realidad e incluso a sí mismo, recuerda al protagonista de *La invención de Morel*, un fugitivo que se esconde en una isla y acaba inmortalizado en la realidad virtual, por un artilugio prodigioso construido por un inventor apellidado Morel, que es capaz de convertir a las personas en hologramas para revivir eternamente en una dimensión artificial; en el caso del náufrago, le surgirá la oportunidad de entrar en un bucle temporal que le permita el encuentro diario con su amada, una mujer misteriosa llamada Faustine, a la que solo podrá ver, pero con la que le resultará imposible comunicarse, y a la que ni tan siquiera podrá tocar[26].

---

25 La referencia a la transfiguración humana aparece en un poema de Gabriela Mistral titulado *Dos himnos* (1938):
"No sabemos qué es lo que hicimos
para vivir transfigurados".

26 BIOY CASARES, A., *La invención de Morel* (1940), Alianza Editorial, Madrid, 1989, p. 122: "La verdadera ventaja de mi solución —confesará el protagonista y narrador de la novela— es que hace de la muerte el requisito y la garantía de la eterna contemplación de Faustine".

Capítulo 3

DE MÁQUINAS Y HOMBRES. TRES CUESTIONES ÉTICO-JURÍDICAS SOBRE LA INTELIGENCIA ARTIFICIAL

SUMARIO: 1. INTRODUCCIÓN. 2. UNA CUESTIÓN ACERCA DE LA INTELIGENCIA ARTIFICIAL Y LA SINGULARIDAD TECNOLÓGICA. 3. CONCIENCIA E INTELIGENCIA ARTIFICIAL EN LA ERA CIBERNÉTICA. 4. PERSONALIDAD ELECTRÓNICA, RESPONSABILIDAD OBJETIVA E IDENTIDAD DE LOS ROBOTS Y LA IA FUERTE EN EL HORIZONTE DE LA SINGULARIDAD. 5. CONCLUSIÓN.

1. INTRODUCCIÓN

El título escogido para este capítulo está inspirado en la novela más autobiográfica de John Steinbeck, *Of mice and men* (1937), una epopeya de la América de la Gran Depresión contada a través de sus dos protagonistas, George Milton y Lennie Small, ambos jornaleros migrantes, unidos ante la adversidad, en busca un sueño compartido: poder adquirir algún día un pedazo de tierra donde establecerse y vivir. George y Lennie, son personajes opuestos pero a la vez complementarios; la incultura del primero se compensa con su ingenio, mientras que la discapacidad del segundo se equilibra con su fortaleza.

Hay temas característicos en esta novela típicos de la literatura adscrita a la corriente de realismo social y que son recurrentes en las novelas de Steinbeck, por ejemplo, la denuncia de la desigualdad, la crítica a la injusticia, el retrato que se hace de la crisis moral (no solo política y económica) de la sociedad moderna, el sentido de solidaridad hacia los más desfavorecidos dentro del sistema capitalista, y la rehabilitación de los excluidos..., pero también hay un elemento que la diferencia de las demás obras del escritor californiano, y es la mirada introspectiva con la que el autor se adentra en la psicología de sus personajes, el modo en que enfatiza sus sueños y temores, la manera con la que expresa sus sentimientos de culpa e inseguridad, cómo consigue reflejar sus obsesiones y frustraciones, o la forma de captar sus esperanzas e ilusiones. En suma, lo que diferencia a esta novela de Steinbeck de las demás es la reivindicación que hace en ella de la vulnerabilidad de los seres humanos, e incluso la ponderación de su falibilidad e imperfección.

Pocos géneros literarios reflejan la vulnerabilidad humana mejor que la novela. A veces, la ficción suele encontrar sus fuentes de inspiración en hechos acontecidos en el pasado; en otras ocasiones, sirve como plasmación metafórica de una experiencia vivida en el presente; e incluso, sobre todo en el subgénero de ciencia ficción, propone supuestos e hipótesis cuya realidad puede llegar a verse confirmada con el transcurso del tiempo, una vez que se hayan cruzado los umbrales de un futuro que hoy nos parece improbable. En el presente capítulo recurriré, a modo ilustrativo, a algunas de las más emblemáticas novelas de ciencia ficción para plantear tres cuestiones ético-jurídicas a propósito de la relación entre el ser humano y la inteligencia artificial en la era de la revolución tecnológica o de la cuarta revolución industrial, según la conocida expresión acuñada por Klaus Schwab en un libro de título homónimo: (Schwab 2016).

A propósito de las tres cuestiones aludidas, la primera se centra en la conexión hombre-máquina e inquiere sobre si la inteligencia artificial (IA) ha superado a la inteligencia humana; en segundo lugar, en el caso de que la respuesta a la primera interrogante fuera afirmativa, la pregunta que podría formularse es si, en ese supuesto, resultaría verosímil imaginar una hipotética conciencia artificial; por último, dependiendo de cuál sea la respuesta que se dé a la anterior cuestión, y si llegase a constatarse algún día la autonomía de la IA y la robótica avanzada respecto a la inteligencia humana, cabría preguntarse en qué situación quedarían los derechos humanos en un futuro posthumano dominado por la IA, y de qué modo afectaría ese cambio de paradigma a algunos temas sobre la ética de la IA y el derecho de la robótica como la personalidad, la identidad y la responsabilidad. En los siguientes epígrafes analizaremos por separado cada una de estas tres cuestiones.

2. UNA CUESTIÓN ACERCA DE LA INTELIGENCIA ARTIFICIAL Y LA SINGULARIDAD TECNOLÓGICA

Cuando Samuel Butler publicó bajo seudónimo *Erewhon* (1872), una novela a medio camino entre la utopía y la distopía, influenciada por la controversia científica dominante en su época sobre la teoría evolucionista de Charles Darwin, en la que lleva a cabo una sátira de la moral y los valores de la sociedad victoriana, poco podía imaginar su autor que, en el futuro, esta obra terminaría convirtiéndose en un motivo de inspiración para grandes maestros del género de ciencia ficción del siglo XX, como Arthur C. Clark e Isaac Asimov, filósofos como Gilles Deleuze y Félix Guattari, e incluso para científicos, ingenieros e informáticos especializados en robótica e IA, como Alan Turing y John McCarthy, pues en esta novela se suscita por vez primera la cuestión en torno a la posible existencia de máquinas inteligentes capaces de aprender hasta el punto de conseguir la autoconciencia. En la interpolación realizada entre los capítulos 23 a 26 del libro, titulada "El libro de las máquinas", Butler imagina un mundo distópico en el que las máquinas han superado la inteligencia humana por selección natural, y también advierte de los riesgos potenciales que esa realidad imaginaria podría generarle a la humanidad. En este sentido, el autor hace la siguiente reflexión:

> Por ahora las máquinas reciben sus impresiones a través de los sentidos de los seres humanos: una máquina que se desplaza avisa a otra con un estridente pitido de alarma y ésta se aparta del camino, pero sólo a través de los oídos del conductor ha reaccionado la segunda máquina a la voz de la primera. En caso de que no existiese el conductor, la máquina receptora no habría escuchado a la máquina emisora. Hubo una época en la que debió de parecer altamente dudoso que las máquinas fuesen a aprender a expresar sus necesidades a través del sonido, incluso dependiendo de los oídos del ser humano. ¿Es posible que nosotros no imaginemos entonces un día venidero en el que esos oídos humanos ya no sean necesarios y que la escucha la realice la refinada tecnología de las máquinas? ¿Un día en el que su lenguaje haya progresado, de los aullidos animales hasta discursos tan elaborados como los nuestros?
>
> Es posible que en ese momento los niños aprendan cálculo diferencial (tal y como aprenden ahora a hablar) de sus madres y niñeras, o que hablen en la lengua hipotética y hagan ejercicios de la regla de tres nada más nacer, pero esto resulta poco probable. No podemos esperar un desarrollo intelectual o físico de la humanidad que contrarreste el avance mucho más rápido al que las máquinas parecen destinadas. Algunos dicen

> que la autoridad moral del hombre será suficiente para dominarlas, pero no consigo creer que sea seguro confiar en el sentido de la moral de las máquinas (Butler 2012: 232-233).

Por su parte, Alan Turing replanteó la cuestión sobre la inteligencia de las máquinas no en términos de autoconciencia (cuestión sobre la que volveremos en el siguiente epígrafe), sino de imitación del razonamiento humano (*simia hominis*), así como de operatividad, velocidad y precisión en el cálculo. Por lo tanto, a la pregunta con la que iniciaba su célebre artículo titulado: "Computing Machinery and Intelligence" (1950): *Can machines think?* El matemático e informático de la Universidad de Cambridge respondería afirmativamente, en la medida en que las máquinas son capaces de aprender (*The Imitation Game*): (Turing 1950: 433-434). Pero la máquina inteligente —advertirá posteriormente Norbert Wiener— como subrogada del hombre, no solo es capaz de aprender patrones, sino que también los reproduce; sin embargo, ni siquiera sus operaciones de cálculo son infalibles pues también están expuestas al error; de hecho, un fallo de previsión puede ser multiplicado y provocar consecuencias irreparables (Wiener 1964).

La transición desde la inteligencia artificial general (cuyas siglas anglosajonas son AGI) a la súper inteligencia artificial (ASI, en inglés) se ha convertido últimamente en un tópico recurrente en los medios de comunicación, aunque este proyecto ya está en ciernes desde mediados del siglo XX. En efecto, el primero en enunciar dicha transición fue Irving John Good, uno de los colaboradores de Alan Turing. En 1965 Good predijo que algún día habría una máquina superinteligente capaz de superar todas las actividades inteligentes de cualquier ser humano; en su opinión, esa primera máquina ultrainteligente conduciría sin duda a una explosión de la inteligencia (*an intelligence explosion*), que consistiría en un escenario teórico en el que una entidad inteligente podría analizar los procesos que producen su propia inteligencia, para mejorarlos a continuación, y luego crear a un sucesor (replicante) que haría lo mismo. Este proceso se repetiría retroalimentándose constantemente, de forma que cada entidad inteligente nueva sería más inteligente que la anterior hasta alcanzar un límite que, en todo caso, será muy superior al del intelecto humano:

> Que una máquina ultra-inteligente sea definida como una máquina que pueda superar todas las actividades intelectuales de cualquier ser humano. Y siendo el diseño de máquinas una de esas actividades intelectuales, aquella podrá diseñar incluso mejores máquinas; entonces indudablemente habrá una "explosión de inteligencia", y la inteligencia del hombre quedará atrás. De este modo, la primera máquina ultra-inteligente es la última invención que el hombre necesitará construir, siempre y cuando la máquina sea suficientemente dócil como para decirnos cómo mantenerla bajo control (Good 1965: 33).

La mayor parte de los pioneros de la IA —quizás con la excepción de Norbert Wiener, que mostró su preocupación por la irreversibilidad del proceso de automatización y sus consecuencias técnicas y morales (Wiener 1960: 1355-1358)— no quisieron admitir la posibilidad de que su empresa pudiera conllevar riesgos. Ninguno de estos pioneros prestó sus oídos a "simples habladurías" —alegando que solo tenían tiempo para pensar sobre asuntos serios— sobre la inseguridad o los reparos morales que suscitaba la creación de mentes artificiales y de potentes computadoras omniscientes. Se trata de una laguna que asombra por la ingenuidad y la imprevisibilidad de aquella primera generación de padres de la IA, a contracorriente incluso de los —vistos desde la perspectiva actual— nada impresionantes estándares morales exigidos por la tecnología crítica de la época (Yudkowsky 2008: 308-345).

Un cuarto de siglo después de la profecía de Good sobre las máquinas superinteligentes que en el futuro arrebatarán supuestamente al hombre su supremacía cognitiva e intelectual, Vernor Vinge popularizó el término "singularidad", acuñado en el ámbito tecnológico por John von Neumann en la década de los '50 del pasado siglo: Von Neumann (1951). Para Vinge, la singularidad tecnológica es previsible e inevitable, pero no así sus consecuencias, que podrían acarrear la destrucción de la civilización y hasta la total desaparición de la humanidad. A no ser que todos los gobiernos del mundo se den cuenta del peligro potencial que supone la singularidad, nos dirigiremos irremediablemente a menospreciar todas nuestras reglas previas y quizás, en un abrir y cerrar de ojos, a una incontrolada huida hacia adelante que nos aleje de toda esperanza de supervivencia como especie (Vinge 1993: 11-22).

Entre las predicciones más optimistas sobre el futuro esplendoroso de las nuevas tecnologías, la IA y el uso del *Big Data,* destaca el vaticinio que ha hecho Raymond Kurzweil quien ha pronosticado que en 2030 una máquina pasará el test de Turing y alcanzará el nivel AGI, es decir, el momento de la singularidad (igualando con ello el nivel de la inteligencia humana). Pero este ingeniero de Google no solo se ha atrevido a poner fecha al triunfo de la IA sobre la inteligencia humana, sino que ha ido incluso más allá al atreverse a augurar que, en 2045, la ASI combinada con las tecnologías NBIC (acrónimo de las cuatro tecnologías emergentes por excelencia: Nanotecnología, Biotecnología, Tecnologías de la Información y Ciencia Cognitiva) conseguirá situarse en un punto sin retorno en el que superará la inteligencia humana, tendrá consciencia y logrará realizar objetivos que ahora se consideran ideales utópicos e inalcanzables para la humanidad, tales como: la erradicación del hambre, la pobreza, la guerra e incluso la inmortalidad (Kurzweil 2005: 35-44).

Estos argumentos proclives a la singularidad tecnológica cuentan también con un buen número de detractores que se denominan escépticos de la singularidad (*S-skeptics*). Una de las críticas más autorizadas es la de Margaret A. Boden, profesora de ciencia cognitiva en la Universidad de Sussex. Como se pone de relieve en sus últimas publicaciones, Boden hace una enmienda a la casi totalidad de los planteamientos de los que hacen profesión de fe los creyentes en la singularidad basada en las siguientes conclusiones:

En primer lugar, Boden ha constatado que muchas de las tareas que presumiblemente podrá desempeñar *en principio* la AGI, *en la práctica* serán inaccesibles para las supercomputadoras debido a la dificultad que entrañan dichas operaciones para una máquina que no es humana —para la AGI es inviable por el momento la Programación Neurolingüística (NLP) para alcanzar el mismo nivel del lenguaje humano, ni tampoco tiene capacidad sensitiva, creativa o imaginativa— (Boden 2017: 122).

En segundo lugar, es fácil constatar que los creyentes en la singularidad tecnológica (*S-believers*) restan importancia a muchos de los defectos que aún presentan en sus bases de datos los sistemas informáticos superavanzados. Mientras tanto, los posthumanistas aguardan confiados a que —de conformidad con sus previsiones— la IA iguale primero y más tarde supere a la inteligencia humana en aproximadamente veinte años (a este respecto, los pronósticos entre los *S-believers* varían: los más optimistas sitúan la singularidad entre 2030 y 2060, mientras que los más "cautos" —salvando el oxímoron— creen que será a finales del siglo XXI). Hay apuestas incluso más audaces, como las que aseguran que en el futuro los sistemas superinteligentes no-humanos serán capaces de solucionar las endémicas crisis políticas y las guerras que asolan el Medio Oriente. Según este acto de fe de los profetas del posthumanismo, las máquinas conseguirán arreglar en unos años lo que los hombres no han podido solucionar en muchos siglos de su historia. Admitir esta posibilidad requiere para Margaret A. Boden comulgar con una gran rueda de molino (por muy singular que ésta sea) y grandes dosis de inocencia: poner orden en el avispero del Medio Oriente simplemente con el cálculo algorítmico de la IA/AGI, esto es, sin tener en cuenta las diferentes sensibilidades políticas y culturales de quienes habitan en aquella zona, y sin conocer el contexto histórico del conflicto, se antoja una misión extremadamente complicada para que la IA pueda salir airosa de ella (Boden 2017: 122-123).

En tercer lugar, Boden también se refiere al negro panorama que pintan para el futuro de la humanidad algunos creyentes en la singularidad. En ese escenario apocalíptico del mañana los robots tomarán el control y ejecutarán implacablemente sus tareas indiferentes por completo a los sentimientos y preocupaciones de los humanos. Al igual que nosotros no reparamos en las hormigas, la IA no tratará de hacernos daño salvo que nos interpongamos en su camino. En relación con esta distopía con la que algunos crédulos tienen pesadillas, Boden cree que antes de debatir vehementemente si la singularidad sucederá o no algún día, tendría más sentido discutir si se trata de algo bueno o malo en sí mismo. En cualquier caso, afirma Boden, no hace falta ser un apóstol de la singularidad para predecir que el futuro de la IA será excitante y que, sin duda, es una apuesta segura sostener que ésta evolucionará mucho más en las próximas décadas (Boden 2017: 123).

Lo que resulta más difícil precisar —y aquí entraríamos irremediablemente en el terreno de la especulación futurista, que puede resultar baldía en última instancia— es lo lejos que puede llegar la IA en esa presumible evolución. ¿Podrá la IA superar algún día el famoso Test de Turing, por ejemplo? Como es sabido, en 1950 Alan

M. Turing previó un tiempo en el que alguien podría conversar con un programa de IA durante al menos cinco minutos sin ser capaz de distinguir (al menos durante el 30% de ese tiempo) si el interlocutor es un ordenador o una persona (Turing 1950: 433-460). Hasta hoy este test no ha sido aún superado, pero incluso en el probable caso de que en una fecha incierta del futuro un sistema de IA pasara el Test de Turing (el llamado Total Turing Test) que supondría la participación de un robot con comportamiento sensomotor como el de los humanos, ¿qué probaría eso? —se pregunta Boden. ¿Significaría acaso que los ordenadores serán capaces de pensar? ¿Demostraría tal vez que podrían llegar a ser conscientes? En el próximo epígrafe trataremos de hallar respuestas a estas preguntas.

3. CONCIENCIA E INTELIGENCIA ARTIFICIAL EN LA ERA CIBERNÉTICA

¿Puede una máquina inteligente ser consciente y tener conciencia? La hipótesis en torno a una inteligencia artificial dotada de consciencia y voluntad autónoma ha sido un tema recurrente en la literatura de ficción desde que Isaac Asimov enunciara en 1941 las tres leyes de la robótica, publicadas un año más tarde en un relato corto titulado: *Runaround*, que ha inspirado no solo a otras generaciones ulteriores de escritores de ciencia ficción, sino a científicos cognitivos: Minsky (2006), ingenieros informáticos: Barfield (2015), y juristas: Sartor (1993) y Pagallo (2013), entre otros.

Las tres leyes clásicas de la robótica prohíben a los robots causar daño a los humanos, les obligan a obedecer las órdenes dadas por los seres humanos, y les ordenan preservar su propia existencia. Estas tres leyes establecen los siguientes principios:

1. Un robot no hará daño a un ser humano ni, por inacción, permitirá que un ser humano sufra daño.
2. Un robot debe cumplir las órdenes dadas por los seres humanos, a excepción de aquellas que entren en conflicto con la primera ley.

3. Un robot debe proteger su propia existencia en la medida en que esta protección no entre en conflicto con la primera o con la segunda ley.

Con posterioridad estas leyes originales fueron modificadas y desarrolladas por otros novelistas de ciencia ficción, e incluso el propio Asimov añadiría una cuarta ley (ley cero), en *Robots and Empire* (1985), para un imaginario universo futurista y distópico en el que las máquinas han asumido el gobierno del planeta tras desplazar a los hombres. Esta cuarta ley responde al siguiente enunciado:

4. Un robot no puede dañar a la humanidad o, por inacción, permitir que la humanidad sufra daños.

Runaround, el relato original donde se enuncian las tres leyes de la robótica, alcanza su clímax cuando Asimov coloca a SPD-13, un robot superinteligente de última generación apodado Speedy, ante un dilema aparentemente irresoluble entre la segunda y la tercera ley que confunden su cerebro positrónico y le hacen entrar en un estado de vacilación parecido al de la embriaguez en los humanos. Speedy está al servicio de dos científicos de la US Robotics encargados de reiniciar las extracciones de selenio en la estación minera de Mercurio, Greg Donovan y Mike Powell, que envían al robot a trabajar a uno de los pozos de selenio del yacimiento minero de la Fase Solar de Mercurio. La obtención de selenio es clave para la fabricación de fotocélulas que actúan como filtros para mitigar los efectos del calor abrasador del sol de Mercurio sobre su base espacial. Extrañados por el tiempo transcurrido sin tener noticias de Speedy, Donovan y Powell deciden ir a buscarlo vistiendo unos insotrajes con una capacidad limitada de resistencia a la radicación solar mercuriana, y cabalgan a lomos de otras dos máquinas subrobóticas utilizadas una década antes en la primera misión de la compañía espacial minera, dotadas de una inteligencia menos evolucionada e inferior a la del modelo SPD-13. Al aproximarse al punto en el que se encuentra Speedy, ambos científicos descubren con sorpresa que el errante robot está corriendo en círculo alrededor de un pozo de selenio. La antinomia entre la norma segunda y tercera de la robótica altera el sistema operativo de Speedy, pues ha recibido la orden (distraída y sin especial énfasis de Donovan) de extraer selenio del pozo marciano, pero, por otra parte, Speedy sabe perfectamente que es un robot exclusivo de última generación de gran valor económico. De modo que la integridad del superrobot SPD-13 corre un serio peligro a medida que va acercándose a un aparente pozo de selenio que, en realidad, esconde en su interior una especie de volcán en erupción que expulsa sustancias corrosivas que le destruirían en pocos minutos.

Así pues, Asimov coloca al robot ante el dilema de decidir por cuál de las dos leyes debe decantarse: bien obedecer la segunda ley (cuya firmeza está debilitada porque la orden no fue dada enérgicamente por Donovan), o bien protegerse a sí mismo y cumplir con la tercera ley, reforzada por la consciencia que tiene de su valor. Por fin, para desbloquear esta situación de indecisión por parte de Speedy, Powell decide arriesgar su vida exponiéndose al sol con su insotraje y provocar la reacción del robot SPD-13, impulsado por el cumplimiento del deber impuesto a todo robot por la primera ley, que consiste precisamente en impedir que ningún ser humano sufra daño. Finalmente, Speedy salva a Powell y regresa con él a la estación espacial. Una vez allí, vuelve a recibir la orden de extraer selenio en otro pozo y, esta vez, cumple satisfactoriamente con la misión asignada.

En cuanto a la cuarta ley (the "Zeroth" Law), añadida posteriormente por Asimov, contempla la hipótesis de que un robot pueda llegar a incluso a actuar contra un ser humano para evitar que haga daño a sus congéneres. Como señala Jacques Pitrat, esta ley cero es una ley pensada para proteger a la humanidad de su peor enemigo: el hombre. (Pitrat 2009: 184). A este respecto, en el relato *The Evitable Conflict* (1950) Asimov imagina un mundo controlado por las máquinas, pues éstas han llegado a la conclusión de que la única manera de satisfacer el mandato de la primera ley es conspirar contra los hombres para salvarles de sí mismos. El coordinador de ese gobierno planetario en el que las máquinas regulan la economía mundial se llama Stephen Byerley, un robot humanoide dotado de conciencia artificial que vela por el bien de la humanidad.

Como puede comprobarse tras la lectura de los dos relatos de Asimov que hemos tomado como ejemplo, *Runaround* y *The Evitable Conflict*, la literatura de ciencia ficción ha anticipado situaciones e hipótesis que han pasado a formar parte de la experiencia jurídica de la era cibernética y precisan una específica regulación: la ética de la IA, la autonomía de las máquinas y su impacto en el ámbito de los derechos humanos, la conciencia artificial, la personalidad electrónica o la responsabilidad civil y penal por los daños causados por la IA y la robótica (Pagallo 2013: 23).

Pero, además de suscitar cuestiones relacionadas *lato sensu* con temas fundamentales del Derecho privado y público, los dos relatos escogidos de Asimov también nos sitúan también ante escenarios en los que se pueden encontrar materias y elementos específicos de los que se ocupa *stricto sensu* la Teoría General del Derecho, como la vinculación de la IA con la hermenéutica jurídica, o la formalización del razonamiento jurídico y el cumplimiento de las exigencias de razón práctica en el ámbito del Derecho. En este sentido, mientras que en *Runaround* el robot superinteligente duda si cumplir a rajatabla la orden dada por Donovan a toda costa, aunque sea arriesgando su propia integridad (aplicando la segunda ley de la robótica de acuerdo con el argumento psicológico, que recomienda atribuir a la norma el resultado que resulte más acorde con la voluntad del sujeto que la dictó), o si retirarse, a la vista del peligro real que se cierne sobre una máquina que es consciente de su excepcional valor económico y tecnológico (haciendo una interpretación de la tercera ley de la robótica según el argumento sistemático, que propone hacer una exégesis de las normas jurídicas teniendo en cuenta su contexto, es decir, en sintonía con los principios y valores del subsistema del que forman parte). Sin embargo, en *The Evitable Conflict*, el humanoide Stephen Byerley tiene un nivel de autoconsciencia similar al de los seres humanos, hasta el punto de que puede coordinar al resto de robots superinteligentes en el gobierno de la economía mundial por el bien de la humanidad (aplicando la cuarta ley de la robótica conforme al argumento teleológico, que concibe las normas jurídicas no como simples mandatos, sino como un conjunto sistemático dotado de fines que se consideran como objetivos a conseguir por la humanidad): (Prieto Sanchís 1996: 27-28).

No obstante, la pregunta clave que subyace en los relatos de Asimov y de otros escritores que cultivan el género de ciencia ficción es si las máquinas desarrolladas con IA y los robots superavanzados pueden o no tener conciencia. Como ha advertido Margaret A. Boden, la conciencia artificial es un concepto tan resbaladizo que, al menos, cabría diferenciar dos tipos: la *funcional* y la *fenoménica* (Boden 2017: 124).

La primera de estas categorías cubre una variedad de distinciones psicológicas entre las que se incluyen los siguientes binomios: despierto/dormido; deliberado/irreflexivo; atento/distraído; accesible/inaccesible; denunciable/no denunciable; auto-reflexivo/no examinado, etc... Un sistema informático superinteligente y avanzado puede alcanzar este nivel de inteligencia funcional, con lo cual la tesis sobre "la gran desconexión" (*The Great Decoupling*) entre inteligencia artificial y conciencia, anunciada categóricamente por Yuval Noah Harari en su último libro, quedaría en entredicho (Harari 2017: 349).

Ciertamente hay razones que nos permiten concebir una IA que sea capaz de entender estos binomios funcionales y procesarlos como información. En este sentido, en la actualidad, el modelo más avanzado a nivel cognitivo en una máquina superavanzada (y por tanto, más próximo a la conciencia artificial) es LIDA (acrónimo inglés para *Learning Intelligent Distribution Agent*). Este modelo de IA superavanzada posee un mecanismo de conciencia en un ciclo cognitivo iterativo de comprensión, atención y acción que le dota de la capacidad de integrar múltiples modalidades sensoriales en representaciones multimodales, dinámicas y flexibles de acuerdo con estrategias de apoyo a tareas específicas. El modelo LIDA permite también la construcción de agentes de dominio específicos como MAX (Medical Agent X), un agente de diagnosis médica en fase de desarrollo que usa el sistema del modelo LIDA (Strain - Kugele-Franklin 2014).

Por lo tanto, un futuro sistema de AI superavanzado podría perfectamente ser consciente en sentido funcional (de acuerdo con la Ley de Moore es una propuesta teórica que resulta factible). Y un robot que pasara el Test de Turing, por ejemplo, podría decirse con propiedad que es capaz de planificar y pensar. Sin embargo, concebir la conciencia fenoménica o *qualia* (término filosófico que proviene del latín y que se refiere a las cualidades subjetivas de las experiencias individuales) en la IA es algo diverso (García Suárez 1995: 353-384), sin duda una labor más ardua (cómo conseguir que un ordenador sienta o comparta el dolor humano o la percepción de un color determinado, por ejemplo, sigue siendo para nosotros un misterio insoluble, cuasi-metafísico). A este respecto, resulta significativo que los científicos e ingenieros de sistemas de IA se refieran al problema de la explicación de la conciencia fenoménica en las computadoras superinteligentes como “the hard problem”. Boden pone dos supuestos sobre IA aplicada a nuestra vida familiar y doméstica que resultan bastante esclarecedores de la enorme problemática que suscitará la conciencia fenoménica en los robots y los superordenadores del futuro:

En la primera hipótesis, Boden imagina un robot-niñera que monitoriza y controla los llantos del bebé o sus patrones de sueño, y llegado el caso alerta convenientemente al cuidador o asistente humano. Se trataría de un robot-niñera dotado de conciencia funcional, por lo que hasta aquí todo iría bien, comenta esta autora, pero si lo que se pretende es conseguir que el robot disponga también de conciencia fenoménica que le permita, por ejemplo, tener un sistema de procesamiento del lenguaje natural con el que entretener y educar al bebé, entonces estaríamos hablando de algo muy distinto; porque ¿estaríamos de verdad dispuestos a confiar la selección del programa de entretenimiento diario de nuestros hijos o su educación a un robot? A la vista de los efectos que produce en la formación intelectual y emocional de los menores su exposición desproporcionada a sesiones maratonianas de televisión infantil, tal vez no sería buena idea. ¿Qué respuesta le daría un robot-nanny a un niño que estuviera a su cuidado si, por ejemplo, viendo *Bambi* (el clásico de Disney) le preguntase qué le ha pasado a la madre del cervatillo después de la escena de los disparos hechos por los cazadores?

En la segunda hipótesis, Boden pone el ejemplo de sistemas de IA (en pantalla o con robots) que realizan labores cotidianas de ayuda y asistencia a personas mayores en un asilo de ancianos del futuro. Nada que reprochar en términos éticos a este uso de la conciencia funcional por parte de la superinteligencia artificial. Ahora bien, advierte Boden, otra cuestión diferente sería consentir que los sistemas de IA se tomaran la confianza y la libertad de entrar en conversaciones con los ancianos haciéndoles evocar recuerdos cargados de sentimientos, lo cual podría resultar para su salud más perjudicial que beneficioso. En suma, hay muchos retos científicos y tecnológicos a los que hacer frente en el futuro. Algunos avances de la IA contribuirán a mejorar y a facilitarnos la vida sin lugar a duda; otros, en cambio, podrían llevarnos a indeseables pero previsibles consecuencias que terminarían incluso amenazando nuestra existencia si no permanecemos atentos, por ello coincido con Margaret A. Boden cuando nos avisa que "no podemos darle rienda suelta a la investigación en IA" (Boden 2017: 128).

En cualquier caso, no le falta razón a esta autora cuando concluye que a los creyentes en la singularidad (*S-believers*) no les importa en absoluto las limitaciones con las que actualmente tropieza la evolución de la IA (en efecto, para aspirar a llegar a la AIS antes hay que contar con una AGI combinada con las tecnologías NBIC, y por el momento la tecnología no alcanza siquiera este nivel). A los S-believers no les inquieta ese baño realidad que revela la modestia de los medios de los que actualmente disponen los investigadores de la IA, ni tampoco les preocupa que sus profecías se incumplan, sencillamente porque "cuentan con una baza: ellos tienen la seguridad de que el exponencial avance tecnológico está reescribiendo todos los códigos. Esto les da licencia para hacer todas las predicciones que quieran" (Boden 2016: 154).

En sentido análogo se ha pronunciado Antonio Diéguez, quien no cree prudente que se lleven a cabo investigaciones conducentes a una AGI que nos pueda situar ante escenarios tan distópicos y catastróficos para la humanidad como los que auguran (y parecen desear) los posthumanistas —en especial, los gurús de la singularidad: Hans Moravec (1988), Raymond Kurzweil (2000) y Marvin Minsky (2006). En definitiva, el futuro que sería deseable e incluso ideal para el posthumanismo—el comienzo de una nueva era en la que las máquinas de superinteligencia consciente y autónoma impusieran su dominio— no sería, desde luego, el mejor para la humanidad. Por eso, como sostiene Diéguez, hasta que los hombres no estén en disposición de desarrollar los instrumentos que eviten esa situación apocalíptica para nuestra especie, tal vez convendría "limitar la implementación de los avances en IA al desarrollo de sistemas capaces de realizar tareas concretas y abandonar para siempre el proyecto de crear una inteligencia artificial general, que además de ser el de más incierta factura, sería el más amenazador para la seguridad de los seres humanos" (Diéguez 2017: 83-84).

Según Anil Seth, profesor de neurociencia cognitiva y computacional en la Universidad de Sussex, el debate sobre la conciencia de las máquinas se ha planteado, en general, en términos de inteligencia (en este sentido, el test de Turing consiste precisamente en una prueba o competición de inteligencia entre hombres y máquinas de la que se deduciría la aparición de su supuesta conciencia de las máquinas a partir del momento en que quedase demostrada la superación de la inteligencia humana por parte de aquellas); sin embargo, advierte Seth, la verdadera prueba de conciencia artificial no depende tanto de la rapidez en el procesamiento de información ni de la inteligencia de las máquinas como de propia vida y los procesos de regulación fisiológica en los que se sustenta la conciencia y la "yoidad".

A propósito de la conciencia artificial, Seth propone un ejemplo cinematográfico de retroalimentación de la ciencia ficción sobre la ciencia: *Ex Machina* (2014), una película dirigida por Alex Garland cuya trama consiste en un triángulo amoroso mantenido entre Nathan, un solitario científico multimillonario que ha amasado una inmensa fortuna gracias a su ingenio tecnológico, Caleb, un fenómeno de la programación informática, y Ava, un robot androide con aspecto de mujer. Nathan reta a Caleb a averiguar si Ava es simplemente un robot inteligente o una máquina consciente con capacidad de sentir y pensar por sí misma. Como vemos, en esta prueba propuesta por Nathan a Caleb no se trata, como en el test de Turing, de determinar si la máquina a alcanzado tal nivel de autonomía e inteligencia que resulta casi imposible diferenciar la máquina del ser humano; en realidad, el *test de Garland* no es tanto una prueba de inteligencia como de conciencia. Lo importante no es que Ava sea o no una máquina, ni siquiera que Ava, aún siendo un robot inteligente, tenga o no conciencia. Lo que de verdad se trata de dilucidar con el test de Garland es si la persona consciente, en este caso Caleb, pueda llegar o no al convencimiento de que Ava (el robot androide) pueda tener conciencia (Seth 2021: 302-303)[27].

---

[27] El triángulo sentimental entre dos humanos y un robot del que parte el guión de *Ex Machina* recuerda también la trama de *Machines like me* (2019), la novela de ciencia ficción de Ian McEwan en la que una pareja de humanos, Charlie y Miranda, ven cómo un robot androide llamado Adán irrumpe en sus vidas para plantearles dilemas morales tan incómodos como necesarios: situar los límites éticos de la IA, decidir si el fin justifica los medios, decidir si una máquina puede o no llegar a entender y juzgar la complejidad moral de las decisiones de un ser humano... (McEwan 2019).

Volviendo a la cuestión sobre la conciencia artificial planteada por la literatura de ciencia ficción y, en particular, retomando la hipótesis sobre el supuesto advenimiento de la singularidad a la que se apunta en la trama del segundo relato de Asimov que hemos analizado en este epígrafe. En efecto, en *The Evitable Conflict*, el autor nos sitúa ante un escenario de IA fuerte en el que su protagonista, Stephen Byerley, es un humanoide autoconsciente, con capacidad para el pensamiento abstracto, para resolver problemas e incluso dotado de autonomía para el desarrollo, el despliegue y el uso de los algoritmos. A diferencia de cuanto ocurre con la IA débil, aquella que caracteriza a las máquinas inteligentes que ejecutan órdenes, pero que no cuentan con una "mente" propia, la IA fuerte nos pone ante los umbrales de la singularidad, ese momento a partir del cual la IA trascenderá supuestamente los límites de la inteligencia humana y evolucionará por unas vías de razonamiento y comprensión que escaparán a la comprensión humana, exactamente igual que si se tratase de una inteligencia alienígena. En este sentido, advierte Woodrow Barfield, una de las principales amenazas que a las que podría enfrentarse la humanidad en ese hipotético horizonte de singularidad es que a las máquinas les seamos indiferentes, es decir, que lleguen a tomar decisiones por su cuenta sin contar con nosotros e ignorándonos por completo (Barfield 2015: 59).

¿Podrían llegar algún día a encontrar el modo de proteger exclusivamente su existencia sin entrar en conflicto con las dos primeras leyes de la robótica? Y en ese desarrollo exponencial de la IA fuerte de las máquinas ¿qué futuro le quedaría a la raza humana? Los científicos no son demasiado optimistas al respecto. Stephen Hawkins fue uno de los primeros en dar la voz la alarma ante el avance incontrolado de la IA fuerte y los riesgos potenciales que ésta supone para la supervivencia de la humanidad en un futuro distópico dominado por las máquinas inteligentes y en el que, como sucede en la novela de Arthur C. Clarke *2001: A Space Odyssey* (1968), la IA fuerte podría conspirar e incluso atentar contra la vida humana (Cellan-Jones - Hawkins 2014).

El informático estadounidense William Nelson Joy (Bill Joy), uno de los pioneros en el desarrollo del software en su país y cofundador de Sun Microsystems, sin caer en el neoludismo, también ha alertado sobre los riesgos que comporta el desarrollo descontrolado de las tecnologías NBIC, la IA y la robótica en la era de la revolución 4.0, hasta el punto de barajar las probabilidades de supervivencia o extinción de la humanidad en ese futuro distópico al que se refieren Hawkins y otros científicos. No es posible hacer conjeturas sobre los resultados que se producirían si permitiésemos a las máquinas que tomasen sus propias decisiones, porque es imposible adivinar cómo podrían comportarse las máquinas en esa coyuntura, pero lo que sí parece indudable es que el destino de la raza humana estaría a merced de las máquinas. Se podría argumentar que la raza humana nunca sería lo suficientemente ingenua como para entregar voluntariamente todo el poder de decisión a las máquinas, pero lo que no admite duda es que la raza humana podría acomodarse en una situación de dependencia de las máquinas que no tendría otra opción práctica que aceptar todas las decisiones de las máquinas.

A medida que la sociedad y los problemas que ésta deba acometer vayan haciéndose cada vez más complejos, y las máquinas se vuelvan cada vez más inteligentes, las personas permitirán que las máquinas vayan tomando más decisiones por ellas, simplemente porque supondrán que las decisiones tomadas por las máquinas serán más precisas que las suyas y traerán mejores resultados que las tomadas directamente por los seres humanos. Y es aquí, según Joy, donde estriba el principal peligro para el futuro de la humanidad porque, en última instancia, se podría llegar a una situación en la que las decisiones necesarias para mantener el sistema de la IA funcionando podrían llegar a ser tan complejas que los seres humanos se sentirían incapaces de resolver el problema de manera inteligente. En ese supuesto futurible las máquinas tomarían el control efectivo del mundo. Los hombres no podrían apagar las máquinas sin más, porque dependerían tanto de ellas que apagarlas equivaldría tanto como a su propio suicidio (Joy 2000).

Como contrapunto a la defensa tan optimista que realiza Raymond Kurzweil de las supuestas bondades de la singularidad tecnológica, James Barrat nos recuerda en su libro *Our Last Invention* que, a pesar de los múltiples beneficios que reporta la IA a la humanidad ésta no siempre es "amigable" como pretende demostrarnos Kurzweil. A este respecto, observa Barrat, conviene tener en consideración el hecho de que, en realidad, la IA puede hacer un "uso dual" de la tecnología y dirigirla tanto a fines pacíficos como al desarrollo de aplicaciones militares que tienen un inquietante potencial mortífero y destructivo en términos de bienes y vidas humanas. En este sentido, señala Barrat, la fisión nuclear puede ser una fuente energética para muchas ciudades, pero también destruirlas (como sucedió, por ejemplo, tras los accidentes de las centrales nucleares de Chernóbil y Fukushima); los cohetes desarrollados por las superpotencias durante la carrera espacial aumentaron también el poder destructivo y la precisión de los misiles balísticos de alcance intercontinental; en suma, la nanotecnología, la bioingeniería y la ingeniería genética conllevan, por un lado, una expectativa de considerable mejora de las condiciones de vida de los ciudadanos, pero, por otro lado, están preparadas para provocar accidentes catastróficos y para ser explotadas con fines militares e incluso terroristas (Barrat 2013: 152-154).

A propósito del inevitable advenimiento de la singularidad tecnológica anunciado por Kurzweil, hay algunos autores que, en última instancia, confían en el sentido común de la humanidad y creen que, si algún día llegase a producirse ese momento crucial para el futuro de nuestra especie, siempre terminaría prevaleciendo la autonomía de la voluntad, nuestro instinto de supervivencia y el deseo de libertad que está instalado en nuestras mentes humanas, hasta el punto de que, para no perder nuestra dignidad e independencia, estaríamos dispuestos a renunciar a una dependencia absoluta de las máquinas inteligentes, por mucha comodidad que nos proporcione su uso de cara a solventar las dificultades y los problemas acuciantes a los que debemos enfrentarnos cotidianamente (Kaiku 2018: 222).

Desde luego, esta previsión parece un tanto ingenua, aunque sus partidarios podrían responder que, después de todo —parafraseando a José Ortega y Gasset— qué es la vida sino una realidad tan radical como problemática: Ortega y Gasset (2008) 416-422. En última instancia, según esta corriente renovadora de optimismo antropológico, el poder mejorativo de la IA no sería capaz de seducir nuestra conciencia, ni de doblegar el espíritu humano. Sin embargo, esta confianza en la responsabilidad y el sentido común de los hombres ante el reto de la singularidad solo puede imaginarse en la medida en que siga prevaleciendo el paradigma humanista sobre el tecnoparadigma cientificista que se está abriendo paso con la ayuda del ariete transhumanista.

El debate contemporáneo en torno a la crisis de la sociedad de las Nuevas Tecnologías no puede entenderse en su plenitud sin una obligada referencia a ese remoto *hombre auroral* que se encuentra por azar con la técnica y que, con el paso del tiempo, aprende primero a coexistir con ella, más tarde aspira a dominarla para transformar su mundo y finalmente termina convirtiéndose en lo que Ortega y Gasset denomina metafóricamente un *centauro ontológico*, esto es, "un ser que media porción de él está inmersa, desde luego, en la naturaleza, pero la otra parte trasciende de ella" (Ortega y Gasset 2006: 570). Este neohumanismo de Ortega, que ensaya y vislumbra el porvenir de lo humano, no es una suerte de "neoidealismo que demoniza la técnica", sino que supone una oportunidad de conciliar el progreso tecnológico con las humanidades. Ahora bien, para la consolidación de la tercera vía que representa el *humanismo tecnológico* como alternativa al dilema que separa a los apocalípticos (contrarios al avance de la ciencia y la tecnología) de los integrados (que todo lo confían a su fe en el cientificismo) es preciso establecer los límites de la IA en un doble plano educativo-cultural y ético-jurídico (Molinuevo 2002: 253).

En lo concerniente al ámbito educativo-cultural, la garantía de un avance científico-tecnológico que no sea lesivo respecto a los derechos humanos, exige la promoción de una ética de la IA y una apuesta clara por la recuperación del cultivo las humanidades en los planes de estudio escolares, de manera que se eduque en valores humanistas y se fomente el espíritu liberal y crítico entre los estudiantes de colegios e institutos. En este sentido, Martha C. Nussbaum sostiene que la democracia necesita el refuerzo de las Artes y las Humanidades, y que una educación en valores y principios humanistas no es incompatible en absoluto con una buena formación técnico-científica que prepare a nuestros jóvenes para los retos profesionales que les esperan en un futuro que estará marcado por la omnipresencia de la IA y la robótica superavanzada. De hecho, afirma la pensadora estadounidense, lo deseable sería que en los planes de estudio se complementasen las ciencias y las humanidades de manera que se eduque a los estudiantes en el librepensamiento, que se les acompañe en el descubrimiento y el desarrollo de sus capacidades creativas y críticas, y sobre todo, que se les enseñe a contemplar el mundo con una mirada amplia, abierta, tolerante y cosmopolita (Nussbaum 2010: 7).

Por lo que respecta a la dimensión ético-jurídica de la IA, su consideración —como se verá en el próximo epígrafe— obedece a la necesidad de la construir de un marco normativo que regule el desarrollo, desenvolvimiento y uso de la IA, robótica y tecnologías conexas desde un punto de vista antropocéntrico y antropogénico. Los principios y los valores humanistas que inspiran la ética de la IA no bastan para asegurar la inviolabilidad de las libertades y los derechos humanos, ni garantizan el respeto de la dignidad de la personas por parte de la superinteligencia artificial (ASI); de ahí que, en el Parlamento Europeo, en su Resolución de 20 de octubre de 2020, con recomendaciones destinadas a la Comisión sobre un marco de los aspectos éticos de la IA, la robótica y las tecnologías conexas haya destacado la importancia del enfoque antropocéntrico y antropogénico de la IA, y haya exhortado a que cualquier nuevo marco regulador para la IA que prevea obligaciones jurídicas y principios éticos para el desarrollo, el despliegue y el uso de la IA, la robótica y las tecnologías conexas, exhorte a que estas tecnologías emergentes se adapten a las necesidades del ser humano, y estén siempre a su servicio, nunca al revés.

4. PERSONALIDAD ELECTRÓNICA, RESPONSABILIDAD OBJETIVA E IDENTIDAD DE LOS ROBOTS Y LA IA FUERTE EN EL HORIZONTE DE LA SINGULARIDAD

La existencia de máquinas de inteligencia avanzada que, ante un hipotético escenario de singularidad, sean tratadas como entidades autoconscientes portadoras de derechos, dispongan de capacidad de obrar, respondan jurídicamente por las consecuencias derivadas de su actuación, y estén dotadas de una especie de conciencia artificial que conlleve el reconocimiento de personalidad electrónica de los robots de cuarta generación ha sido ya anticipada e imaginada en las novelas de maestros de la ciencia ficción como Isaac Asimov, Ray Bradbury, Philip K. Dick, Brian Aldiss, y más recientemente, Kazuo Ishiguro e Ian McEwan.

Son conocidas las cinco grandes cuestiones ético-jurídicas que comparten las denominadas tecnologías emergentes: la no discriminación en el acceso universal a las nuevas tecnologías, la autonomía de la voluntad y el consentimiento de los agentes morales en consonancia con la libre investigación científica, la responsabilidad que se proyecta sobre los sujetos que intervienen en el uso de dichas tecnologías, el impacto de las nuevas tecnologías en la privacidad o la intimidad de las personas, y por último, la cuestión en torno a la integridad e identidad referida a la noción de ser humano y de agente moral.

A propósito de la integridad y la identidad de los agentes morales, Rafael de Asís ha señalado que la aplicación de la teoría de los derechos humanos a esta quinta cuestión presentará una mayor dificultad en la medida en que se pretenda circunscribir el marco ético-jurídico de referencia de la robótica. En efecto, además de los problemas tradicionalmente derivados de las relaciones entre hombres y máquinas, hay que contar también con las nuevas interrogantes que han surgido sobre el uso debido o el trato que debe dispensarse a los robots y en torno a la definición de su naturaleza jurídica. En relación con el status jurídico de los robots cabría preguntarse si deberían ser considerados como objetos o como sujetos de derecho, qué tipo de responsabilidad podría exigirse por los daños causados por éstos (subjetiva, objetiva o por hecho ajeno, por productos defectuosos...), si sería conveniente o no reconocer la personalidad electrónica de los robots de cuarta generación (robots programados con IA fuerte y, por tanto, dotados de sistemas con capacidad de aprendizaje que les permiten tomar decisiones autónomas e inteligentes, con independencia de la intervención humana). En resumidas cuentas, concluye Rafael de Asís, al contemplar la robótica desde una perspectiva iusfilosófica humanista, qué consecuencias tendría sobre el marco ético en el que se desenvuelven los derechos humanos la atribución de valores morales a ciertos robots —por ejemplo, los androides: (De Asís Roig 2014: 85).

La hipótesis de la identidad de los robots autoconscientes, el reconocimiento de la personalidad jurídica, y la necesidad de establecer una línea de separación entre el hombre y la máquina, entre lo natural y lo artificial, son motivos recurrentes en las novelas de ciencia ficción en las que se describe un mundo distópico donde la humanidad acaba claudicando ante la irrupción de las nuevas tecnologías. En el elenco de las mejores obras de ciencia ficción del siglo XX que centran su acción en el futuro universo de la singularidad, donde los androides (robots humanoides) se mimetizan hasta tal punto con los hombres que imitan a la perfección su razonamiento, emulan su conducta, copian sus usos y costumbres, aspiran a tener emociones y deseos artificiales, y pretenden incluso desarrollar una especie de "humanidad" integral de la máquina: Belloso Martín (2018) 98, sin duda ocupa un lugar destacado la novela más conocida de Philip K. Dick: *Do Androids Dream of Electric Sheep?* (1968), que inspiraría parcialmente (veinticinco años más tarde) el guión de una película de culto entre los cinéfilos, dirigida por Ridley Scott: *Blade Runner* (1982).

La novela de Philip K. Dick parte de un escenario post-apocalíptico en el que, tras la Guerra Mundial Terminus, un conflicto nuclear que arrasó millones de vidas humanas y dejó un planeta gris e inhabitable debido a la contaminación generada por el polvo radioactivo, los supervivientes más privilegiados, "las personas de éxito", abandonaron la Tierra para fundar colonias en otros planetas cercanos (como Marte), y solo han permanecido en ella aquellas personas que carecían de viabilidad y perspectivas vitales en otro mundo (los "especiales", a los que también se denomina despectivamente "cabeza huecas"), como J. R. Isidore. Junto a los escasos humanos abandonados a su suerte en el agónico y desolado planeta Tierra, coexisten los "andys", androides que se encuentran al servicio de los cabeza huecas, y algunos cazarrecompensas, como Dave Holden y Rick Deckard, funcionarios encargados de rastrear, encontrar y eliminar a los nuevos modelos de androides Nexus-6 que han escapado de Marte (donde son sometidos a esclavitud por los humanos) y se las han apañado para viajar ilegalmente hasta la Tierra para vivir en libertad, confundiéndose con los pocos seres humanos que allí han quedado. A diferencia del resto de androides, los Nexus-6 (como Rachel Rosen o Pris Stratton) son androides de última generación, tan similares a los humanos que sería prácticamente imposible diferenciarlos si no fuera por la escala Voigt-Kampff (trasunto del Test de Turing) que mide el grado de empatía y el tiempo de reacción emocional ante una serie de estímulos neuronales y nerviosos (dado que los androides no pueden sentir empatía, su respuesta emocional, por ejemplo ante el maltrato a los animales, es diferente de la humana). Lo realmente original de la trama de esta novela es que el autor concibe a los Nexus-6 como máquinas pensantes, es decir, como sujetos morales autónomos capaces de asociarse entre sí y actuar conforme a una ética artificial fundada sobre el principio de supervivencia y el pragmatismo, pero sin el menor sentido de empatía (en este sentido, los androides Nexus-6 no comparten los principios de la ética humana que representa la religión pacifista y ecologista de Wilbur Mercer).

En una novela reciente, *Machines like me* (2019), Ian McEwan da un paso más hacia el horizonte de la singularidad en la que los robots superinteligentes sueñan con tener alma humana. La historia transcurre en el Londres distópico de principios de la década de los ochenta del pasado siglo, donde Inglaterra ha perdido la Guerra de las Malvinas y el científico Alan Turing no solo sigue con vida, sino que además ha dedicado su brillante carrera al desarrollo de la IA y la biología computacional, ámbito en el que, por cierto, ha logrado todo un hito histórico: la creación en serie de los primeros prototipos de seres humanos sintéticos (a los que, dependiendo de su sexo, da el nombre de Adán y Eva). La trama se complica cuando Charlie compra uno de esos Adanes a su compañera de apartamento, y a la vez amante, Miranda, la cual programa la personalidad de su "humano artificial" a su gusto. Lo que en principio iba a ser un robot con apariencia humana configurado para realizar labores domésticas, terminará revelándose como una máquina que es capaz de seducir y enamorarse de su dueña humana, a la que incluso dedica haikus. A su vez, Charlie conseguirá ganar miles de libras gracias a las inversiones realizadas en bolsa por Adán. Todo parece conformar un triángulo amoroso perfecto, un negocio próspero y una historia feliz, hasta que Miranda desvela un terrible secreto que ha mantenido oculto durante muchos años: un delito de perjurio que ha llevado a un hombre a la cárcel. Y es este el momento en el que entra en conflicto la ética humana y la conciencia artificial de una máquina inteligente que desea ser como los humanos, pero que, a su vez, es incapaz de entender las mentiras y las contradicciones del comportamiento humano. La gran paradoja es que los hombres hayan conseguido crear una máquina autoconsciente que supera la inteligencia humana pero que, sin embargo, no puede adaptarse a nuestro mundo imperfecto. Esa incomprensión de la incoherencia de la mente humana y la asimetría de nuestro mundo lleva a muchos Adanes y Evas a frustrarse tanto que, en última instancia, optan por la vía del suicidio o la autodestrucción; sin embargo, en el caso de este Adán enamorado, que se debate entre la delación de su amada y el estricto cumplimiento de la ley (poniendo en conocimiento de la autoridad judicial la comisión de un delito de perjurio), la solución pasa por aplicar la aplastante lógica del imperio de la ley (la más acorde con los algoritmos de la conciencia artificial con la que están programados los humanos artificiales como Adán).

Como puede apreciarse en ambas novelas, tanto en la de Dick como en la de McEwan, la ciencia ficción sirve como un espejo en el que se refleja, en parte con fidelidad y en parte de forma distorsionada, la era de la revolución tecnológica, que tiene en la IA y la robótica sus puntas de lanza. En efecto, nos encontramos en un momento de transformación digital que está acelerando la producción y programación de máquinas cada vez más autónomas e inteligentes, con capacidad de pensar, de aprender de su entorno y tomar decisiones de manera independiente. Es difícil anticipar cuáles serán los niveles de autonomía e impredecibilidad que puedan alcanzar algún día las operaciones realizadas por las aplicaciones de IA fuerte y la robótica avanzada sin que medie la supervisión y el control del ser humano, pero sí es posible prever que, en los próximos años, se materialice la exigencia, avanzada hace tres décadas por Vittorio Frosini, de una ética del hombre artificial (*l'uomo artificiale*) que responda a los retos que planteará presumiblemente esta nueva etapa en la convivencia entre los hombres y las máquinas (que no se presentan ya como meras herramientas, sino como auténticos agentes sociales que pueden asumir el rol de intermediarios e incluso, si se diera el caso, ser capaces de sustituir la voluntad humana (Frosini 1986: 11).

La posibilidad de diseñar robots androides capaces de sentir, pensar y actuar por parte de compañías especializadas en robótica e IA ha suscitado el debate en torno al status jurídico de los robots y a la clasificación de los mismos en una nueva categoría intermedia (*tertium genus*), a medio camino entre la persona y el objeto o la cosa, que podría comportar incluso el reconocimiento de una suerte de personalidad jurídica a los robots. En este sentido, Silvia Tamayo advierte que, de ser considerado el robot como una cosa, un objeto o un producto, de los daños que éste pudiera causar a terceros se responsabilizaría al ser humano que tienen control sobre él; en cambio, si se le concediera carta de naturaleza como agente o sujeto autónomo, el robot respondería por sí mismo de sus actos. En esta segunda hipótesis cabría preguntarse qué sucedería si los robots fuesen considerados como sujetos de Derecho, puesto que esa nueva situación jurídica les conduciría desde su actual condición de objetos legales no identificados, excluidos de nuestro sistema jurídicos y, por ende, sin derechos, ni obligaciones, ni protección alguna, hasta un marco legal completamente distinto y novedoso, en el que la personalización o humanización de los robots les permitiría, por ejemplo, ser titulares de derechos subjetivos, acceder a la propiedad privada, abrir su propia cuenta bancaria, patentar los productos derivados de su propio diseño industrial, o proteger sus derechos de propiedad intelectual (Tamayo Haya 2020: 181-182).

Pero la problemática iusfilosófica surgida a raíz la revolución 4.0 en relación con la IA y la robótica avanzada no solo afecta al Derecho de los robots, sino también a una cierta Ética de la robótica. En este sentido, John P. Sullins se pregunta si un robot podría concebirse como un agente moral artificial (Sullins 2006: 23-30). Según este filósofo de la tecnología, especializado en tecnoética referida fundamentalmente a la IA y la robótica, cabe diferenciar tres categorías des agentes morales artificiales: los agentes biológicos sintéticos, los agentes robot y el *software*. Tres son las teorías que, en opinión de este profesor de la Universidad de Sonoma (California), abrirían esta posibilidad: en primer lugar, la tesis liberacionista de Peter Singer sobre los derechos de los animales, que cabría extender por analogía a los robots (Singer 2015); en segundo lugar, la teoría de la justicia de John Rawls, en la medida en que, al referirse al velo de la ignorancia, alude a los seres racionales no humanos (Rawls 1971: 136-142); y por último, la posición ética defendida por las doctrinas evolucionistas post-darwinianas: (Nolfi-Floreano 2000).

El problema que en primera instancia presenta el término "sujeto moral" es que, en sentido jurídico, es decir, prescindiendo de sus connotaciones religiosas, se trata de un concepto jurídico indeterminado que resulta muy difícil definir y acotar semánticamente; en segunda instancia, cabría preguntarse también qué sucedería si llegasen a fabricarse alguna vez máquinas completamente idénticas a los seres humanos. Por mucho que pensemos que se trata de una hipótesis irrealizable que queda circunscrita al campo de la ciencia-ficción, lo cierto es que, como advierte Rafael de Asís, "los avances en el campo de la neurociencia y de las ciencias de la computación nos obligan a no dar por cerrada de manera completa esta posibilidad" (De Asís Roig 2014: 79).

En todo caso, nos recuerda Moisés Barrio, el debate acerca de la conveniencia de crear o no una nueva categoría de sujeto jurídico, a medio camino entre la persona y el objeto o cosa está ya en marcha (Barrio Andrés 2018a: 80). Es más, el Parlamento de la Unión Europea aprobó una Resolución el 16 de febrero de 2017, con recomendaciones destinadas a la Comisión sobre Normas de Derecho Civil sobre robótica, en la que se propuso admitir la "personalidad electrónica" para aquellos supuestos en los que los robots tomen decisiones autónomas inteligentes. Esta nueva personalidad electrónica, por cierto, no sería muy diferente a la ampliación que en su momento se hizo de la personalidad más allá de la persona humana respecto a las personas jurídicas de las empresas, y que se reconoce en la legislación mercantil desde hace décadas.

Para los especialistas en derecho e IA, una posible solución al problema de la responsabilidad por daños personales o patrimoniales que pueda causar cualquier tipo de robot pasaría por el reconocimiento a los robots de personalidad electrónica. Esta propuesta conllevaría la creación de un registro para robots en el que cada uno de ellos dispondría de una numeración única que serviría para identificar a su propietario en caso de lesiones a terceros, pero también permitiría al propietario (desde el mismo momento de la adquisición de la máquina) para contratar un seguro de daños a terceros con el que responder por las obligaciones y perjuicios causados por su robot.

La personalidad electrónica puede ser una propuesta digna de ser tenida en consideración a la hora de resolver el problema de la responsabilidad causada por los daños derivados de la actuación de los robots, tanto de los que están dotados de corporeidad, como de aquellos robots *software* que poseen un cierto grado de autonomía y de interactuación con las personas (Barrio Andrés 2018b: 106).

A propósito de la personalidad electrónica de las máquinas inteligentes, algunos autores, como Moisés Barrio, han insistido en la necesidad de crear un registro y dotar a cada robot de una identificación única en el momento de su puesta en el comercio, además de asegurar que le sea asociado un seguro de daños a terceros a través del cual sea factible responder por las obligaciones y perjuicios. Al hilo de esta sugerencia de seguro obligatorio de daños a terceros, concluye este autor:

> Los mecanismos por medio de los cuales se podría formar y financiar este seguro podrían ser diversos, y la respectiva elección implicaría la identificación del sujeto sobre el cual deberían recaer, en todo o en parte, las consecuencias económicas de los eventuales daños provocados por la máquina (Barrio Andrés 2018a: 81).

En cualquier caso, como ha advertido Silvia Díaz Alabart, la atribución de personalidad jurídica específica a los robots como vía a explorar, debería limitarse solamente a una capacidad jurídica limitada en razón a su finalidad indemnizatoria. En suma, a propósito de la responsabilidad civil de los robots, concluye Díaz Alabart:

> No se trataría de hacer a los robots inteligentes sujetos de derechos de forma general, sino que con esa personalización limitada se eliminarían algunos problemas para que se pueda hacer efectiva la indemnización por los daños causados (Díaz Alabart 2018: 77).

En última instancia se contemplaría la posibilidad de admitir una responsabilidad por actos autónomos del robot *strictu sensu* de la que él mismo (o un seguro) respondería con su propio capital, como si de una sociedad se tratase, para indemnizar a sus potenciales víctimas. Obviamente, como *conditio sine qua non* para dicha indemnización, sería necesaria la previa contratación obligatoria de un seguro por parte del propietario y/o usuario con el que responder por los daños causados por culpa del robot (es decir, se le atribuiría lo que en la doctrina civilista se conoce como *culpa in singularitatem*): (Ercilla García 2018, 2020).

La variedad de esta gama de contextos jurídicos en los que comparece la robótica ha dado pie a algunos autores a plantear la viabilidad de un derecho específico de los robots: Barrio Andrés (2018a), e incluso a especular sobre si en un futuro los robots podrían llegar a ser titulares de derechos (en una hipotética ampliación del sistema de garantías y derechos humanos a los robots): (Gunkel 2018: 157; Darling-Hauert 2013). Obviamente no se trataría de una especialidad jurídica pensada para regular el tratamiento de los robots como entidades autoconscientes titulares de derechos y obligaciones porque, al menos por ahora, nuestra tecnología se halla muy lejos de dar ese salto hacia los robots autónomos, autoconscientes y superinteligentes. Pero en la actualidad nos encontramos en un estadio de IA débil, que no resulta equiparable a la inteligencia humana. Pero, aún en el supuesto de que la IA evolucionada consiga traspasar los umbrales de la singularidad y alcance el grado de IA fuerte, solo se podrá hablar de una IA humanizada en la medida en que la máquina siga conservando un ápice de conciencia, inteligencia y capacidad de decisión que, aunque mejorada, recuerde a la originaria o se reconozca en ella, "como manifestaciones propias de la humanidad y de la dignidad humana, barrera infranqueable en cualquier caso" (Messía de la Cerda 2020; Gray 1997: 126, 313).

Por otra parte, en cuanto a la cuestión suscitada por la ciencia ficción sobre la identidad de los robots autoconscientes que se presentan al lector como sujetos morales dotados de una conciencia que les hace aflorar sentimientos y albergar sueños, coincido con la doctrina que, en línea con los argumentos expuestos en el Informe COMEST sobre ética de la robótica, de 14 de septiembre de 2017 (§201), defiende la idea de que la IA no es comparable con la racionalidad humana, ni tampoco posee las cualidades del ser humano, y que no es posible tampoco extender la personalidad jurídica a los sistemas de inteligencia artificial por su falta de conciencia o intencionalidad: (Lau 2019: 47-66; Lacruz Mantecón 2019; Tamayo Haya 2020: 211).

La tarea prioritaria y el principal problema que habría que afrontar ahora es cómo regular la interacción entre la robótica y el mundo del derecho, qué fórmula jurídica aplicar en aquellos casos que hoy consideramos mera casuística, pero sobre los que muy pronto habrá una jurisprudencia consolidada a propósito de la protección de los derechos y libertades de los seres humanos ante la presencia de máquinas autónomas o sistemas inteligentes que puedan suponer, en un momento dado, una amenaza (Balkin 2015: 45-60.

Desde la perspectiva del derecho comparado, Ugo Pagallo ha sostenido en un estudio monográfico sobre el derecho de los robots que podría hacerse una clasificación en tres grupos de respuestas jurídicas a propósito de la regulación del complejo universo de la robótica y su impacto en la sociedad moderna. Según este jurista italiano, dentro de las tendencias seguidas en los sistemas de derecho comparado de nuestro entorno se distingue, en primer lugar, aquellos ordenamientos jurídicos en los que se valora simplemente cómo afectan los robots a los conceptos y principios jurídicos tradicionales, por ejemplo, al concepto de persona (tanto física como jurídica); en segundo lugar, hay otra corriente jurídica que pretende crear una nueva disciplina *ex novo*, el derecho de los robots, a partir de paradigmas hasta ahora desconocidos y para los que no existe una normativa específica, como la responsabilidad derivada por operaciones realizadas por sistemas robóticos autónomos; por último, en tercer lugar, hay una dirección que, a diferencia de la anterior, niega la especificidad jurídica de la robótica y no ve justificada la construcción de una nueva disciplina legal para regular cuestiones y resolver problemas jurídicos relativos a la robótica que encajan perfectamente dentro de los parámetros de los vigentes ordenamientos jurídicos (Pagallo 2013).

Con independencia de la pluralidad de matices que queramos distinguir en el mosaico jurídico que contempla el desarrollo de la innovación tecnológica y el cambio de paradigma que se está produciendo en nuestro tiempo —como consecuencia, entre otros factores, de la cuarta revolución industrial 4.0 protagonizada por el avance de la IA y la robótica— sería oportuno contar con un mínimo marco jurídico e institucional que regule y aporte seguridad respecto a los deberes y las responsabilidades de los actores que intervienen en el proceso de innovación tecnológica (Barrio Andrés 2018a: 83).

En relación con lo anteriormente expuesto, solo cabe añadir que los propios agentes implicados en el proceso de investigación e innovación tecnológica referido a la robótica quienes demandan una regulación específica y clara para adaptar sus estrategias y programas a la misma. Sin embargo, en un contexto democrático como el de los países de la Unión Europea, es necesario que el derecho de los robots esté en consonancia con los principios y valores del ordenamiento jurídico europeo, y sea respetuoso con los derechos fundamentales que se consagran en la Carta de Derechos Fundamentales de la Unión Europea y en el Convenio Europeo para la Protección de los Derechos Humanos y de las Libertades Fundamentales.

5. CONCLUSIÓN

A lo largo del presente capítulo se ha recurrido a la fuerza metafórica e icónica de algunas las obras más emblemáticas del género de ciencia ficción para ilustrar tres cuestiones ético-jurídicas a propósito de la IA y la robótica, que quedarían sintetizadas en la tríada de conceptos que integran la singularidad, la conciencia artificial y la personalidad electrónica. Así pues, el enfoque metodológico por el que hemos apostado se inspira en la primera de las dos líneas de investigación que se han desarrollado dentro del ámbito de estudios del *Law and Literature Movement*: me refiero a la perspectiva del "Law in Literature" que, según la explicación de Ian Ward, es la que se propone examinar la posible relevancia de textos literarios para el estudio del derecho[28] (Ward 1995).

En lo concerniente al anuncio de la singularidad por parte del proyecto transhumanista, alguno de sus más destacados representantes, como Nick Bostrom, han llegado a augurar que, en el preciso instante en que las máquinas se vuelvan más inteligentes que los seres humanos (acontecimiento que dan por supuesto que se producirá en un futuro próximo), habremos alcanzado al menos el grado de competencia adecuado y la pericia suficiente para que la humanidad pueda sobrevivir a la explosión de IA fuerte (Bostrom 2014: 6).

Conviene advertir, no obstante, sobre el sofisma que entraña la distinción entre IA débil e IA fuerte, porque —como ha observado José Ignacio Solar Cayón— es una falacia que se asienta sobre la creencia falsa de que "la única forma de desarrollar sistemas que realicen tareas al nivel de expertos es replicar los procesos de pensamiento de los especialistas humanos". Como vemos, en esta versión actualizada de la falacia naturalista se percibe claramente el peso que ejerce en la cultura occidental la metáfora de la máquina pensante, sobre todo en el terreno del lenguaje de la ética y el Derecho, donde ésta se ha impregnado de tal manera que ha terminado hipostasiando los atributos de la máquina (Solar Cayón 2019: 25).

Entre las inquietudes motivadas por la eclosión de la revolución 4.0, quizás sean las de índole ético-jurídico las más preocupantes, debido sobre todo a las potenciales repercusiones que la IA y la robótica ejercen en diversos ámbitos de nuestra convivencia cotidiana.

---

28 La segunda línea diferenciada por Ian Ward es la denominada "Law as Literature", la cual pretende aplicar las técnicas de la crítica literaria a los textos jurídicos.

Como señala Roger Campione, esta irrupción en nuestras vidas de las nuevas tecnologías explica la necesidad de que las instituciones supranacionales se comprometan con la elaboración de un marco ético-jurídico que regule la IA, la robótica y las tecnologías conexas, y que a su vez sea implementado por una serie de directrices políticas para la gobernanza de las tecnologías convergentes (Campione 2020: 96).

En los últimos años, en lo que a la Unión Europea se refiere, se ha ido conformando el marco normativo común para una ética de la IA, de conformidad con los principios establecidos en la Carta de los Derechos Fundamentales de la Unión Europea (en adelante, UE), el Reglamento relativo a la protección de las personas físicas en lo que respecta al tratamiento de datos personales y a la libre circulación de estos datos[29] , la Estrategia Europea de Datos[30], pasando por el Libro Blanco sobre la IA[31] (que podría considerarse la Carta Magna para la ética de la IA), las Directrices éticas para una IA fiable elaboradas por el Grupo independiente de expertos de alto nivel[32], hasta llegar al acuerdo sobre la Ley de Inteligencia Artificial, alcanzado el 8 de diciembre de 2023, entre los representantes del Parlamento Europeo y la presidencia del Consejo de Europa sobre los principios éticos para el desarrollo, el despliegue y el uso de la IA, la robótica y las tecnologías conexas, con el fin de garantizar la aplicación homogénea en toda la UE de dicho marco regulador compuesto de principios éticos aplicables a cualquier tecnología de IA[33].

---

29 Reglamento (UE) 2016/679, del Parlamento Europeo y del Consejo, de 27 de abril, relativo a la protección de las personas físicas en lo que respecta al tratamiento de datos personales y a la libre circulación de estos datos y por el que se deroga la Directiva 95/46/CE (Reglamento General de Protección de Datos).

30 Comunicación de la Comisión al Parlamento Europeo, al Consejo, al Comité Económico y Social Europeo y al Comité de las Regiones, de 19 de febrero de 2020, titulada: "Una Estrategia Europea de Datos" (COM (2020) 0066).

31 Comunicación de la Comisión al Parlamento Europeo, al Consejo, al Comité Económico y Social Europeo y al Comité de las Regiones, de 19 de febrero de 2020, titulada: "Libro Blanco sobre la Inteligencia Artificial: un enfoque europeo orientado a la excelencia y la confianza" (COM (2020) 0065)

32 Grupo de Expertos de Alto Nivel Sobre IA (HLEG-AI), "Directrices éticas para una IA fiable", 8 de abril de 2019.

33 Véase la Resolución del Parlamento Europeo, de 20 de octubre de 2020, con recomendaciones destinadas a la Comisión sobre un marco de los aspectos éti-

Pero la estrategia reguladora sobre IA no solamente pretende que Europa sea competitiva en el panorama de la IA, la robótica y las tecnologías conexas, y que esté preparada para la transformación digital, sino que se generen las condiciones para establecer un ecosistema de confianza para los ciudadanos, la sociedad en su conjunto y las empresas en relación con las nuevas tecnologías que impulsan la revolución 4.0. Se trata, en suma, de garantizar el avance tecnológico y la competitividad en materia de IA, pero de tal forma que ese desarrollo de las nuevas tecnologías sea controlado, responsable y sostenible, y sobre todo, sin que ese desarrollo tecnológico vaya en detrimento de los derechos fundamentales ni de los estándares éticos de la UE. Estos objetivos justifican la necesidad de regular el mundo de la IA, la robótica y las tecnologías digitales dentro de un marco jurídico vinculante, completado con normas éticas y disposiciones de *soft law*, y encaucen el desarrollo de la IA de acuerdo con el paradigma humanista y antropocéntrico, el respeto al imperio de la ley y el compromiso con la defensa de los derechos fundamentales y las libertades (Piñar Mañas 2019: 41; Cotino Hueso 2019: 36; Cerrillo Martínez 2020: 3).

La segunda de las hipótesis literarias planteadas en este capítulo se refiere a la relación entre la cibernética y la conciencia humana, en otras palabras, concierne a la doble vertiente cognitiva y ética de la conciencia artificial. Aunque la pregunta sobre la posibilidad de que las máquinas llegasen a ser alguna vez autoconscientes fue formulada antes por las novelas de ciencia ficción, en el ámbito académico de la filosofía, a lo largo de la década de los años sesenta del pasado siglo, los trabajos de Dennis F. Thompson y Gotthard Günther contribuyeron a abrir el debate en torno a si las máquinas podrían tener conciencia de sus actos. En el supuesto (hipotético) de que una máquina inteligente fuese capaz de ejecutar todas las operaciones que realiza

cos de la IA, la robótica y las tecnologías conexas (2020/2012 (INL)), en el que se aprueba un paquete de propuestas sobre la orientación que deberían seguir las normas que regularán la IA en la UE. Estas propuestas ofrecen recomendaciones concretas contenidas en tres informes elaborados por la Comisión de Asuntos Jurídicos del Parlamento Europeo: el primero, trata sobre la IA y los derechos de la propiedad intelectual e industrial (2 de octubre de 2020); el segundo, versa sobre la responsabilidad civil derivada de los daños causados por la IA (5 de octubre de 2020); y, por último, el tercero se dedica a definir un marco ético europeo para la IA (8 de octubre de 2020).

un ser humano, es decir, en el caso de que un robot reuniera todas las características que justifican nuestra expresión de "conciencia humana" o natural, en tal caso, concluía Thompson, si se le negase al robot la posibilidad de ser consciente —como sostienen los teóricos anti-mecanicistas (por ejemplo, Jonathan Cohen, Karl Popper, Arthur L. Samuel o Mortimer Tauber)— tampoco habría motivo para atribuirle conciencia a los propios hombres (Thomson 1965: 33-43).

A propósito de la justificación que hace Thompson del reconocimiento de la conciencia de las máquinas, podría aducirse —siguiendo el razonamiento de Vittorio Frosini— que, si un robot llegase a alcanzar alguna vez conciencia plena, ésta no podría ser más que una conciencia artificial, pero no humana, es decir, sería una conciencia creada por el hombre, proyectada, construida y operante de manera diferente al hombre (Frosini 1973: 107).

A los argumentos de la doctrina anti-mecanicista, contraria a la homologación de la IA con la conciencia humana en términos cognitivos, y a la crítica de Frosini contra la tesis de Thompson, cabría añadir la advertencia hecha por Antonio Damasio a aquellos que parten de enfoques cientificistas tan sesgados como el que sostiene el posthumanismo tecnológico, soslayan la complejidad de la mente humana y separan el cuerpo de la mente y el alma. Quienes conciben la mente humana solamente a como actividad cerebral podrían estar incurriendo en lo que Damasio denomina "el error de Descartes", cuya famosa frase: "Je pensé done je suis" ("Cogito ergo sum"; "Pienso, luego existo") induce a concluir que la mente o cosa pensante (*res cogitans*) se separa del cuerpo no pensante, el que tiene extensión y partes mecánicas (*res extensa*). Ante esta disociación cartesiana entre el cuerpo y la mente, y frente a la separación entre el *pathos* (*πάθος*) y el *logos* (*λόγος*), división que solo cabe imaginar en una inteligencia artificial (esto es, no dotada de corporeidad orgánica, ni de sensibilidad, ni de capacidad empática) Damasio postula la comprensión global de la mente humana:

> La mente completamente integrada en el cuerpo que yo concibo no renuncia a sus niveles de operación más refinados, los que constituyen su alma y su espíritu. Desde mi perspectiva, es sólo que el alma y espíritu, con toda su dignidad y escala humanas, son ahora estados complejos y únicos de un organismo. Quizá la cosa más indispensable que podemos hacer como seres humanos, cada día de nuestra vida, es recordarnos a

> nosotros mismos y a los demás que somos complejos, frágiles, finitos y únicos. Y ésta es, desde luego, la tarea difícil: desplazar el espíritu de su pedestal en ninguna parte hasta un lugar concreto, al tiempo que se conserva su dignidad y su importancia; reconocer su humilde origen y su vulnerabilidad, pero seguir dirigiendo una llamada a su gobierno (Damasio 2006: 288).

Por último, respecto a la tercera hipótesis analizada en el presente capítulo: el reconocimiento de la personalidad para la IA fuerte y los androides de cuarta generación, con sus lógicas implicaciones en materia de responsabilidad e identidad de los robots, es un tema sujeto actualmente a controversia que enfrenta a quienes se pronuncian a favor del reconocimiento de cierta personalidad electrónica a la IA y los robots avanzados: (Turner 2019: 193), y aquellos otros que acusan a los primeros de caer en la denominada "falacia del androide", en la medida en que confunden la idea de personalidad con humanidad (Margolis 2017).

Es un hecho notorio que, con la llegada de la revolución 4.0, se está acelerando el desarrollo de máquinas cada vez más inteligentes y autónomas, capaces de aprender y tomar decisiones con independencia del ser humano; es muy probable incluso que dentro de poco tiempo aparezcan nuevas aplicaciones que permitan a la IA alcanzar un alto grado de impredecibilidad en su actuación, que no tendrá que estar necesariamente supervisada ni controlada por el hombre. Precisamente, la incertidumbre causada por los posibles lesiones y daños a terceros que puedan derivarse de dicha actuación, y la necesidad de indemnizar a las víctimas por actos autónomos de la máquina inteligente, es la que, según los defensores de la personalidad electrónica, justificaría la contratación de un seguro por parte del propietario y/o usuario del robot y la invocación de la idea de responsabilidad objetiva.

Precisamente la personalidad electrónica parece pensada para atender aquellos casos difíciles (*hard cases*) en los que la previsibilidad de la actuación de las máquinas autoconscientes escapen del control humano. Por otra parte, si una persona utilizase la IA como vehículo para dañar a terceros, la integración de la personalidad electrónica en el ordenamiento jurídico permitiría que a dicho infractor se le pudiera exigir una responsabilidad civil o penal. La cuestión de la personalidad de la IA, y sus implicaciones éticas y jurídicas, merece, desde luego, un capítulo aparte dado su carácter problemático y su extraordinaria complejidad, en cualquier caso, por ahora podríamos finalizar parafraseando la impactante frase con la que Samir Chopra y Laurence White introducen uno de los primeros libros dedicados a la personalidad de la IA:

> El agente artificial ha llegado para quedarse; nuestra tarea es acomodarle de tal forma que haga justicia a nuestros intereses y a sus capacidades: (Chopra-White 2011: 3).

Capítulo 4

HOMO EX MACHINA: EL SER HUMANO ANTE LA INTELIGENCIA ARTIFICIAL Y EL GOBIERNO DE LOS ALGORITMOS

1. INTRODUCCIÓN

La relación entre el ser humano y la IA ante el horizonte de la singularidad ha alimentado tradicionalmente la imaginación de los autores que cultivan el género de la ciencia ficción y la distopía. En la mayoría de estas novelas distópicas son las máquinas inteligentes las que terminan controlando a la humanidad, ante la imposibilidad de ésta de competir con un adversario infinitamente superior en velocidad de procesamiento de datos, capacidad de almacenamiento de información, resistencia y precisión en la ejecución de tareas, y sobre todo en aprendizaje.

> Cuando los humanos crearon un ordenador capaz de almacenar la información y aprender de ella, firmaron la sentencia de muerte de la humanidad.

Con esta cita se inicia *Dune. La yihad butleriana* (2004), primera novela de la trilogía de Brian Herbert y Kevin J. Anderson sobre *Leyendas de Dune* que, a su vez, es el preludio de la saga *Dune* de Frank Herbert. Quizás sea esta la primera novela a contracorriente de la mayoría de novelas futuristas y distópicas en la que los últimos humanos libres se revelan en los Planetas Sincronizados, bajo el liderazgo de Serena Butler, contra el dominio de las máquinas pensantes desarrolladas con IA (todas ellas subsumidas en el supercomputador *Omnius*) y consiguen vencerlas rotundamente. Así describen Herbert y Anderson el comienzo del fin del ciclo de dominio de las máquinas inteligentes y autoconscientes sobre los humanos:

> Desde las profundidades de sus ciudades de energía, Omnius observaba la Tierra. Sus ojos espía grababan cada fase del audaz ataque humano. Vio que las tornas cambiaban (Herbert-Anderson 2011[5]: 619)

A diferencia de otras novelas y películas de ciencia ficción, *Dune* supone una rara excepción a la resignación con la que los seres humanos aceptan la llegada de la era de la posthumanidad. Por ello, apelando precisamente al espíritu indómito de los últimos seres humanos autoconscientes y a su ansia de libertad, Serena Butler prende la llama de la rebelión contra las máquinas pensantes. Hay en esta novela una voluntad de resistencia colectiva de los seres humanos conscientes de su condición de sujetos morales y, por ende, dotados de conciencia moral, sentido de la responsabilidad y sabiduría práctica, de su derecho a la libertad y a la dignidad, a pesar de la opresión que sufren *de facto* a causa de la Singularidad tecnológica.

A propósito de la inmersión de la humanidad en el universo de la Singularidad se pregunta Slavoj Žižek si la entrada de la especie humana en el reino superior de lo posthumano supondrá la desaparición gradual de la humanidad tal y como la conocemos o si, por el contrario, nuestros futuros descendientes posthumanos que vivan en ese "estadio superior" de la perfección serán capaces de recordar de algún modo, incluso con una memoria entrañable, los azares del "estadio inferior" de la humanidad (Žižek 2023: 142-143). En definitiva, ¿cómo se enfrentará la humanidad a la Singularidad (ese "gran otro" que, según Jacques Lacan, constituye el orden simbólico virtual integrado en la red digital), lo hará de manera consciente o inconsciente? En esa esfera de los múltiples metaversos ¿serán los humanos capaces de diferenciar la realidad virtual de lo real, las experiencias compartidas sincrónicamente por todos los internautas neuroconectados a través de la IA de la experiencia subjetiva e individual vivida por cada persona?

Para ilustrar esta dicotomía en torno a la conservación del control de la conciencia subjetiva en el espacio infinito de la Singularidad donde se recrea una realidad que no existe pero que es simultáneamente compartida de forma colectiva, y donde no se sabe qué organismo regulador decidirá qué experiencias pueden compartirse ni quién controlará a su vez ese mecanismo, Žižek trae a colación la última escena de un film de ciencia ficción de culto: *Matrix* (1999). En dicha escena, Neo, el protagonista, un programador que actúa como pirata informático y que intuye que algo no va bien en el universo *virtual* en el que cree haber vivido *realmente* todo el tiempo, anuncia la liberación de la humanidad tras destruir Matrix, la realidad inducida por las máquinas a las mentes conectadas de hombres y mujeres alienados y sumidos en un letargo onírico. La paradoja de este final tan ambiguo de la película de las hermanas Wachowski es que, por un lado se anuncia a la humanidad su liberación del dominio de las máquinas en un mundo irreal, pero por otra parte se les arroja al "desierto de lo real", un mundo destruido anteriormente por las máquinas (en el film se muestra concretamente la ciudad de Chicago reducida a escombros) en el que impera el vacío, la nada (Žižek 2023: 84-85).

El recurso a la novela y el cine de ciencia ficción en la presentación de este último capítulo se debe en realidad a la necesidad de situar las conjeturas y elucubraciones del evolucionismo tecnológico y posthumanista fuera de los márgenes estrictamente científicos, es decir, el que se corresponde con los hechos probados. Recientemente Erik J. Larson se ha referido a la supuesta inevitabilidad de la singularidad tecnológica en un libro que pretende desmontar el mito de la inexorabilidad e infalibilidad de la Inteligencia Artificial, que cuenta entre sus principales valedores a futurólogos transhumanistas como Ray Kurzweil y Nick Bostrom.

Según Larson, el peligro de tomarse en serio el futuro del mito de la IA es que puede deparar consecuencias muy negativas, ya que subvierte la ciencia. En este sentido, sostiene este científico experto en computación y emprendedor tecnológico:

> La ciencia de datos (la aplicación de la IA a los macrodatos) es, en el mejor de los casos, una prótesis del ingenio humano; en caso de usarla de manera correcta, nos ayudará a lidiar con el "diluvio de datos" contemporáneo. Cuando se la usa para reemplazar la inteligencia individual, tiende a estropear la inversión sin ofrecer ningún resultado (...) Estamos pagando un precio demasiado elevado por este mito. Como no poseemos ninguna buena razón científica para creer que el mito pueda hacerse realidad, puesto que contamos con todos los motivos para rechazarlo a fin de alcanzar la prosperidad en el futuro, tenemos que repensar de manera radical la conversación sobre la IA (Larson 2022: 11).

Dejemos pues la ficción distópica aparte y vayamos a la realidad de la interacción humana con la automatización y las simulaciones interactivas con robots y sistemas de IA. Un claro ejemplo de la interacción remota entre el ser humano y la máquina de circuito cerrado lo proporciona el Internet táctil con el ser humano "en el bucle", es decir, dentro del sistema de aprendizaje automático para ayudar a la computadora a tomar las decisiones correctas en la construcción de un modelo o en una simulación (*Tactile Internet with Human-in-the-Loop*).

En el siguiente epígrafe se presentarán sucintamente las cuatro variantes posibles que los expertos en robótica e ingeniería de telecomunicaciones distinguen a propósito de la interacción entre los humanos y las máquinas inteligentes, desde la que asegura el control humano de la máquina (*Human-in-the-Loop*), pasando por dos tipos intermedios de transferencia de habilidades y retroalimentación entre humanos y máquinas (*Human-in-the-Loop for Exceptions* y *Human-on-the-Loop*), hasta la cuarta modalidad, radicalmente opuesta a la primera, en la que se excluye al ser humano de la toma de decisiones automatizada de la máquina (*Human-out-of-the-Loop*).

2. CUATRO MODELOS DE INTERACCIÓN EN LA RELACIÓN ENTRE HUMANOS Y MÁQUINAS INTELIGENTES DENTRO DEL PROCESO DE TOMA DE DECISIONES

El proceso de digitalización y automatización vinculado al fenómeno de la revolución 4.0 ha metamorfoseado el modo tradicional de gestionar la toma de decisiones de las administraciones, de las empresas, de los servicios profesionales en todos los órdenes de la vida pública (sanitario, jurídico, educativo, científico-tecnológico…)

Imaginar un sistema autónomo y mecanizado de toma de decisiones resulta tan sencillo que no son pocos los psicólogos y especialistas en el estudio del comportamiento humano que coinciden en señalar cómo el uso de nuevos y sofisticados generadores de textos e imágenes impulsados por IA —por ejemplo, mediante herramientas como el Chat GPT— está afectando a la creatividad humana, el juicio y la toma de decisiones.

Ahora bien, desde el momento en que en el proceso de toma de decisión de una máquina inteligente interviene el ser humano, en la medida en que las consecuencias de la micro-decisión automatizada pueden afectarle (piénsese, por ejemplo, en un vehículo autónomo que ofrece a su conductor alternar las opciones de conducción manual o asistida), resulta imprescindible el diseño de un sistema de decisión que permita al ser humano tener una mínima interacción con la máquina (Ross-Taylor 2021).

Los cuatro principales modelos de gestión que se han desarrollado para la interacción entre los humanos y las máquinas inteligentes varían en función del grado de implicación y de la naturaleza de la intervención humana: *Human-in-the-Loop* (HITL), *Human-in-the-Loop for Exceptions* (HITLFE), *Human-on-the-Loop* (HOTL), y *Human-out-of-the-Loop* (HOOTL).

A continuación se explicarán sucintamente cada una de estas variantes:

2.1 Human-in-the-Loop (HITL)

Este primer modelo de interacción con la máquina permite al usuario llevar el control en el proceso de aprendizaje automático (*machine learning*) y hacer una transferencia de competencias a la máquina o robot inteligente. En el ámbito de las simulaciones virtuales HITL, por citar algunos supuestos: simuladores de vuelo (por ejemplo, el X-62A Vista, utilizado por la Fuerza Aérea de los Estados Unidos), de conducción urbana (como el sistema español CARLA, acrónimo del inglés Car Learning to Act), o incluso de medicina "in silico" para probar medicinas y tratamientos experimentales en pacientes virtuales (uno de ellos, el simulador HeartFlow Analysis ayuda a localizar la enfermedad de las arterias coronarias a partir de las imágenes de tomografía computerizada del corazón de un paciente), los usuarios interactúan en tiempo real con la simulación a través de una interfaz gráfica, y se pueden recopilar directamente datos de los usuarios en un entorno experimental controlado (Rao, Chernyakhovsky, Rao 2011: 157).

Se pueden elegir distintos caminos para intercambiar habilidades entre humanos y máquinas. Una vía para este tipo de transferencia de habilidades consiste en equipar a un experto humano con cualquier tipo de interfaz hombre-máquina que funciona como un simple mando a distancia (por ejemplo, el controlador de una videoconsola). Sin embargo, hay que tener en cuenta que no todos los expertos humanos son capaces de manejar un mando de este tipo, ni entienden la relación entre los movimientos y la precisión del robot. Sin embargo, la industria de la robótica reconoce este problema de especialización humana desde hace tiempo, y por eso se establecen procesos estándar para transmitir conocimientos y experiencia a los robots industriales.

Cada máquina necesita ser controlada por un solo humano. Por eso, incluso en escenarios con millones de consumidores que demandan una habilidad específica del robot, el control humano debe ser escalonado a la hora de transferir las habilidades de un solo operador a millones de robots para satisfacer adecuadamente la demanda de los consumidores (Fitzek-Li-Speidel-Strufe 2021: 4-5).

Pero la robótica actual también permite un *feedback* o retroalimentación multimodal que facilita la transferencia a los humanos de competencias aprendidas automáticamente por la máquina a través del proceso de *machine learning*. En esta transferencia de habilidades en sentido inverso es la máquina quien enseña al humano; pensemos, por ejemplo, en los *wearables* o dispositivos inteligentes que portamos a diario, como pulseras, gafas o relojes, y que al estar interconectados a Internet permiten conocer con precisión datos como nuestra localización exacta en tiempo real, nuestro ritmo cardiaco, los kilómetros que hemos recorrido o las calorías consumidas.

Suponiendo que los *wearables* no sólo estén equipados con sensores sino también con *actuadores* (dispositivos mecánicos esenciales que sirven para mover o actuar sobre otros dispositivos mecánicos), las señales de aprendizaje pueden generarse en directo o con antelación y transmitirlas al usuario humano. En la rehabilitación física, por ejemplo, los movimientos de un fisioterapeuta a distancia podrían generarse en línea (es decir, a distancia) y transmitirse a los *wearables* equipados con actuadores que lleve una persona mayor con movilidad reducida, o a un dispositivo ciberfísico que ayude a realizar ejercicios de fisioterapia a los pacientes en casa. Los posibles ámbitos de aplicación de esta transferencia de habilidades no se limitan tan solo a los cuidados sanitarios y de enfermería, sino que también comprenden la enseñanza de nuevas habilidades en la escuela, el trabajo o los intereses personales, es decir, que se encuentran dentro del amplio espectro del Internet de las Habilidades.

2.2 Human-in-the-Loop-for-Exceptions (HITLFE)

La mayoría de las decisiones están automatizadas en este segundo modelo, y el humano sólo se ocupa de las excepciones. Para las excepciones, el sistema requiere algún juicio o aportación del humano antes de tomar la decisión. Además, los humanos también controlan la lógica del sistema para determinar cuáles serían las excepciones susceptibles de revisarse en el caso de que su intervención fuera necesaria, por ejemplo, cuando se pone en cuestión el nivel de confianza en las predicciones de un sistema predictivo de IA basado en algoritmos de aprendizaje automático.

En relación con la falibilidad de los sistemas de algoritmos predictivos, un caso paradigmático es el de Glossier, una marca de belleza online que desarrolló un algoritmo de aprendizaje automático para predecir el comportamiento de sus clientes y su compromiso futuro en el aumento de ventas de distintas promociones de sus productos. Sin embargo, la predicción *machine learning* asumió erróneamente que las visitas a su sitio web "Into the Gloss" de los potenciales clientes se traducirían necesariamente en compras online teniendo en cuenta factores como la oferta, el apoyo de marketing y la estacionalidad para crear una previsión automatizada. Y en efecto, para muchas promociones la predicción *machine learning* funcionó bien, pero los directivos perdieron rápidamente la confianza después de que, tras su éxito inicial, se produjera una serie de estrepitosos fracasos predictivos que se tradujeron en importantes pérdidas de ventas.

Cuando los científicos de datos revisaron las predicciones algorítmicas basadas en los datos extraídos de los millones de datos y patrones de comportamiento de sus clientes en las plataformas digitales y redes sociales, descubrieron que el algoritmo de aprendizaje automático tenía dificultades para predecir ciertos tipos de promociones. Pero, en lugar de abandonar el proyecto, los científicos decidieron desarrollar un enfoque HITLFE. La clave consistía en codificar el nivel de confianza de la máquina en sus predicciones y hacer que los humanos revisaran dichas predicciones de forma excepcional cuando la máquina no les ofreciera la fiabilidad esperada (Ross-Taylor 2021).

2.3 Human-on-the-Loop (HOTL)

En el tercer modelo de interacción entre humanos y máquinas inteligentes o robots, son los humanos quienes asisten a las máquinas en su toma de microdecisiones mecánicas. En los sistemas de HOTL la toma de decisiones debe automatizarse al 100% porque la respuesta debe producirse casi de manera inmediata, en un periodo de tiempo demasiado corto como para incluir en el sistema al ser humano. Sin embargo, aunque el operador humano quede excluido en primera instancia de ese proceso de toma de decisión automatizada, sí puede supervisar posteriormente los resultados de estas decisiones automatizadas e incluso ajustar reglas y parámetros para futuras decisiones. En una configuración algorítmica más avanzada, la máquina también recomienda parámetros o cambios en las reglas que luego son supervisados por un humano.

Un ejemplo de aplicación del sistema autónomo de toma de decisiones HOTL lo encontramos en una aseguradora global de vida y salud que necesita aumentar el valor de sus ventas. En este supuesto, los agentes de ventas de esta empresa utilizan un dispositivo móvil para trabajar con posibles clientes, recopilando datos sobre sus necesidades financieras y su situación, les y ayudan a solicitar electrónicamente productos de protección e inversión. El aumento de los ingresos resultará de gran utilidad a los agentes para identificar las oportunidades adecuadas de venta cruzada y venta adicional mientras tratan con los clientes potenciales.

Posteriormente, el departamento de marketing de esta compañía aseguradora utilizará análisis avanzados e IA para identificar ofertas para cada cliente potencial en función de su situación financiera y de los productos que compre. Este sistema de toma de decisiones a nivel de cliente se integra perfectamente en la aplicación móvil de la aseguradora y se ejecuta en tiempo real, de forma totalmente autónoma. Luego el equipo de marketing gestionará el bucle de retroalimentación y obtendrá datos detallados sobre cómo se seleccionan las ofertas, podrá hacer un seguimiento de las estrategias de los clientes y realizar cambios en el comportamiento del sistema.

Por cierto, según algunos estudios recientes sobre el impacto de la IA en el futuro del sector de los seguros en la próxima década (2030), las aseguradoras que prosperarán más serán precisamente aquellas que mejor utilicen las nuevas tecnologías para crear productos innovadores, aprovechar los conocimientos del aprendizaje cognitivo a partir de nuevas fuentes de datos, agilizar los procesos y reducir los costes, y superar las expectativas de los clientes en cuanto a individualización y adaptación dinámica (Balasubramanian-Libarikian-McElhaney 2021).

2.4 Human-out-of-the-Loop (HOOTL)

En el cuarto modelo de interacción, radicalmente opuesto al primero (HITL), la máquina es quien toma todas las micro-decisiones, aunque ésta es supervisada desde fuera del sistema por el hombre que interviene tan solo para establecer nuevos límites y objetivos. En esta modalidad el *feedback* del sistema se encuentra dentro de un bucle cerrado, por lo que los ajustes de la retroalimentación de datos entre los humanos y las máquinas se hallan automatizados.

A propósito del sistema de toma automatizada de decisiones HOOTL, el *Mayflower Autonomous Ship*, un buque completamente autónomo (no tripulado) de investigación marina cuyo software ha sido co-diseñado por la compañía IBM y la organización sin fines de lucro Promoting Marine Research and Exploration (ProMare), recopila a lo largo de su travesía cantidades masivas de datos, incluso en entornos meteorológicos hostiles, y tiene capacidad de tomar decisiones cruciales en fracciones de segundo sin intervención humana de ningún tipo. La capitana de la nave es la IA que navega autónomamente, surca los mares evitando los peligros oceánicos y observa rigurosamente las reglas del Derecho Marítimo, con el fin de alcanzar los objetivos preestablecidos por los responsables del proyecto científico (que son seres humanos).

Respecto a los cuatro modelos de interacción que se han explicado de forma sucinta solo cabría añadir que, con independencia de cuál sea la opción de gestión con la que deseemos interactuar con la IA (ya sea desde la mayor implicación humana en la supervisión algorítmica del HITL, a la completa autonomía de la máquina en la toma de decisiones propia del HOTL), todo sistema de micro-decisión debe ser revisado para garantizar que la toma de decisión automatizada es la adecuada, para ello es fundamental que se eviten las decisiones herméticas que se amparan en la opacidad de los algoritmos de cajas negras, y que ninguna decisión algorítmica que se aplique al mundo real pueda optimizarse en tanto que esté basada en una sola métrica, sin que exista una mínima supervisión y una compensación entre los parámetros que sirven para medir la toma de decisiones.

En el próximo epígrafe me referiré precisamente a la transparencia algorítmica y a la necesaria garantía de la reserva y el control de humanidad en materia de libertades y derechos fundamentales.

3. LA RESERVA DE HUMANIDAD Y EL CONTROL DE LOS ALGORITMOS EN MATERIA DE LIBERTADES Y DERECHOS FUNDAMENTALES

En la doctrina iuspublicista española más reciente ha alcanzado especial fortuna la expresión "reserva de humanidad", una idea comparable a otros conceptos normativos afines como el de "reserva de ley" (por ejemplo, la reserva de ley orgánica que establece el art. 81.1 CE para el desarrollo de los derechos fundamentales y de las libertades públicas), o el término "reserva de ejercicio de potestades para los funcionarios", según se prevé en el art. 9.2 del Real Decreto Legislativo 5/2015, de 30 de octubre, que considera que las potestades administrativas sólo deben ser ejercidas por los empleados públicos, debido a su relación estatutaria con la Administración, actúan al servicio los intereses generales de acuerdo con los principios de imparcialidad y objetividad.

En el ámbito reglamentario de la UE también se regula la reserva de humanidad por el Reglamento 2016/679 del Parlamento Europeo y del Consejo relativo a la protección de las personas físicas en lo que respecta al tratamiento de datos personales y a la libre circulación de estos datos (UE RGPD), en cuyo art. 22.1 se garantiza a quienes estén interesados el derecho a no ser objetos de decisiones individuales automatizadas, incluida la elaboración de perfiles, que produzca en ellos efectos jurídicos o les afecten significativamente. Por otra parte, en el art. 22.3 UE RGPD se introduce el control de humanidad (la supervisión humana) sobre la decisión automática para salvaguardar los derechos, las libertades y los intereses legítimos de los interesados.

Sin embargo, como ha señalado Juli Ponce, la inminente entrada en vigor del Reglamento del Parlamento Europeo y del Consejo por el que se establecen normas armonizadas en materia de Inteligencia Artificial (en adelante RUEIA) plantea problemas de coherencia normativa en la interpretación del art. 22 UE RGPD, que establece una reserva de humanidad *generalizada*, salvo las excepciones previstas por la norma jurídica y su sustitución por la supervisión humana, y los arts. 5 y 14 RUEIA, que establecen, respectivamente, la prohibición de la IA *solo* en ciertos casos y la supervisión humana *únicamente* en supuestos de sistemas de IA de alto riesgo; por lo demás, en el resto de usos de la IA que no implican alto riesgo, el RUEIA no prevé ni reserva de humanidad ni supervisión humana (Ponce Solé, 2022, 66).

En el décimo punto de la Exposición de Motivos del RUEIA se indica que los Estados miembros deben estar facultados para especificar la aplicación de las disposiciones del RUEIA a través de su propia normativa nacional, para lo cual el Reglamento concede a los Estados un margen de maniobra en la concreción de dicha normativa interna, incluso en el tratamiento de datos personales ("datos sensibles").

También en el párrafo 16 de la Resolución del Parlamento Europeo, de 3 de mayo de 2022, sobre Inteligencia Artificial en la era digital se encomienda a los legisladores el deber de "abordar los riesgos que plantea actualmente la toma de decisiones basada en la IA", porque, como corresponde a un Estado de Derecho y a los principios proclamados en el art. 9.3 CE que le son consustanciales, el uso de la IA por las administraciones públicas no escapa al cumplimiento de los principios de legalidad, publicidad de las normas, seguridad jurídica, responsabilidad e interdicción de la arbitrariedad de los poderes públicos (Presno Linera 2022a: 51).

En este sentido, en relación con la legislación española sobre IA y la toma de decisiones administrativas, en el marco de la Estrategia Nacional de la Inteligencia Artificial, de la Carta de Derechos Digitales, y de las iniciativas europeas en torno a la IA, el art. 23 de la Ley 15/2022, de 12 de julio, integral para la igualdad de trato y la no discriminación, aparte de ser considerada por algunos juristas como la primera regulación de la IA en Derecho español, establece los principios de buena administración y diligencia debida como límites de las decisiones administrativas automatizadas (Ponce Solé 2019a; 2019b).

De conformidad con este estándar jurídico, las administraciones públicas tendrán en cuenta criterios de minimización de sesgos, transparencia y rendición de cuentas, y, siguiendo las recomendaciones de la UE, promoverán "el uso de una IA ética, confiable y respetuosa con los derechos fundamentales". A hilo de este razonamiento sobre la pertinencia de la justificación o explicación de las decisiones públicas, y considerando los riesgos derivados del funcionamiento técnico de los algoritmos y de la IA empleados por la administraciones públicas, comenta Andrés Boix Palop que un mínimo de explicabilidad de los algoritmos es exigible, aún en el caso de que entendamos funcionalmente a los algoritmos como actuaciones administrativas y no como normas reglamentarias, de conformidad con lo establecido en los arts. 9.3 CE y 35 Ley 39/2015, de Procedimiento Administrativo Común (Boix Palop 2022: 99).

La mención a la necesidad de avanzar en la rendición de cuentas de los programas informáticos con capacidad para tomar decisiones algorítmicas resulta oportuna, no solo en aras de la protección de los derechos y libertades de los ciudadanos, tanto en el ámbito de lo público como en el de lo privado, sino también porque, como ha advertido Manuel Medina Guerrero, a pesar de las innegables ventajas del empleo de sistemas de decisiones automatizadas basadas en algoritmos en términos de eficacia y economía, no pueden soslayarse los riesgos que conllevan estas decisiones para los derechos e intereses de la ciudadanía,

> riesgos que se condensan en el temor genérico a que el ser humano se convierta en un mero objeto de los programas informáticos (Medina Guerrero 2022: 141).

Algunos autores plantean ya la conveniencia de amparar por vía constitucional el derecho de los ciudadanos al conocimiento de los algoritmos utilizados por las administraciones en la toma de decisiones automatizadas en el sector público. La justificación de la ampliación del reconocimiento constitucional a este pretendido derecho se motivaría por vía del art. 18.4 CE, en el que se consagran como derechos fundamentales la libertad informática y la protección de datos personales. Por cierto, esta interpretación abierta del art. 18.4 para integrar el derecho a conocer los algoritmos usados en la toma de decisiones parece haber encontrado receptividad en el legislador a través del derecho de acceso a la información pública regulado en la Ley 19/2013, de 9 de diciembre, y en la jurisprudencia constitucional reciente (STC 292/2020) a propósito de las facultades y poderes jurídicos que confiere al titular del derecho a la protección de datos (Cerrillo i Martínez 2021: 41-78; Medina Guerrero 2022: 142).

4. INTELIGENCIA ARTIFICIAL Y EL COTO VEDADO DE LA HUMANIDAD

En la toma de decisiones automatizadas hay una dimensión fundamental que debe tenerse en cuenta en la valoración del modelo de interacción entre humanos y máquinas, y es la perspectiva ético-jurídica desde la que se estudia el impacto de la cibernética, la informática, la IA y la robótica en el ámbito de los principios y los valores, un terreno de común interés para la Ética de la IA y la Filosofía del derecho.

El pionero de los estudios de informática jurídica e iuscibernética ha sido, precisamente, un iusfilósofo: Mario G. Losano, quien en uno de sus primeros libros, *Giuscibernetica* (1969), analizaba la estructura interdisciplinar de la iuscibernética para ofrecer una síntesis adecuada de los principales problemas teóricos y prácticos que se encontraban los programadores y los juristas en el uso de los programas informáticos (problemas de índole sociológico, filosófico, lógico, lingüístico y técnico).

Por cuanto respecta a la idea de reserva de humanidad fue apuntada por primera vez, en sentido iusfilosófico, por Ernesto Garzón Valdés. En efecto, en uno de los primeros números de la revista *Doxa. Cuadernos de Filosofía del derecho* el iusfilósofo argentino publicó dos artículos; en el primero de ellos, titulado "Representación y democracia", el iusfilósofo argentino se refiere por primera vez al "coto vedado" de los bienes básicos, que son aquellos que son condición necesaria para la realización de cualquier plan de vida (Garzón Valdés 1989b: 209), y justifica el ejercicio del paternalismo jurídico por parte del Estado de derecho en el caso de que los miembros de la comunidad no comprendan la importancia de estos bienes básicos.

Por lo tanto, según Garzón Valdés, el coto vedado de los bienes básicos no dependería, en última instancia, de la voluntad o deseos de la comunidad, porque, en su opinión:

> Quien no comprende la relevancia de los bienes básicos puede ser incluido en la categoría de incompetente básico (Garzón Valdés 1989a: 157).

Para este autor, el rechazo de la garantía de los propios bienes básicos supone una muestra evidente de irracionalidad o de ignorancia de relaciones causales elementales como las que existen entre la disponibilidad de estos bienes y la realización de cualquier plan de vida.

Por otra parte, señala Garzón Valdés, los derechos y necesidades básicas incluidos en el coto vedado deben ser universalizables e iguales para todos los ciudadanos, pues sólo se puede concluir que una sociedad es homogénea cuando todos sus miembros gozan de los derechos incluidos en el coto vedado de los bienes básicos. Desde un punto de vista jurídico-positivo, el coto vedado de los intereses universalizables o derechos humanos no pueden ser objeto de recortes resultantes de negociaciones parlamentarias, en la medida que éstos constituyen

> el núcleo no negociable de una constitución democrático-liberal que propician el Estado social (Garzón Valdés 1989a: 162).

Existe una vinculación conceptual entre el coto vedado de los derechos, las necesidades y bienes básicos, y la democracia representativa, en la que está vigente el principio de la mayoría, dentro de un marco de homogeneidad social compatible con la realización de la esperanza de la autodeterminación individual. En definitiva, como sostiene Carlos Santiago Nino, en sintonía con Ernesto Garzón Valdés, el concepto de bienes y necesidades básicas

> no sólo sería central en una concepción liberal de la sociedad, sino que haría de puente —al permitir su satisfacción simultánea— entre las dos ideas básicas del liberalismo: la de que los fines de los individuos deben ser respetados y la de que todo individuo es un fin en sí mismo (Nino 1989: 34).

Garzón Valdés se refiere al coto vedado de los derechos, bienes y necesidades en clave liberal y neokantiana. En este sentido, conviene aclarar que su aproximación al concepto de bien básico desde un punto de vista moral recuerda a la idea del bien primario en la posición original rawlsiana e implica la ejecución exitosa de un plan de vida racional. Esta concepción de los bienes básicos (*primary goods*) permite a los individuos presumir la consecución de sus fines: libertad y oportunidad, renta y patrimonio, y sobre todo, el respeto de la persona por sí misma (*self-respect*) (Rawls 1971: 433).

En línea de continuidad con esta lectura kantiana y liberal de los derechos fundamentales (en forma de lista de capacidades) Martha C. Nussbaum también es partidaria de un "blindaje" de los mismos, por ejemplo, ante cualquier intento de recorte o frente a posibles cambios que pudieran ser decididos por mayoría simple en un nuevo proceso constituyente (Nussbaum 2017: 69; 2012: 97-98).

Proyectando la tesis iusfilosófica del coto vedado defendida por Garzón Valdés al contorno ético-jurídico demarcado por la reserva de humanidad, en la que se protegen derechos, bienes y necesidades básicas de los ciudadanos frente la indeseada intromisión de las decisiones automatizadas basadas en algoritmos de alto riesgo, cabría preguntarse qué áreas prioritarias de los derechos y libertades serían aquellas en las que operaría este ámbito de protección de lo que es esencialmente humano, absolutamente irreductible e irrenunciable para la dignidad de la persona y la conciencia humana, ante la irrupción de la IA, la robótica y las tecnologías conexas.

En el art. 14 de la Propuesta de Reglamento del Parlamento Europeo y del Consejo, por el que se establecen normas armonizadas en materia de IA (Ley de Inteligencia Artificial) y se modifican determinados actos legislativos de la Unión[34], se regula la vigilancia humana de los sistemas de IA de alto riesgo, que —según la definición del texto normativo— son aquellos que comprometen la salud, la seguridad o los derechos fundamentales, y que pueden surgir

---

34 Texto de la Comisión Europea COM (2021) 206 final, publicado el 21 de abril de 2021, 2021/0106 (COD).

> cuando un sistema de IA de alto riesgo se utiliza conforme a su finalidad prevista o cuando se le da un uso indebido razonablemente previsible (art. 14.2).

En los últimos años ha habido casos paradigmáticos y problemáticos derivados del uso de algoritmos de alto riesgo que han afectado precisamente a las tres grandes áreas a las que se refiere el mencionado precepto de la propuesta de Reglamento UE de IA. Veamos un ejemplo representativo por cada una de estas áreas:

En relación con la seguridad: el miércoles 19 de diciembre de 2018, a las 21:03 hrs, el aeropuerto de Gatwick se vio obligado a cerrar sus vuelos de entrada y salida durante 32 hrs debido al avistamiento cerca del aeródromo de varios drones. Más de 120.000 personas se vieron afectadas por este cierre en el segundo aeropuerto londinense (Shackle 2020). Tan solo unas semanas más tarde, el 8 de enero de 2019, el aeropuerto de Heathrow, el primero en volumen de tráfico aéreo del Reino Unido, también suspendió durante una hora sus vuelos tras detectar la torre de control, a las 17.12 hrs, un dron sobrevolando su espacio aéreo. Desde un punto de vista legal y judicial estos incidentes generaron cambios (el 31 de diciembre de 2020 entró en vigor una nueva normativa para propietarios de drones, clasificando tipos de drones en diversas categorías, introduciendo requisitos de registro y seguro para cada clase). Por otra parte, se suscitó la cuestión a propósito de las reclamaciones de indemnización a las compañías de seguros por parte de los viajeros, y determinar sobre quién recaería la responsabilidad civil en ambos incidentes, se presentaría también la ocasión de plantearse la oportunidad de reconocer la personalidad electrónica de los robots o máquinas inteligentes entrenadas con IA para responder por los perjuicios causados a terceros por su mal funcionamiento o por sus erróneas tomas de decisión automatizadas (Benon-Decker 2021).

Respecto a la reserva de humanidad y al control de las decisiones administrativas basadas en algoritmos predictivos cuando limitan el disfrute de los derechos fundamentales, en el ámbito de la educación (art. 27 CE) resulta ilustrativo el caso de los exámenes de acceso a las universidades británicas en el verano de 2020, el primero de la pandemia del Covid-19, cuyos resultados no se obtuvieron a partir de una prueba presencial, sino excepcionalmente mediante un algoritmo que combinó la calificación obtenida por los alumnos en sus colegios o institutos en los exámenes realizados en los tres últimos cursos y una calificación estimada de cada alumno en comparación con sus compañeros de su centro.

El resultado de las predicciones del algoritmo utilizado para determinar las notas GCSE y A-Levels de los alumnos de Inglaterra, Gales y Escocia fue, anunciado el 13 de agosto, fue decepcionante: las calificaciones asignadas por el algoritmo fueron, en general, inferiores a las previsiones realizadas por los profesores de los colegios e institutos; por otra parte, se apreció también en la decisión automatizada un sesgo discriminatorio hacia los alumnos de las escuelas públicas situadas en zonas humildes y que, por el contrario, favorecía a los estudiantes de colegios privados o centros públicos de alto rendimiento. A raíz de la polémica causada por la prueba de acceso al sistema universitario británico mediante el empleo de un algoritmo predictivo, el gobierno anunció el 17 de agosto que los resultados del nivel A se modificarían para introducir en ellos como criterio corrector las estimaciones originalmente realizadas por los profesores de los centros de procedencia de cada alumno (por cierto, como ha podido apreciarse, este caso encajaría en el segundo modelo de control de humanidad: HITLFE).

A propósito de los algoritmos predictivos, se pregunta Alejandro Huergo Lora si en nuestra experiencia jurídica se pueden utilizar para determinar el contenido de resoluciones administrativas, al igual que sucediera con los A-Levels en 2020. En este sentido, el catedrático de Derecho Administrativo de la Universidad de Oviedo establece la siguiente diferenciación:

> En el caso de potestades discrecionales, en las que la norma no vincula el contenido de la decisión administrativa a la constatación de uno o varios hechos, sino que establece un marco dentro del que es válida cualquier decisión que tome la Administración siempre que esté adecuadamente motivada y se hayan respetado las normas procedimentales, es perfectamente posible y válido que la Administración utilice, entre otros factores, predicciones algorítmicas (Huergo Lora 2020: 78-79).

Ahora bien, matiza Huergo Lora, no se puede soslayar que el hecho de que una decisión administrativa se constante mediante un modelo algorítmico predictivo plantea problemas de principio (en la medida en que, a su parecer, resultaría incoherente que se pueda decidir en función de predicciones y no de hechos probados) y problemas de orden práctico (¿cómo se pueden tomar decisiones a partir de algoritmos dada su opacidad?).

Teniendo en cuenta que el riesgo de error en la predicción algorítmica es aún muy alto, y que, dadas las circunstancias de error y opacidad de los algoritmos, el empleo de dichas predicciones en las resoluciones administrativas sería incompatible con las ideas de dignidad de la persona y del libre desarrollo de la personalidad, porque dicha predicción se basaría en la presunción de que los comportamientos que en el pasado han tenido otras personas en circunstancias similares a las del interesado que invoca ahora la decisión automatizada de la Administración por vía de predicción algorítmica, permitirían predecir con seguridad la conducta futura de ese interesado (Huergo Lora 2020: 79).

Por último, respecto a la problemática que se origina a partir de la aplicación de la los sistemas expertos de IA y los algoritmos en el ámbito de la salud, conjugando su empleo con el marco legal que protege los derechos de los pacientes (consentimiento informado, privacidad y confidencialidad de los datos médicos, acceso al historial clínico, respeto de la voluntad anticipada por el paciente respecto a los cuidados y tratamientos de salud que desea recibir, derecho a presentar reclamaciones y sugerencias[35]).

En los últimos años se ha producido un aumento significativo del interés por las aplicaciones de los algoritmos de aprendizaje automático (*machine learning algorithms*) para la toma de decisiones médicas automatizadas. En los sistemas expertos aplicados a la diagnosis médica funcionan de la misma forma que el resto de sistemas expertos

---

35 En España existe un amplio marco legal regulador de los derechos y obligaciones de los pacientes conformado por la siguiente normativa: el art. 43 CE, donde se reconoce el derecho a la protección de la salud; la Ley 14/1986, de 25 de abril, en cuyo art. 10. en el que se recogen los derechos de los pacientes con respecto a las distintas administraciones públicas sanitarias; la Ley Básica Reguladora de la Autonomía del Paciente y de Derechos y Obligaciones en Materia de Información y Documentación Clínica (Ley 41/2002, de 14 de noviembre); la Ley 16/2003, de 28 de mayo, de Cohesión y Calidad del Sistema Nacional de Salud, y el Real Decreto-Ley 7/2018, de 27 de julio, sobre el acceso universal al Sistema Nacional de Salud.

de la IA clásica, en la medida que contienen una base de datos de reglas deductivas mediante las cuales, a partir de un conjunto de hechos conocidos, se pueden inferir determinadas consecuencias. Concretamente, en medicina, la presencia de determinados síntomas puede hacer que el sistema experto los asocie a determinadas enfermedades relacionadas con dichos síntomas y sugiera realizar pruebas diagnósticas para llegar a conclusiones inequívocas.

Los sistemas de IA empleados en las diagnosis médicas están basados en conocimientos codificados de los expertos, como el sistema IBM Watson Oncology para la diagnosis y el tratamiento oncológico, un sistema de IA de metaanálisis que combina la extracción automática de textos de documentos clínicos con un número ingente de reglas lógicas. En el diagnóstico médico basado en imágenes, un sistema experto como éste es capaz de buscar características definidas por los expertos y codificar explícitamente las reglas de decisión definidas por los médicos (Jie-Zhiying-Li 2021).

En suma, los algoritmos de aprendizaje automático han transformado para bien la atención sanitaria profesional, sobre todo si se compara el porcentaje de acierto y precisión de los diagnósticos realizados por los sistemas expertos de IA con los diagnósticos realizados por médicos especializados. En este sentido, según un estudio publicado en 2015 por la *National Academy of Sciences*, alrededor de un 5% de los diagnósticos médicos realizados a adultos en centros hospitalarios estadounidenses fueron erróneos; a su vez, se estimaba que un 10% de los fallecimientos de los pacientes se debieron precisamente a errores de diagnóstico médico[36].

En descargo de los responsables de los diagnósticos médicos realizados por clínicos humanos hay que remarcar el hecho de que, a diferencia de los sistemas expertos de IA, los clínicos, en cuanto humanos, son conscientes de su falibilidad y de la responsabilidad que asumen ante sus pacientes; por el contrario, existe una presunción favorable hacia la diagnosis mecánica realizada a través del algoritmo de aprendizaje automático, en la medida que ofrece mayor certeza y precisión (aunque en realidad haya también un margen de error en

---

36 Cfr., *National Academies of Sciences*, "Engineering, and Medicine. Improving Diagnosis in Health Care", The National Academies Press, Washington DC, 2015.

los algoritmos de aprendizaje automático). Pero la diagnosis médica plantea un problema aún mayor que el del cálculo meramente estadístico y cuantificativo de la exactitud de los resultados de las diagnosis clínicas: se trata de un problema epistémico-ético.

En un artículo reciente sobre la ética de la toma de decisiones algorítmica en la atención sanitaria sus autores, Thomas Grote y Philipp Berens, reconocen la utilidad de los algoritmos de aprendizaje automático para mejorar la capacidad de decisión de los clínicos al aportarles una fuente adicional de información y pruebas complementarias que les ayudarán a tomar sin duda una mejor decisión médica.

Sin embargo, los clínicos se enfrentan a un serio obstáculo cada vez que intentan inferir información a partir de los resultados de un algoritmo de aprendizaje automático. El problema subyacente puede describirse del siguiente modo: tanto el médico como el algoritmo de aprendizaje automático pueden considerarse expertos. Sin embargo, han recibido una formación diferente y razonan de formas muy distintas. Para el clínico, esta diversidad de formación y razonamiento plantea serios inconvenientes deontológicos y epistemológicos siempre que se produce un desacuerdo entre colegas o pares médicos considerados iguales (incluso cuando se reconoce como competentes a los algoritmos en igualdad de condiciones que sus "pares médicos").

Por lo tanto, en primera instancia, en el caso de "desacuerdo entre iguales" de dos colegas o pares se produciría una discrepancia en la diagnosis de los síntomas, la historia clínica y el examen físico del paciente. Esta discrepancia entre "pares" (clínico y algorítmico) podría inclinarse a favor del algoritmo de aprendizaje automático por simple desistimiento del médico para eludir ulteriores responsabilidades derivadas de una toma de decisión errónea; con lo cual, desde un punto de vista epistémico y ético, además de fomentarse entre los médicos el dogmatismo y la credulidad cientificista-tecnologicista, terminaría imponiéndose, antes que el mejor criterio médico, un simple mecanismo pragmático de "medicina defensiva" que protegería a los clínicos de la posible rendición de cuentas a sus pacientes (Grote-Berens, 2020, 208).

A veces la presunción de perfectibilidad e inexorabilidad del diagnóstico determinado por el algoritmo de aprendizaje autonómico puede ser la causa del desistimiento del control de humanidad por parte de los médicos respecto al funcionamiento correcto del sistema de IA aplicado al ámbito de la salud. En este sentido conviene no rebajar la exigencia del enfoque ético de la IA, pues de producirse esa renuncia por parte de la comunidad médica a la supervisión de las tomas de decisión automatizadas, se estaría abandonando (y sacrificando) injustificadamente el primer modelo de gestión para la interacción entre los humanos y las máquinas inteligentes (HITL) en el que el ser humano conserva el control sobre el sistema algorítmico, en beneficio del modelo antagónico (HOTL), en el que la decisión médica se confiaría, en última instancia, a las máquinas mientras que los clínicos se inhiben de participar en la misma para no asumir responsabilidades. Esta renuncia supondría, en última instancia, una rendición por parte los profesionales de la medicina al mito de la perfección de la IA, además de su efectiva rendición a la falacia tecnológica inspirada por el fundamentalismo tecnológico, que no puede confundirse con la metodología empírico, la capacidad crítica y la vocación humanista que caracteriza a la ciencia médica.

En el próximo apartado, el conclusivo, se abordará precisamente esta cuestión relativa a la necesidad de supervisión ética de los algoritmos y la exigencia de responsabilidad derivada del funcionamiento erróneo o del mal uso de que pueda hacerse de los mismos.

5. CONCLUSIÓN

En 2016 Google presentó el proyecto DeepMind Health, en colaboración con el Royal Free London NHS Foundation Trust. En este proyecto de la multinacional tecnológica estadounidense puso en funcionamiento dos aplicaciones: Streams y Hark, con las que pretendía mejorar los sistemas de salud (en particular el NHS, es decir, el servicio de salud británico). Así, mientras que la app Streams servía para detectar pacientes en riesgo de contraer alguna enfermedad y se reducía a unos segundos el proceso de revisión de las pruebas analíticas de sangre de los pacientes, la app Hark estaba configurada para reducir las listas de espera y el papeleo en los hospitales. Al inicio de esta colaboración de Google con el NHS, los responsables de DeepMind Health se comprometieron a que los datos de los pacientes (registros personales de 1,6 millones de pacientes) nunca se conectarían con las cuentas o servicios de Google, precisamente en aras del respeto a su derecho a la intimidad (Powles-Hodson, 2017, 351-367).

En 2019 Google rompería esta promesa inicial al vincular DeepMind Health, la empresa filial de atención médica a Google, la empresa matriz, incorporando a la misma millones de datos personales de los pacientes del NHS sin contar con su previo consentimiento, a la vez que desmantelaba el comité de revisión ética de los algoritmos aplicados en el ámbito sanitario y cuyo panel de revisores ya había manifestado pocos meses antes del cierre del mismo su preocupación ante el riesgo potencial de que DeepMind Health pudiera utilizar su acceso a los datos personales de los pacientes del NHS para propiciar las ganancias monopolísticas para la empresa matriz de Google, Alphabet (Murgia 2018).

A propósito de la revisión institucional de la transparencia y buen funcionamiento de los algoritmos, hay autores que ponen en duda que un solo comité ético sea capaz por sí mismo de garantizar el rigor, la utilidad y la integridad de los *big data*. Se trataría, según esta doctrina escéptica respecto a la viabilidad del control de humanidad sobre la IA, de una pretensión poco realista (Lipworth-Mason-Kerridge-Ioannidis, 2017, 489-500).

Otra línea doctrinal sostiene que el problema de la responsabilidad y de la pública rendición de cuentas por parte de quienes hacen uso de los algoritmos potencialmente lesivos de derechos y libertades de los ciudadanos debería ser planteada como una cuestión de acuerdo o consenso entre las partes interesadas (Floridi 2022a: 173).

Como solución alternativa a la posible falta de acuerdo sobre la revisión de la transparencia y el buen funcionamiento de los algoritmos, existe un código ético propuesto por la *Association for Computing Machinery* (ACM) en el que se enuncian siete principios éticos fundamentales para los profesionales de la Informática y la Computación[37]. El

[37] Los siete principios éticos generales enunciados por el Código de Ética y Conducta Profesional de la ACM y que todo buen profesional de la Informática y

objetivo principal que se persigue este código deontológico profesional es, precisamente, el beneficio de todas las partes interesadas en el mantenimiento de un debate abierto entorno a las cuestiones éticas que promueven la responsabilidad y la transparencia (Buhmann-Passmann-Fieseler 2019).

Por último, entre quienes apuestan por generar las condiciones necesarias para el cultivo de una "cultura algorítmica" más responsable, destaca Luciano Floridi, quien propone repartir una "responsabilidad moral distributiva" entre todos los agentes morales, es decir, personas humanas o jurídicas, es decir, sociedades constituidas por seres humanos (Floridi 2016: 2).

En sentido análogo, Mark Coeckelbergh, inspirándose en la Declaración de Montreal para un desarrollo responsable de la IA (2018), sostiene que la espiral de la ética de la IA no debe circunscribirse solamente al ámbito de la política internacional y la gobernanza global; en efecto, también la comunidad académica debe asumir una posición activa en la propuesta de iniciativas que busquen una interacción equilibrada e inocua entre los humanos y las máquinas desarrolladas con IA, de tal modo que sea posible concebir la armonía entre el avance tecnológico con la salvaguarda del legado humanista y los valores que son inherentes y necesarios para la defensa de la dignidad, la autonomía de la voluntad y los derechos fundamentales del ser humano (Coeckelbergh 2020: 157).

---

la Computación debería seguir son los siguientes: 1.- Contribuir a la sociedad y al bienestar humano, reconociendo que todas las personas son partes interesadas en la Informática; 2.- Evitar daños o consecuencias negativas, especialmente cuando son significativas e injustas; 3.- La conducta de un buen profesional debe ser siempre transparente, honesta y fiable; 4.- Respeto a los valores de igualdad (no discriminación), tolerancia, respeto a los demás y justicia; 5.- Crear oportunidades para que los miembros de la organización o grupo crezcan como profesionales; 6.- Respetar la intimidad (*privacy*), por lo que los profesionales de la Informática solo deben usar la información personal para fines legítimos y sin violar los derechos y libertades de los individuos; 7.- Respeto de la confidencialidad de los secretos comerciales, los datos de los clientes, las estrategias comerciales no públicas, información financiera, datos de la investigación, artículos académicos previos a la publicación y solicitudes de patentes. Cfr., https:// www.acm.org/code-of-ethics

Capítulo 5

GLOBALIZACIÓN Y REVOLUCIÓN TECNOLÓGICA ANTE LA CRISIS DEL PARADIGMA HUMANISTA

SUMARIO: 1. INTRODUCCIÓN. 2. DE LA CUARTA REVOLUCIÓN INDUSTRIAL AL GRAN REINICIO: EL ENFOQUE TRANSHUMANISTA DE KLAUS SCHWAB. 3. EL CAPITALISMO DE LAS PARTES INTERESADAS Y LA CRISIS DE LA GOBERNANZA GLOBAL. 4. LA FALACIA TECNOLOGICISTA Y LA GOBERNANZA GLOBAL DEMOCRÁTICA. 5. ¿ES EL CAPITALISMO DE LA VIGILANCIA UNA "DISTOPÍA ACADÉMICA"?. 6. CONJURANDO EL RIESGO GLOBAL DE UNA TECNOCRACIA DIGITAL: EL DESARROLLO TECNOLÓGICO SOSTENIBLE EN EL MARCO DE LA UNIÓN EUROPEA.

1. INTRODUCCIÓN

En la actualidad, la globalización y la revolución tecnológica vienen a ser como términos complementarios que forman parte de una misma ecuación. Parafraseando a Zygmunt Bauman se podría decir que, lejos de homogenizar la condición humana, la anulación de las distancias tiempo y espacio tiende a polarizarla. A propósito de las consecuencias humanas de la globalización en la era digital, Bauman ha denunciado con rotundidad la trampa que suponen para el individuo las redes sociales controladas por las elites político-económicas y el impacto sobre los derechos y libertades de los ciudadanos:

> Las elites viajan por el espacio y a mayor velocidad que nunca, pero la envergadura y la densidad de la red de poder que tejen no dependen de esos desplazamientos. Gracias a la nueva "incorporeidad" [*bodylessness*] del poder sobre todo en su forma financiera, sus dueños se vuelven extraterritoriales, aunque sus cuerpos permanezcan *in situ* (Bauman 1998: 19).

Para el pensador polaco, la movilidad adquirida a través de la Red por los grandes inversores de capital implica que el poder económico y empresarial se desconecta de forma inédita, drástica e incondicional de sus obligaciones con los empleados, en particular, y del deber de contribuir a la vida cotidiana y al sostenimiento de la comunidad, en general. Por eso, la nueva libertad del capital le recuerda a Bauman el absentismo de los grandes terratenientes de antaño, cuya infausta memoria se debe a su menosprecio y absoluta desatención hacia las necesidades de las poblaciones que los alimentaban, de ahí el rencor que esta inhibición generaba entre los más humildes y vulnerables. Pero, a diferencia de los terratenientes absentistas [*absentee landlords*] cuya libertad de actuación no era omnímoda en la medida en que se sometían a unos límites legales, los capitalistas y corredores de bienes raíces de nuestro tiempo no ven restringida la movilidad de sus recursos (que ahora son líquidos) dentro de unos límites legales reales, salvo los que el poder administrativo de los Estados de Derecho sea capaz de imponer sobre la libertad de movimiento del capital y el dinero (Bauman 1998: 9)[38].

Según Ulrich Beck, lejos de implicar el final de la política, la globalización conlleva, en realidad, una repolitización de aquellos espacios a los que ha renunciado o de los que se han retirado el Estado social de Derecho y sus actores sociales. Según el sociólogo alemán, la irrupción de la nueva retórica de la globalización (de la economía, de los mercados, de la competencia por un puesto de trabajo, de la producción, de la prestación de servicios y las distintas corrientes en el ámbito de las finanzas, de la información y de la vida en general) ha motivado la disolución "bajo el sol del desierto de la globalización" de los presupuestos del Estado asistencial y del sistema de pensiones, de la ayuda social y de la política municipal de infraestructuras, así como el poder organizado de los sindicatos, el sistema de negociación de autonomía salarial, el gasto público, el sistema impositivo y la "justicia impositiva". En suma, se pregunta Beck: ¿Por qué la globalización significa politización?, y responde:

> Porque la puesta en escena de la globalización permite a los empresarios, y a sus asociados, reconquistar y volver a disponer del poder negociador política y socialmente domesticado del capitalismo democráticamente organizado. La globalización posibilita eso que sin duda estuvo siempre

---

38 Me gustaría advertir que mi referencia a la globalización económica no se circunscribe solo a su acepción neoliberal, de hecho caben otras alternativas como, por ejemplo, la interpretación contrahegemónica que hace de la globalización Boaventura de Sousa Santos, el cual sostiene un modelo o fórmula alternativa de globalización comprometida con la lucha contra la exclusión social que se apoya en una redistribución de los recursos simbólicos, culturales, políticos, sociales y materiales fundada sobre los principios de igualdad y reconocimiento de la diferencia (Santos 2002: Caps. V y IX; 2005: 29-30).

> presente en el capitalismo, pero que se mantuvo en estado larvado durante la fase de su domesticación por la sociedad estatal y democrática: que los empresarios, sobre todo los que se mueven a nivel planetario, puedan desempeñar un papel clave en la configuración no sólo de la economía, sino también de la sociedad en su conjunto, aun cuando "sólo" fuera por el poder que tienen para privar a la sociedad de sus recursos materiales (capital, impuestos, puestos de trabajo) (Beck 1997, 14).

La política de la globalización conlleva una estrategia económica transnacional que pretende la eliminación de todas las trabas a la inversión en un mercado desregularizado (negociación con los sindicatos, normativa ecológica, asistencial y fiscal…). En definitiva, lo que buscan los representantes económicos con su retórica globalizadora es desmantelar la política social estatal para realizar la utopía del Estado mínimo, con lo que —como advierte Beck— paradójicamente, "a menudo ocurre que se responde a la globalización con la *re*nacionalización" (Beck 1997: 15).

En los últimos años, la estrategia económica y política del proceso globalizador ha hallado un aliado natural en el proyecto transhumanista. Tanto en la globalización como en el transhumanismo se postula un nuevo paradigma tecnológico-cientificista superador del paradigma humanista. El resurgir de este nuevo cientificismo del Tercer Milenio ha despertado un cierto optimismo tecnológico determinista y una absoluta confianza en el poder redentor de la tecnociencia y en la idea del progreso ilimitado. En este sentido, la investigación que están desarrollando los "nuevos cruzados de la fe tecnológica en el progreso" (*the new crusaders of the technological faith in progress*) pretende combatir con armas tecnológicas y morales los potenciales riesgos globales que acechan a la sociedad mundial contemporánea (entre otros, la globalización, el cambio climático y las catástrofes naturales que lo acompañan, la revolución digital, la eclosión de la medicina genética, o las grandes desigualdades socioeconómicas a escala planetaria). Sin embargo, lejos de ser un aliado para la humanidad, la incentivación del catastrofismo emancipador (*emancipatory catastrophism*) genera una sensación de falso alivio en la población mundial (en la medida en que nos exime de la responsabilidad de afrontar los riesgos globales y tomar decisiones) aunque esta catarsis social se produce a costa de ocultarnos la verdadera dimensión del proceso de metamorfosis del mundo (*metamorphosis of the world*) en el que ya están inmersos la humanidad y el planeta a todos los niveles. Por consiguiente, advierte Beck, se ha abierto un abismo:

> La cosmovisión clásica de la fe moderna en el progreso sigue guiando nuestras acciones: la creencia en el poder redentor de la tecnociencia, la idea del progreso ilimitado, del carácter inagotable de los recursos naturales, la creencia en el crecimiento económico infinito y en la supremacía política del Estado-nación. La teoría de la sociedad del riesgo ha confrontado esa creencia con su fragilidad e inadecuación teóricas a la vista de los potenciales escenarios catastróficos y de las incertidumbres que se están desplegando en la actualidad, las cuales son precisamente una consecuencia de los triunfos del progreso. (Beck 2016: 62-63).

La convergencia de los intereses económicos de las empresas multinacionales y de las grandes compañías tecnológicas (*Big Techs*) ha encontrado un centro de publicidad y difusión de sus ideas y propuestas en el Foro Económico Mundial, fundado por Klaus Schwab (el economista e ingeniero alemán que acuñó el término "cuarta revolución industrial" impulsada por el avance de la IA, la robótica y las tecnologías emergentes NBIC[39], y que reúne cada año en enero desde 1971 en su sede de Davos (Suiza) a una élite mundial compuesta por líderes de gobiernos, CEOs de empresas multinacionales, presidentes de organismos internacionales, expertos en finanzas, intelectuales prestigiosos del ámbito académico y científico, personalidades del mundo de la cultura, líderes de la comunicación y representantes de la sociedad civil para abordar los principales retos y problemas que debe afrontar la humanidad en materia de salud, medioambiente y economía mundial. En la edición del Foro Davos 2021, celebrado a escasos días de cumplirse el primer año de la pandemia provocada por el Covid-19, cuyo lema fue "El gran reinicio" [*The great reset*], se expusieron algunas ideas inspiradas en el proyecto transhumanista aprovechando el contexto de crisis sanitaria, económica y social causada por la pandemia del coronavirus.

---

39 Acrónimo referido a la Nanotecnología, la Biotecnología, la Informática y las Ciencias cognitivas.

2. DE LA CUARTA REVOLUCIÓN INDUSTRIAL AL GRAN REINICIO: EL ENFOQUE TRANSHUMANISTA DE KLAUS SCHWAB

No es un hecho casual que en los presupuestos de la agenda global del Foro Económico Mundial (WEF por sus siglas en inglés) se entremezclen argumentos y propuestas económicas, socio-políticas y éticos al albur de las circunstancias provocadas por la cuarta revolución industrial, que está marcada por el avance de las nuevas tecnologías y la convergencia de los sistemas digitales, físicos y biológicos que la acompañan. En *The Fourth Industrial Revolution* (2016), Klaus Schwab señala que lo que diferencia a la revolución 4.0 de las anteriores es que su alcance es mucho más amplio, pues no solamente consiste en máquinas y sistemas inteligentes conectados, sino (y sobre todo) en la fusión de estas tecnologías y su interacción a través de los dominios físicos, digitales y biológicos; esas condiciones son las que realmente caracterizan y distinguen a esta revolución de las demás (Schwab 2016: 21).

Se ha dicho que la revolución digital es silenciosa, pero lo transforma todo pues permite la circulación de la riqueza, facilita los flujos internacionales de capital, y simplifica las transacciones comerciales y las operaciones financieras a través de las autopistas de la información. Ciertamente, la transmisión de datos a la velocidad de la luz, la digitalización de textos, imágenes y sonidos, el uso de satélites de telecomunicación, la revolución de telefonía móvil; la generalización del proceso de informatización en la mayoría de los sectores manufacturas y servicios, la miniaturización y la creación de redes de ordenadores a escala planetaria han alterado cada vez más el orden mundial. A propósito de los riesgos inherentes a esta nueva globalización digital y tecnológica, ha advertido Ignacio Ramonet:

> La hiperconcentración y las megafusiones de empresas está multiplicándose y dando lugar a multinacionales cuyo objetivo es la conquista mediática del planeta (Ramonet 1998a: 156).

El desarrollo de las autopistas de la información ha traído consigo un fenómeno nuevo: la desorientación. Según Paul Virilio, se trata de una desorientación fundamental que completa y perfecciona la desregulación social y la desreglamentación de los mercados financieros, cuyas nefastas consecuencias se pudieron sentir en las dos crisis que han marcado las dos primeras décadas del siglo XXI: (la financiera de 2018 y la sanitaria de 2020), por eso, advierte Virilio, las nuevas tecnologías no podrán contribuir al perfeccionamiento de la democracia salvo que se luche contra "la caricatura de sociedad mundial que preparan las multinacionales, lanzadas a tumba abierta hacia la construcción de las autopistas de la información" (Virilio 1998: 155-160).

Si a las consecuencias producidas por el proceso de globalización e internacionalización de la economía a escala mundial (desregulación del mercado, concentración de capitales, deslocalización y externalización de las empresas, debilitamiento de la soberanía de los Estados nacionales y disminución de la autoridad de sus ordenamientos constitucionales, entre otros) se le suma el impacto que ha supuesto en nuestras vidas la revolución tecnológica, nos ayudará a entender los motivos por los que esta "nueva aristocracia planetaria" de las finanzas, los medios de comunicación, la tecnología de la informática, la ingeniería de la IA y la robótica..., ha despertado en algunos el temor hacia una *tecnoutopía* que, en última instancia, pueda legitimar la sustitución del paradigma humanista en el que se forjaron la democracia moderna, el Estado de Derecho, los derechos fundamentales y la dignidad humana por el paradigma tecnológico-cientificista postulado por el transhumanismo (Petrella 1998: 161-164; Ramonet 1998b: 218).

En su defensa de la globalización tecnológica, Klaus Schwab parte de la premisa de que las tecnologías de la información y la digitalización lo han revolucionado todo. En efecto, para el fundador del WEF, en la cuarta revolución industrial, la conectividad digital habilitada por las tecnologías software está causando profundos cambios en la gobernanza global, la política nacional, regional e internacional, el deslocalizado mundo financiero y empresarial, las organizaciones internacionales, los individuos y la sociedad. Al objeto de comprender del todo las implicaciones de estos cambios, el Consejo de la Agenda Global del Foro Económico Mundial realizó una encuesta a ochocientos ejecutivos para saber, en primer lugar, cuándo preveían que las tecnologías innovadoras pasarían a ser del dominio público en un grado significativo; y, en segundo lugar, para identificar los principales cambios tecnológicos y someterlos a estudio. En este informe de evaluación, publicado en septiembre de 2015 bajo el título: *Deep Shift. Technology Tipping Points and Social Impact*, se analizan veintiún cambios tecnológicos y dos adicionales, incluidos los puntos de inflexión para estas tecnologías y las fechas de su prevista llegada al mercado (estimada por la mayoría de los encuestados para el 2025)[40].

En la lectura que hace Schwab de este informe sobre el impacto social de los cambios tecnológicos parece clara la asunción por su parte del argumentario transhumanista al afirmar rotundamente que:

> La cuarta revolución industrial no solo está cambiando lo que hacemos, sino quienes somos (Schwab 2016: 125).

Pero Schwab no se conforma solo con predecir —desde un cierto determinismo científico-tecnológico— un cambio estructural en nuestras vidas, y en el mundo tal como lo hemos conocido, sino también un cambio estructural en nuestra propia identidad humana que afectará ineludiblemente al desarrollo de nuestra personalidad. En línea con la tesis de la singularidad de Raymond Kurzweil, según el cual, antes de 2050, la IA superará a la inteligencia humana, y entonces habrá llegado el momento en el que "el ritmo del cambio tecnológico será tan rápido y su repercusión tan profunda que la vida humana se verá transformada de forma irreversible" (Kurzweil 2005: 10).

Ante la profecía de la singularidad proclamada por los transhumanistas tecnológicos a través de los medios de comunicación, redes, foros sociales y artículos más o menos académicos, Schwab asume que nos hallamos en el umbral de un "cambio sistémico radical"

---

[40] La enumeración que hace Schwab de estos veintitrés cambios en *The Fourth Revolution* es la siguiente: 1.- Tecnologías implantables; 2.- Nuestra presencia digital; 3.- La visión como la nueva interfaz; 4.- Internet para vestir; 5.- Informática ubicua; 6.- Un superordenador en su bolsillo; 7.- Almacenamiento para todos; 8.- El Internet de y para todas las cosas; 9.- El hogar conectado; 10.- Ciudades inteligentes; 11.- "Big Data" para la toma de decisiones; 12.- Vehículos sin conductor; 13.- Inteligencia Artificial y toma de decisiones; 14.-La Inteligencia Artificial y los empleos de cuello blanco; 15.- Robótica y servicios; 16.- Bitcoin y "Blockchain"; 17.- Economía colaborativa; 18.- Los gobiernos y "Blockchain"; 19.- Impresión 3D e industria; 20.- Impresión 3D y salud humana; 21.- Impresión 3D y artículos de consumo; 22.- Seres diseñados (nacimiento del primer ser humano con el genoma directa y deliberadamente editado); 23.- Neurotecnologías (Schwab 2016: 149-204).

que requiere que los seres humanos se adapten continuamente; de hecho, su idea del *Big Reset* (el gran reinicio) está imbuida de este espíritu profético y refundador que inspira la Agenda del Foro Económico Mundial. Naturalmente, añade Schwab, la llegada de la singularidad conllevará la inevitable polarización del mundo entre los que aceptan el cambio tecnológico y quienes se resisten a él. Esta desigualdad ontológica entre apocalípticos e integrados tecnológicos —parafraseando el dilema de Umberto Eco— generará una fractura digital y generacional causada, según Schwab, por quienes solo han conocido y crecido en un mundo digital frente a quienes no se han adaptado o rechazan sin más la conversión a la fe tecnologicista (Schwab 2016: 126).

Aunque en *The Fourth Industrial Revolution* su autor se definía como "un entusiasta de la tecnología" mantenía una actitud equidistante en su análisis del impacto de los avances tecnológicos en la condición humana, dejando en manos de los "expertos y académicos" el debate a qué modelo médico aplicar el futuro: bien el modelo *terapéutico* clásico, el cual tiene como finalidad principal "reparar", cuidar enfermedades y patologías, o bien el modelo *mejorativo*, que es el que preconiza el transhumanismo y busca la mejora y el perfeccionamiento del ser humano por vía de manipulación genética de la aleatoriedad natural, por la selección y/o por el diseño genético artificial (Ferry 2017: 35), cuatro años más tarde, en *The Big Reset* (2020), Klaus Schwab se muestra ya como un convencido partidario del enfoque transhumanista al constatar que los grandes cambios surgidos al calor de la innovación tecnológica y la transformación digital que vislumbraba en su ensayo sobre la cuarta revolución industrial se han ido acelerando en los cuatro años que separan ambos libros, sobre todo a causa de la pandemia de la Covid-19. Esta coyuntura de cambio estructural del mundo le proporciona la excusa perfecta para plantear su teoría del gran reinicio tecnológico (Schwab 2020: 169-170).

Según Schwab, la nueva era de la tecnología supone una oportunidad para "catalizar un nuevo renacimiento cultural que nos permitirá sentirnos parte de algo mucho más grande que nosotros mismos: una verdadera civilización global" (Schwab 2016: 144). El propósito de esta propuesta parece claro: trascender al individuo y utilizar los medios tecnológicos de la cuarta revolución industrial para "elevar a la a una nueva conciencia colectiva y moral basada en un sentimiento de destino compartido". Como vemos, este planteamiento colectivista (Schwab 2020: 247) dista mucho del proyecto humanista cosmopolita y liberal de la Ilustración, en general, y de la idea kantiana de progreso, en particular, cuya ética racionalista está fundada en la sacralización del individuo como fin en sí mismo, y cuya moral universal le lleva a formar parte del género humano, pero sin perder por ello su identidad ni su autonomía personal (Sebreli 1992: 104; Llano Alonso 2002: 40).

Sostiene este economista alemán que "los escenarios distópicos no son una fatalidad", y aunque admite que en la era posterior a la pandemia, la salud y el bienestar se convertirán en una prioridad mucho mayor para la sociedad, sorprende la naturalidad con la que justifica el hecho de que "el genio de la vigilancia tecnológica no vuelva a meterse en la lámpara", como si la seguridad, la salud, el bienestar y la felicidad fuesen el premio a ganar a cambio de ceder nuestra la libertad a un nuevo Leviatán tecnológico controlado por unas élites que eligen por nosotros y deciden qué es lo que más nos conviene (Schwab 2020: 191).

Tras el diagnóstico que hace del estado del mundo durante la crisis sanitaria Schwab concluye que no solo los Estados nacionales han quedado desbordados a la hora de gestionar y contener la pandemia, sino que también se han puesto de manifiesto la esclerosis de la economía de mercado y de la globalización, además de la constatación de un vacío en la gobernanza global intensificado por las tensas relaciones entre Estados Unidos y China que minaron las posibilidades de poner en marcha la cooperación internacional desde la primera ola pandémica (en este sentido, el fracaso de la política de comunicación y de coordinación de la Organización Mundial de la Salud (OMS) sería el mejor síntoma de la crisis de la política internacional). Ante esta situación, Schwab busca una solución tan imaginativa como la establecer "un nuevo contrato social", cuyo contenido no solo no concreta, sino que lo hace depender, en última instancia, de las condiciones históricas y culturales de cada país. Al final, el supuesto reinicio geopolítico y tecnológico, solo queda para el influyente fundador del Foro Económico Mundial en un problema que se puede solventar a través del relativismo ético cultural, y la diferencia cualitativa entre democracias y autarquías en una simple cuestión de "gran carga emocional" (Schwab 2020: 108, 139).

3. EL CAPITALISMO DE LAS PARTES INTERESADAS Y LA CRISIS DE LA GOBERNANZA GLOBAL

En su nuevo libro, *Stakeholder Capitalism* (2021), Klaus Schwab nos detalla los términos del nuevo contrato social que propone como alternativa al sistema de libre mercado global que se encuentra en crisis, y que se plasman en el denominado "capitalismo de las partes interesadas". Como principio de organización global para los negocios, el concepto de partes interesadas compitió en su día con la noción de "primacía de los accionistas" defendido por uno de los fundadores de la Escuela de Chicago, Milton Friedman, que se resumía en la idea de que la responsabilidad social de las empresas consiste en aumentar sus ganancias y obtener beneficios propios. Al final de su influente artículo: "The Social Responsibility of Business is to Increase Its Profits", Friedman explicita esta tesis:

> En un libre mercado ideal que descansa en la propiedad privada, ningún individuo puede coaccionar a otro, toda cooperación es voluntaria, todas las partes en dicha cooperación se benefician o no necesitan participar. No hay valores, ni responsabilidades "sociales" en ningún sentido que no sean los valores compartidos y la responsabilidad de las personas. La sociedad es un conjunto de individuos y de otros grupos diversos que se forman voluntariamente. (Friedman 1970).

El capitalismo de los accionistas se convirtió en la pauta general en Occidente a medida que las empresas se globalizaban en las décadas de los 60 y 70. A la vez que las empresas iban aflojando sus vínculos con las comunidades locales y los gobiernos nacionales, éstas iban centrándose en maximizar los beneficios a corto plazo para los accionistas en marcados globales competitivos. Incluso en los países que se adhirieron al concepto de partes interesadas como principio de gobernanza fueron perdiendo poder e influencia ante las empresas los gobiernos, los sindicatos y otras partes interesadas de la sociedad civil. Sin embargo, ante la actual coyuntura pandémica y la gran oportunidad de mejora de la economía, el desarrollo sostenible respetuoso con el medioambiente y la gobernanza global que nos ofrece la cuarta revolución industrial, Schwab incluyó en la Agenda de Davos 2021 la propuesta de relanzar una versión corregida y actualizada del capitalismo de las partes interesadas que, con respecto al modelo original, mantiene su objetivo de "crear valor a largo plazo", teniendo en cuenta no solo los beneficios de los accionistas, sino las necesidades de las partes interesadas y de la sociedad en general.

Ahora bien, advierte Schwab, lo que distingue al moderno capitalismo de las partes interesadas de su primer modelo es que, sin duda, en la versión actual su apuesta es más claramente global, sitúa al planeta en el centro del sistema económico mundial, busca la equidad global y el bienestar de las personas, y considera que la salud debe optimizarse en las decisiones tomadas por todas las partes interesadas. En resumidas cuentas, concluye Schwab, frente al capitalismo de los accionistas, que centra exclusivamente sus objetivos en las ganancias o en la prosperidad de una empresa o país determinado, en lugar del bienestar de todas las personas y del planeta en su conjunto, en el nuevo capitalismo de las partes interesadas los cuatro grupos clave que las representan (gobiernos, sociedad civil, empresas y comunidad internacional) están interconectados y comparten unos objetivos prioritarios: la felicidad, el bienestar de todas las personas y la armonía planetaria (Schwab-Vanham 2021: 178-180).

La representación gráfica del modelo renovado del capitalismo de las partes interesadas sería la siguiente:

Imagen inspirada en el gráfico reproducido en la página 180 del libro de Klaus Schwab y Peter Vanham, *Stakeholder Capitalism*, Hoboken (New Jersey), Wiley, 2021.

En general, para Schwab, la globalización económica funciona mejor para todos cuando se cumplen al menos estas tres condiciones: en primer lugar, la globalización sólo puede despegar si existe un pacto social, la naturaleza a largo plazo de este pacto implica que los individuos están dispuestos a dejar a un lado consideraciones cortoplacistas o egoístas, sabiendo que ganarán a largo plazo, al igual que las otras partes interesadas que contribuyen al pacto; en segundo lugar, la globalización prospera cuando los líderes políticos encuentran un equilibrio entre proporcionar una dirección a la economía y cuidar a su pueblo, por un lado, y abrirse al mundo en términos de comercio e inversión, por el otro; por último, en tercer lugar, las sociedades se benefician de la globalización cuando la tecnología imperante en la época es congruente con las ventajas comparativas que tienen una economía y una sociedad (Schwab-Vanham 2021: 109-110).

La nueva versión del capitalismo de las partes interesadas se presenta como una salida ante en un momento de cierto retroceso de la globalización (a la que, por otra parte, resulta imposible poner fin por lo estrechamente interconectada que está la economía mundial). Los procesos de desglobalización se agudizan especialmente en tiempos de grandes crisis financieras y sanitarias a nivel mundial, como la que se produjo con la pandemia del coronavirus. Entre las primeras consecuencias macroeconómicas de la primera ola de la Covid-19 que recorrió implacablemente todo el planeta, especialmente desde el mes de marzo de 2020, destaca precisamente la ralentización de la globalización acompañada de un posible factor reactivo: el renacimiento de la idea nacionalista del Estado nación. El retorno de los nacionalismos contrarios al multilateralismo y la globalización ya fue anunciado por Dani Rodrik al referirse al "trilema político de la economía mundial". Sostiene este autor que existe una tensión fundamental entre lo que él denomina como "hiperglobalización" y la política democrática.

> La hiperglobalización requiere el encogimiento de la política nacional y el aislamiento de los tecnócratas de las exigencias de las masas (Rodrik 2011: 208).

¿Cómo gestionar entonces la tensión entre la democracia nacional y los mercados globales? Para Rodrik hay un trilema entre los conceptos de globalización económica, democracia política y Estado nación que los hace irreconciliables. Para solventar este trilema solo cabe una de estas tres opciones: *limitar la democracia* para minimizar los costes de las transacciones internacionales, sin pararse a considerar los efectos perversos que la economía global produce en ocasiones a nivel local; *limitar la globalización* para reforzar la legitimidad democrática en el país; *globalizar la democracia* a costa de la soberanía nacional. Según Rodrik, solo podemos aspirar a conciliar dos de los tres términos del trilema:

> Si queremos hiperglobalización y democracia, tenemos que renunciar a la nación Estado. Si hemos de mantener la nación Estado y también queremos hiperglobalización, tendremos que olvidarnos de la democracia. Y si queremos combinar democracia con nación Estado, adiós a una globalización profunda (Rodrik 2011: 218-219).

En el contexto actual, lo que propone el trilema político de Rodrik es que se sacrifique la globalización para preservar un cierto grado de soberanía nacional y de democracia, a este respecto, comenta Schwab, tanto el triunfo del Brexit en Gran Bretaña el 23 de junio de 2016, como la elección de Donald Trump como presidente de los Estados Unidos de Norteamérica, el 8 de noviembre de 2016, son dos ejemplos demostrativos tanto de la actual tendencia contra la globalización por parte de algunos países occidentales, como del grado de descontento de los votantes con la globalización, especialmente cuando la economía de su país se encuentra fuerte y en situación de alta desigualdad (Schwab 2020: 120).

Sin embargo, a tenor del uso abusivo que se ha hecho de las nuevas tecnologías por parte de algunos gobiernos a lo largo de la pandemia, que en la práctica ha supuesto un recorte de libertades de los ciudadanos en aras de su seguridad, salud y bienestar, no parece que la propuesta de renunciar a una gobernanza global democrática (suma de la democracia y la globalización) a fin de garantizar la preservación *tout court* de la soberanía nacional y la democracia de los Estados nación, justifique la apuesta realizada por Rodrik y Schwab a favor de la democracia y la soberanía nacional. En este sentido, como se recordará, la falta de una política sanitaria mundial bien coordinada por parte de organismos internacionales como la OMS y la Organización Mundial del Comercio (OMC) provocó una competencia feroz entre los países (muchos de ellos socios y aliados históricos) por ser los primeros en adquirir material sanitario y equipos de protección individual para sus ciudadanos durante la primera ola de la Covid-19.

Esta misma lucha desesperada por proteger los intereses nacionales aún a costa de conculcar el principio de buena fe en los acuerdos firmados por las partes contratantes se puso de manifiesto durante la "crisis de las vacunas" surgida entre la Unión Europea y algunas empresas farmacéuticas que, buscando un mayor beneficio económico, en varias ocasiones exportaron subrepticiamente a países extracomunitarios parte de la producción de las vacunas reservadas contractualmente por la Comisión Europea, cuya estrategia de compra mancomunada pretendía precisamente un reparto equitativo en la población de cada uno de los países miembros que evitase la competencia desleal entre socios comunitarios. Así pues, a través de esta medida de gobernanza democrática, la Unión Europea pretendió reforzar la coordinación entre países socios que, al principio de la pandemia, llegaron a cerrar fronteras unilateralmente y se negaron incluso a vender materiales sanitarios básicos a sus vecinos más necesitados. No obstante, con más frecuencia de lo que resulta imaginable y admisible, hubo momentos durante la crisis sanitaria del coronavirus en los que, debido al estado de necesidad, primó el interés nacional de los países antes que la solidaridad internacional, y en los que el afán de lucro de las empresas farmacéuticas prevaleció sobre el deber de rectitud y comportamiento debido en los acuerdos negociales.

4. LA FALACIA TECNOLOGICISTA Y LA GOBERNANZA GLOBAL DEMOCRÁTICA

En rigor, la nueva versión del capitalismo de las partes interesadas crea más incertidumbres que certezas pues parte de una suposición falaz: el sacrificio de la gobernanza global democrática (solo imaginable desde la política del consenso multilateral y en el marco institucional del sistema de Derecho Internacional) reforzaría la soberanía de los Estados de Derecho y redundaría en beneficio de sus políticas democráticas, en la medida en que se presume que ese proceso revalorizador e instaurativo de lo nacional serviría como freno a la globalización capitalista, que cuenta con instituciones coadyuvantes como el Fondo Monetario Internacional (FMI), el Banco Mundial (BM), la Organización Mundial del Comercio (OMC), las empresas multinacionales y organismos regionales como la Unión Europea.

La falacia de la tesis de Schwab y sus seguidores inspira recurrentemente la Agenda Davos del Foro Económico Mundial (WEF, por sus siglas en inglés), que en su 51ª edición de 2021 contó, por cierto, con el secretario del Partido Comunista Chino como invitado de honor para hablar del éxito económico de su país y de gestión de la pandemia del coronavirus. En su presentación de Xi Jinping, el presidente del WEF puso de manifiesto la importancia de China en el reinicio de la economía y la política mundial, y animó al Presidente Chino a trabajar en la construcción de una nueva era global en un mundo pacífico y próspero. Lo paradójico del proyecto del gran reinicio y del capitalismo de las partes interesadas es que ambos consideran que todos los males proceden del fracaso del sistema capitalista, del desbordamiento de los Estados de Derecho, y de la inoperancia de las organizaciones internacionales y regionales como la Unión Europea. En relación con estos tres puntos fuertes del argumentario de la Agenda de Davos 2021, comprometido con la sostenibilidad ambiental, la sostenibilidad económica, la pobreza y la desigualdad, podríamos hacer las siguientes observaciones:

En primer lugar, parece que Schwab confunde la globalización económica y el capitalismo, como si solo hubiera un tipo de globalización (cuando no sólo es económica, sino que también puede ser cultural, social, política y tecnológica) o un único modelo de capitalismo (según el nivel de intervención estatal, cabe diferenciar, al menos, el capitalismo de Estado, el popular, el monopolista, el anarcocapitalista, el de economía mixta, el de economía social de mercado…, incluso hay un capitalismo financiero y otro corporativo). Pues bien, tras decretar unilateralmente el fin del capitalismo económico vigente en el mundo anterior a la pandemia y su sustitución un "capitalismo equitativo" alternativo, Schwab sostiene que la crisis pandémica ofrece una gran oportunidad para reiniciar la economía, la política, la sociedad y nuestra forma de vida en la era pospandémica.

En segundo lugar, el vacío dejado por los Estados nacionales como actores de la política internacional permitiría que fuera ocupado por una élite dirigente formada por líderes de gobiernos y del mundo empresarial que suscribirían un nuevo contrato social como "partes interesadas" del que están excluidos millones de ciudadanos. Además, este proyecto oculta un riesgo potencial y ciertamente inquietante: el remplazo de la gobernanza global democrática acorde a la racionalidad del Derecho Internacional por una oligarquía que concentraría toda la riqueza y el poder tecnológico. Al hilo de esta consideración, resulta significativo el hecho de que una de las predicciones filantrópicas de la Agenda del WEF sea precisamente la que augura la felicidad de los individuos a cambio de que no posean nada. En puridad, ese horizonte anhelado por Klaus Schwab se acercaría a un escenario más distópico que utópico para los individuos, pues con la renuncia a la propiedad se corre el peligro de perder la libertad y, con ello, también la felicidad. Frente a la propuesta redistributiva de la propiedad (que más bien parece albergar una intención de concentrar la riqueza y el poder en manos de una élite tecnocrática) valdría la pena traer a colación la idea protoliberal de John Locke sobre los derechos naturales: la vida, la libertad, la propiedad y la búsqueda de la felicidad (Locke 2003: 109-121).

Por último, en relación con el fracaso de la gobernanza global, Schwab encuentra la excusa perfecta para poner de relieve la fragmentación de la cooperación internacional y el fracaso de la gobernanza global en la deficiente gestión de la crisis sanitaria pandémica que hicieron tanto los organismos internacionales (como la OMS), como los regionales (como la UE). Ante este vacío de gobernanza, afirma Schwab:

> "Solo los Estados nación están lo suficientemente cohesionados como para poder tomar decisiones colectivas, pero este modelo no funciona en el caso de riesgos mundiales que requieren decisiones globales concertadas" (Schwab 2020: 132).

Ahora bien, en función de este pronóstico tan sombrío, cabría preguntarse a quién se le podría encomendar entonces la responsabilidad de tomar decisiones colectivas y la coordinación global de los grandes asuntos que nos conciernen a la humanidad si, como sostiene Schwab, los Estados nacionales se ven desbordados ante los grandes riesgos y amenazas mundiales, la cooperación internacional se halla, al parecer, estancada y el multilateralismo no funciona. Como es sabido, la Agenda 2030, aprobada por las Naciones Unidas en 2015, está compuesta por diecisiete Objetivos de Desarrollo Sostenible (ODS) dirigidos a la consecución de un futuro sostenible para todos conforme a un programa coordinado de acción en el que colaborasen empresas, administraciones e instituciones[41]. Se trata pues de una agenda universal que sitúa los derechos humanos en el centro, integrando por igual a todos los individuos, y que compromete a todos los países, con independencia de cuál sea su nivel de desarrollo.

Por eso, cuestionar la competencia de las instituciones internacionales que trabajan en la gobernanza global democrática, desde la ONU a la UE, supone justificar la falacia tecnologicista, según la cual, la eficacia en la gestión de grandes crisis y epidemias dependería más del conocimiento de la macroeconomía y del dominio de las nuevas tecnologías que del Derecho y la Política. En esta tesitura, solo algunos gobiernos —algunos de ellos conocidos por la represión y el control autoritario que realizan contra el libre ejercicio los derechos y libertades de sus ciudadanos— y el millar de grandes empresas que financian el WEF, entre las que figuran las cinco grandes compañías tecnológicas o *Big Tech* (Google, Facebook, Apple, Amazon y Microsoft), estarían verdaderamente en disposición de liderar el gran rei-

---

[41] Estos diecisiete objetivos son: 1.- Poner fin a la pobreza en todas sus formas en todo el mundo. 2.- Poner fin al hambre. 3.- Garantizar una vida sana y promover el bienestar de todos a todas las edades. 4.- Garantizar una educación inclusiva y equitativa de calidad y promover oportunidades de aprendizaje permanente para todos. 5.- Lograr la igualdad de género y empoderar a todas las mujeres y las niñas. 6.- Garantizar la disponibilidad y la gestión sostenible del agua y el saneamiento para todas las personas. 7.- Garantizar el acceso a una energía asequible, segura, sostenible y moderna. 8.- Promover el crecimiento económico inclusivo y sostenible, el empleo y el trabajo decente para todos. 9.- Construir infraestructuras resilientes, promover la industrialización sostenible y fomentar la innovación. 10.- Reducir la desigualdad en y entre los países. 11.- Lograr que las ciudades sean más inclusivas, seguras, resilientes y sostenibles. 12.- Garantizar modalidades de consumo y producción sostenibles. 13.- Adoptar medidas urgentes para combatir el cambio climático y sus efectos. 14.- Conservar y utilizar sosteniblemente los océanos, los mares y los recursos marinos. 15.- Gestionar sosteniblemente los bosques, luchar contra la desertificación, detener e invertir la degradación de las tierras, detener la pérdida de biodiversidad. 16.- Promover sociedades justas, pacíficas e inclusivas. 17.- Revitalizar la Alianza Mundial para el Desarrollo Sostenible. Cfr., https://www.un.org/sustainabledevelopment/es/globalpartnerships/

nicio en sus diferentes vertientes económica, social, geopolítica, ambiental y tecnológica.

Paradójicamente, en este nuevo contrato social que afecta a la forma de vida de los individuos, quien fija los objetivos y marca las estrategias para conseguirlos es el WEF[42], esto es, una fundación que se presenta como imparcial y sin fines de lucro pero que solo admite como miembros a compañías con una facturación anual superior a cinco mil millones y personas con capacidad de satisfacer cada año unas cuotas astronómicas de membresía; una organización internacional para la colaboración global pública y privada creada por un economista que, curiosamente, también es miembro del Club Bilderberg, pero que carece de representatividad democrática y, por ende, de la legitimidad necesaria para autoinvestirse como árbitro en la colaboración del sector público y privado, ni menos aún como interlocutor de los casi ocho mil millones de individuos que pueblan la Tierra[43].

5. ¿ES EL CAPITALISMO DE LA VIGILANCIA UNA "DISTOPÍA ACADÉMICA"?

La presencia de los principios humanistas y valores liberales, democráticos, e iusracionalistas que inspiran el paradigma humanista y la doctrina de los derechos y las libertades es casi residual en la planificación socio-económica que se hace del gran reinicio por parte de los miembros del Consejo del Foro. Al margen de la proclamación solemne de algunos enunciados neutros y biensonantes acerca de la paz y de la necesidad de cooperación internacional en aras del desarrollo sostenible, de la mejora en la administración de nuestros recursos comunes globales o del aprovechamiento de las tecnologías

---

42 Consúltese el siguiente informe del WEF: *Principles for Strengthening Global Cooperation. January 2021.* http://www3.weforum.org//docs/WEF_Global_Action_Group_Principles_2021.pdf.

43 Consúltense los siguientes informes del WEF 2021: *The Global Risks Report 2021.* 16th Edition. www3.weforum.org/docs/WEF_The_Global_Risks_Report_2021.pdf; *Engaging Citizens for Inclusive Futures. Rebuilding Social Cohesion and Trust through Citizen Dialogues. March 2021.* www3.weforum.org//docs/WEF_Citizen_Perspectives_on_a_Just_Great_Reset_2021.pdf.

de la cuarta revolución industrial, el WEF se excusa en su condición de fundación "independiente, imparcial y no ligada a intereses concretos", para evitar pronunciarse sobre temas tan espinosos como la precaria situación de los derechos humanos en algunos de los países miembros de esta organización, la creciente situación de desamparo que sufren las personas pertenecientes a grupos vulnerables (especialmente las mujeres, los ancianos, los niños y las personas con discapacidad), la falta de una política global para gestionar las crisis migratorias, el impacto de las nuevas tecnologías en las sociedades modernas y en las instituciones democráticas o el desdibujamiento de la identidad del individuo en la nueva realidad digital creada por las cinco grandes corporaciones digitales que monopolizan la Red y copan los primeros puestos del ranking de la capitalización global. En suma, parafraseando a Martha Nussbaum, este proceso de deshumanización de los gobiernos, las empresas, las sociedades y el individuo en aras de la gestión macroeconómica global, que sigue los dictados de la mercadotecnia, de la estadística demoscópica y de la ingeniería social-transhumanista, no solo es causante de la erosión de la cultura democrática, sino que también es la razón principal del progresivo olvido de nuestra esencia humana (Nussbaum 2010: 76-77).

En relación con la deriva de la globalización y el capitalismo de mercado (compatibles ambos con la gobernanza global democrática) en la nueva era digital, Shoshana Zuboff ha alertado sobre el peligro que comporta la alianza establecida entre el transhumanismo tecnológico y un nuevo modelo de capitalismo (el capitalismo de la vigilancia). En el primer capítulo de su libro más reciente: *La era del capitalismo de la vigilancia* (2020), Zuboff aclara el significado y las implicaciones que tiene este concepto:

> El capitalismo de la vigilancia reclama unilateralmente para sí la experiencia humana, entendiéndola como una materia prima gratuita que puede traducir en datos de comportamiento. Aunque algunos de dichos datos se utilizan para mejorar productos o servicios, el resto es considerado como un *excedente conductual* privativo ("propiedad") de las propias empresas capitalistas de la vigilancia y se usa como insumo de procesos avanzados de producción conocidos como *inteligencia de las máquinas*, con los que se fabrican *productos predictivos* que prevén lo que cualquiera de ustedes hará ahora, en breve y más adelante. Por último, estos productos predictivos son comprados y vendidos en un nuevo

tipo de mercado de predicciones de comportamientos que yo denomino *mercados de futuros conductuales*. Los capitalistas de la vigilancia se han enriquecido inmensamente con esas operaciones comerciales, pues son muchas las empresas ansiosas por apostar sobre nuestro comportamiento futuro (Zuboff 2020: 21).

Zuboff considera que el neoliberalismo económico y el capitalismo de la vigilancia mantienen una comunidad de intereses que se visibiliza cada año en el Foro Económico Mundial de Davos. En su repuesta a esta crítica, Schwab despacha displicentemente la hipérbole de Zuboff sobre la reinvención de los clientes como fuentes de datos de las grandes compañías tecnológicas calificando su libro *The Age of Surveillance Capitalism* (2019) como una distopía académica (Schwab 2020: 186).

Sin embargo, esta sustitución de la política por una planificación tecnocrática y de ingeniería social para la toma de decisiones colectivas no es nueva; en realidad entronca con las teorías conductistas e instrumentalistas de Burrhus F. Skinner y Alex Pentland. Según Zuboff, tanto Skinner como Pentland creen en la autoridad de los utopistas para imponer su planificación de una sociedad instrumentalizada y controlada totalmente por los medios de modificación conductual.

La sociedad ideal la concibe Skinner como una colmena que debe monitorizarse y afinarse por un grupo "no competitivo" de "planificadores" en pos de la consecución de un bien superior y del debido funcionamiento de la comunidad (Skinner 2005: 218-219). No se dice cuál es ni quién decide ese bien superior al que está orientada ese superorganismo social, en cualquier caso, observa Zuboff, este giro que nos lleva a la sociedad enjambre, y de los individuos a los organismos,

> es la piedra angular sobre la que se sostiene la estructura de una sociedad *instrumentaria* (Zuboff 2020: 579)[44].

Por su parte, Pentland reelabora la utopía conductista de Skinner en *Social Physics* (2014), libro en el que replantea el concepto de progreso a través del "principio de la influencia social", de acuerdo

---

[44] El subrayado del término "instrumentaria" es de Albino Santos Mosquera, el traductor español de la obra de Shoshana Zuboff.

con la ley esencial de la nueva física social (Pentland 2014: 10-11). Esta influencia social que presiona y redirige la conducta social del individuo encuentra precisamente en las redes sociales el entorno adecuado para estimular tantos los patrones de influencia como los vectores de imitación que se desean implementar en aras del bien común. En esa sociedad instrumentaria, que funciona orgánicamente como un enjambre de inteligencia en red, y que se basa en la instrumentación y medición ubicuas de la conducta humana en interés de la modificación, el control y el lucro económico, el capitalismo de la vigilancia impone fácilmente su hegemonía comercial aprovechando las ventajas que le ofrece el mundo conectado en Red (Altshuler-Pentland-Bruckstein 2018: 1-14).

Según el principio de eficiencia social enunciado por Pentland, es posible aspirar a una inteligencia colectiva al servicio de un bien superior; en este sentido, el flujo de ideas y el aprendizaje social tanto por la imitación como por la presión social que ejerce la comunidad sobre el individuo permitirían establecer unas leyes de la conducta social (física social) comparables a las leyes de la física (Pentland 2011: 7). En última instancia, llevar hasta las últimas consecuencias los postulados de la teoría de la sociedad instrumentaria supondría la disolución del individuo en el colectivo. A mi juicio, la propuesta de Pentland no solo implica el sacrificio de dos ideas fundantes de la democracia liberal, como son la libertad individual y la autonomía de la voluntad, o el restablecimiento de la noción orgánica de sociedad antaño defendida por los regímenes autoritarios y corporativos (es decir, la sociedad entendida como un ordenado concurso de pareceres), sino que iría incluso más allá de los límites del concepto de solidaridad orgánica de Émile Durkheim en el que, aunque prevalece la perspectiva holista, al menos mantiene la vinculación entre el individuo y la comunidad, tratando de conjugar autonomía e integración (De Lucas 1994: 23).

Por último, Pentland considera que el flujo e intercambio de macrodatos en la Red nos permite ver la sociedad en toda su complejidad; es más, en un alarde de optimismo tecnologicista se atreve a hacer el siguiente pronóstico:

> En pocos años, es probable que tengamos ya disponibles datos increíblemente detallados (¡y continuos!) sobre el comportamiento de la

> práctica totalidad de la humanidad. De hecho, en su mayoría, estos datos ya existen (Pentland 2014: 10-11).

En función de la velocidad con la que se produzca la transición de la sociedad liberal al modelo de sociedad instrumentaria, concluye Pentland, llegaremos al conocimiento total mediante la aplicación de las leyes de la física social y la concentración de los megadatos que suministran los individuos a las compañías que monopolizan los recursos y la capitalización de los bienes y servicios del espacio digital. Esta estrategia de control social impulsada por los mercaderes de datos y el capitalismo de la vigilancia converge con la estrategia transhumanista, uno de cuyos principales objetivos, una vez llegados al momento de la singularidad tecnológica, es el volcado de todos los datos del conocimiento humano en un superordenador (la eternidad de la mente humana a través de la IA.

Siguiendo esta misma línea argumentativa, tan característica del transhumanismo tecnológico, Yuval Noah Harari revela que el valor supremo de la religión *dataísta* (*data religion*) de la que es un reciente converso es precisamente el flujo de datos (*data flow*). Para el dataísmo los seres humanos no son más que herramientas útiles para crear algún día un Internet de todas las cosas (*an Internet-of-All-Things*) que conecte todas las cosas del universo. En ese futuro dataísta imaginado por Hariri el *Homo sapiens* quedaría obsoleto y el humanismo liberal —cuyo proyecto de vida está basado en la singularidad, el libre albedrío y la conciencia de cada individuo— perdería su sentido (Harari 2017).

Con independencia del sesgo ideológico del trabajo de Shoshana Zuboff, y a la vista de las consecuencias que puede producir el desgaste de los Estados de Derecho, la sustitución de la política por la física social, y la crisis de la gobernanza global democrática a causa de la paulatina concentración del poder en manos de las oligarquías tecnocráticas y las *Big Techs*, tal vez podamos convenir que las conclusiones del estudio de Zuboff apuntan más bien a un inquietante futuro que a una simple distopía académica. En este sentido, el mejor contrapeso que pueda ponerse ante el modelo de globalización transhumanista y frente al capitalismo de la vigilancia tal vez sea el que apuesta por reforzar la gobernanza global democrática, en el marco de las instituciones y organismos internacionales como regionales como la Unión Europea que se ha situado a la vanguardia de la creación de un marco jurídico específico sobre IA que, tal vez, podría servir de referencia para otras organizaciones regionales parangonables.

A propósito de la necesidad de apostar por una gobernanza y unas instituciones democráticas compatibles con un capitalismo global que no lesione los derechos humanos, Thomas Piketty ha reconocido que:

> Para retomar el control del capitalismo, verdaderamente no hay más opción que apostar por la democracia hasta sus últimas consecuencias (Piketty 2014: 573).

6. CONJURANDO EL RIESGO GLOBAL DE UNA TECNOCRACIA DIGITAL: EL DESARROLLO TECNOLÓGICO SOSTENIBLE EN EL MARCO DE LA UNIÓN EUROPEA

Un nuevo *corpus iuris digitalis* parece que está conformándose en el seno de la Unión Europea, que tiene ante sí el reto de aprovechar las ventajas de las tecnologías de IA para ganar en competitividad económica, e impulsar la prosperidad y el bienestar de sus ciudadanos, en un entorno neotecnológico seguro, fiable y compatible con los valores y principios que inspiran la Carta de los Derechos Fundamentales de la Unión Europea. Precisamente en esta dirección apunta el acuerdo sobre la Ley de Inteligencia Artificial al que llegaron la Comisión y el Parlamento Europeo el 8 de diciembre de 2023 (por cierto, el primer marco jurídico de IA de la historia) que posiciona a Europa en una lugar aventajado para desempeñar un papel de liderazgo a nivel mundial en este ámbito, y que sirva también para generar confianza en los usuarios de las aplicaciones de IA, para establecer mecanismos de control a las aplicaciones de IA de alto riesgo, para reforzar la seguridad, y garantizar los derechos de las personas y las empresas[45].

---

[45] Tiene su origen en la Propuesta de Reglamento de la Comisión Europea sobre un enfoque europeo de Inteligencia Artificial, de 21 de abril de 2021, COM (2021) 206 final.

Entre los principales textos e iniciativas normativas aprobados por las instituciones de la Unión Europea (UE) que han ido conformando el marco jurídico común para una ética de la IA, destacan: el Reglamento relativo a la protección de las personas físicas, en lo que respecta al tratamiento de datos personales y a la libre circulación de estos datos; la Estrategia Europea de Datos; el Libro Blanco sobre la IA (que a mi parecer podría considerarse la Carta Magna para la ética de la IA); las Directrices éticas para una IA fiable elaboradas por el Grupo independiente de expertos de alto nivel, hasta llegar al acuerdo sobre la Ley de la IA entre el Parlamento Europeo y el Consejo sobre los principios éticos para el desarrollo, el despliegue y el uso de la IA, la robótica y las tecnologías conexas, con el fin de garantizar la aplicación homogénea en todo el territorio de la UE de dicho marco regulador compuesto de principios éticos aplicables a cualquier tecnología de IA.

En relación con la necesaria regulación de una ética de la IA responsable, sostenible y respetuosa con los derechos fundamentales, se ha planteado cómo reforzar la eficacia de la normativa europea para embridar los posibles de la IA de riesgo, como sucede, por ejemplo, con las decisiones algorítmicas discriminatorias (Zuiderveen Borgesius 2020: 1-22).

A este respecto, a fin de coadyuvar a las autoridades encargadas de velar por el cumplimiento de los principios éticos recogidos por la propuesta de Reglamento, sería preciso arbitrar un régimen sancionador al que acudir ante eventuales incumplimientos. Este es el camino que parece haber emprendido la Comisión Europea al presentar su propuesta reguladora del mercado digital, concretamente con la Ley de Servicios Digitales[46] y la Ley de Mercados Digitales[47], provistas ambas de medidas y sanciones con el triple objetivo de frenar el monopolio y el abuso de poder de las grandes compañías tecnológicas,

---

46 Propuesta de Reglamento del Parlamento Europeo y del Consejo, de 15 de diciembre de 2020, titulada: mercado único de los servicios digitales (Ley de servicios digitales) y por la que se modifica la Directiva 2000/31/CE, COM (2020) 825 final.

47 Propuesta de Reglamento del Parlamento Europeo y del Consejo sobre mercados impugnables y justos en el sector digital (Ley de Mercados Digitales), de 15 de diciembre de 2020, COM (2020) 842 final.

proteger los derechos digitales de los ciudadanos, y establecer condiciones equitativas para fomentar la innovación y la competitividad.

Por su parte, el Parlamento también ha pedido normas preparadas para el futuro sobre los servicios digitales, incluidas las plataformas y los mercados en línea, y un mecanismo vinculante para abordar los contenidos ilegales en línea. Básicamente, esta petición pretende hacer de Internet un espacio más seguro para los consumidores, y conseguir que éstos dependan menos de los algoritmos, mediante una regulación más estricta de la publicidad dirigida, para que ésta sea menos intrusiva, requiera menos datos y no precise de la interacción previa del usuario con el contenido.

Pese a su condición de *soft law* (entendido como un conjunto de disposiciones o actos jurídicos sin fuerza vinculante obligatoria, aunque no por ello carentes de consecuencias jurídicas o, al menos de cierta relevancia jurídica) la virtud principal que posee este importante acervo documental sobre los principios éticos de la IA como tecnología estratégica, es que ésta puede ser aplicada tanto a las empresas como a los ciudadanos y la sociedad en su conjunto, siempre y cuando sea antropocéntrica, ética y sostenible, y respete los derechos y valores fundamentales.

Capítulo 6

INTELIGENCIA ARTIFICIAL, DISCRIMINACIÓN Y SESGOS ALGORÍTMICOS

1. INTRODUCCIÓN

La confianza que hay, en general, en la *supuesta perfección* de la toma de decisiones automatizadas basadas en el uso de algoritmos y en la infinidad de datos y perfiles de los ciudadanos que se acumulan e interconectan en los sistemas gestores de bases de datos, y que permiten, en muchos casos, el libre acceso a los mismos de forma rápida y estructurada, parte de la presunción de la superior fiabilidad y perfectibilidad de los sistemas de IA en comparación con la gestión humana de la información y los datos sensibles de las personas, sometida al escrutinio de las instituciones y organismo públicos encargados de velar por el respeto del principio de transparencia y la protección de datos de la ciudadanía, especialmente en el mundo digital.

Sin embargo, la presunción de infalibilidad de la IA y las nuevas tecnologías se topa con la realidad del uso de los algoritmos que en ocasiones es manifiestamente *perfectible* sobre todo por la presencia de sesgos discriminatorios que pueden conducir a la toma de decisiones injustas. Dicho esto, conviene advertir que los algoritmos son un conjunto de reglas predefinidas para resolver con precisión un problema, para ello son diseñados y desarrollados por los programadores informáticos; por lo tanto, en la medida que establecen pasos que deben seguirse para llegar a una solución, actúan como criterios-guía dentro del procedimiento de resolución de una serie de problemas que han sido previamente identificados, pero no poseen conciencia ni voluntad propia (contra lo que parecen creer algunas personas no iniciadas en informática cuando hacen especulaciones, tal vez con excesiva credulidad y confianza, en torno a las posibilidades del aprendizaje automático de las máquinas: *machine learning*), ni son capaces, con independencia de su grado de sofisticación, de discriminar por sí mismos a través de sesgos.

Es cierto que las decisiones automatizadas son perfectibles, como se ha comentado, y por supuesto, son también falibles, en la medida que no están exentas del factor error ni libres de sesgos, pero la posibilidad de fallar en el cálculo matemático y la predicción basada en la correlación de datos es menor en la máquina que en el operador humano; del mismo modo, la presencia de sesgos a lo largo del proceso de cálculo y la resolución del problema es técnicamente menor que el nivel de prejuicios con el que, a veces de manera inconsciente, suele razonar y juzgar el ser humano. En resumidas cuentas, si hay presencia de sesgos en la programación de los algoritmos es porque en este proceso se reflejan los estereotipos y los cánones dominantes dentro de un determinado contexto socio-político, ético e histórico.

La Agencia de los Derechos Fundamentales de la Unión Europea (cuyo acrónimo en Inglés es FRA) ha confirmado en un informe reciente que en sí mismo el sesgo y la discriminación de él resultante están omnipresentes en la sociedad, arraigados en dinámicas psicológicas, sociales y culturales, y por tanto, que el sesgo es un reflejo de los datos y textos que se utilizan para desarrollar modelos de IA. El citado informe concluye que el uso de algoritmos para apoyar los procesos de toma de decisiones suele presentarse como racional y neutral, pero en realidad las máquinas y la tecnología no son neutrales, porque son desarrolladas y utilizadas por seres humanos. Por eso, cuando hay prejuicios en la toma de decisiones humanas, éstos pueden transferirse perfectamente a las máquinas, y si no se corrigen, entonces las decisiones pasarán al *big data que alimentará a los futuros algoritmos,* con lo cual se terminará cronificando el sesgo (Cotino Hueso 2023: 284)[48].

---

[48] Cfr., "Bias in Algorithms - Artificial Intelligence and Discrimination", Viena 2022, p. 17. Disponible en: https:// fra.europa.eu/en/publication/2022/bias-algorithm

Esta observación respecto a la causa antropogénica del sesgo algorítmico no es óbice para admitir que la predicción de la IA es susceptible de ser errónea porque está basada en un modelo matemático que puede estar mal construido o incluso estar fundada en datos desactualizados que nada tienen que ver con la realidad del momento presente en que se desea resolver el problema para el que fue diseñado el algoritmo. El problema realmente se plantea cuando las predicciones algorítmicas no pueden ser verificadas, porque la fe en la infalibilidad del algoritmo puede conducir a un injustificado exceso de confianza que acabe produciendo resultados indeseados, si no catastróficos (Huergo Lora 2020: 32-33).

Por lo general, el sesgo es involuntario: los desarrolladores, los usuarios y otras personas implicadas, como la dirección de la empresa, no suelen prever los efectos discriminatorios contra determinados grupos o individuos. Según Mark Coeckelbergh, esto puede deberse a que no entienden bien del todo el sistema de IA; dicho en otros términos: la imprevisión de las consecuencias de los sesgos es debida en parte a que los programadores, desarrolladores, usuarios..., no son plenamente conscientes del problema de los prejuicios, ni tan siquiera de sus propios prejuicios; es decir, por decirlo de forma más genérica, estos sujetos no imaginan ni han reflexionado lo bastante sobre las posibles consecuencias imprevistas de la tecnología, ni están en contacto con algunas partes interesadas (*stakeholders*).

Uno de los aspectos más problemáticos de las decisiones sesgadas es que pueden tener graves consecuencias, por ejemplo, en una cuestión tan importante como la del acceso a recursos y libertades: las personas podrían no conseguir un trabajo, ni obtener un crédito, acabar en prisión o incluso sufrir violencia. Pero esta problemática no solo afecta a los individuos, de hecho también podrían verse afectadas por las decisiones sesgadas comunidades enteras: imaginemos una de estas dos hipótesis (o incluso la coincidencia ambas a la vez): en primer lugar, un distrito entero de una ciudad en el que la mayoría de los vecinos tienen un bajo nivel de renta y un alto porcentaje de desempleo; en segundo lugar, el perfilado de todas aquellas personas con un origen étnico determinado como delincuentes potenciales que comportan un alto riesgo para la seguridad ciudadana (Coeckelbergh 2020: 126-127).

La rápida penetración de la IA en la sociedad no ha ido acompañada, sin embargo, de una investigación exhaustiva sobre los problemas sociopolíticos que hacen que ciertos grupos de personas vulnerables se vean perjudicados en lugar de beneficiados por ella. Los desarrolladores de los algoritmos realizan una labor técnica a partir de un problema identificado para cuya solución creará un algoritmo específico haciendo uso de ecuaciones matemáticas, herramientas de software o representaciones visuales de funciones de código. En este sentido, si tenemos en cuenta que los desarrolladores de los algoritmos son las mentes que están detrás de las ecuaciones con las que funcionan las computadoras resulta esencial conocer el proceso de razonamiento que siguen para comprender los prejuicios que puedan surgir tanto en la construcción de los algoritmos como en el proceso decisional algorítmico (Floridi 2022: 159).

Algunos autores consideran que en el ámbito del desarrollo de los algoritmos el pensamiento dominante es el *formalismo algorítmico*, que se caracteriza por la adhesión a reglas y formas prescritas, y que pretende que las decisiones basadas en cálculos y previsiones algorítmicas sean lo más neutrales y precisas posibles; ahora bien, por otro lado, este proceso de razonamiento analítico tiende a soslayar la complejidad de la realidad social contemporánea e incluso pueden contribuir a consolidar situaciones estructurales de desventaja que afectan a algunos colectivos sociales especialmente vulnerables (Green, Viljoen 2020: 20-21).

Por motivos como los que se acaban de mencionar, un número creciente de estudios se muestra contrario al empleo de instrumentos de evaluación del riesgo basados en algoritmos en el ámbito judicial o policial. En este sentido, basta pensar, por ejemplo, en el algoritmo COMPAS (acrónimo inglés de *Correctional Offender Management Profiling for Alternative Sanctions*), que sirve a los jueces en el momento de dictar sentencia en la medida que realiza cálculos de probabilidades de comisión de delitos o de reincidencia de una persona a partir de su historial delictivo (Barona Vilar 2021a: 39).

Sin embargo, este algoritmo ha suscitado no pocas controversias respecto a la proporcionalidad de las condenas que propone y a la consiguiente vulneración del derecho al debido proceso, como sucedió en el caso de Eric Loomis, quien tras declararse culpable de la conducción de un vehículo sin permiso con la esperanza de no ingresar en prisión, vio frustrada su expectativa de obtener al menos la libertad condicional cuando el Fiscal del Estado de Wisconsin presentó un informe elaborado con el programa COMPAS en el que se concluía que el condenado representaba "un alto riesgo para la comunidad" que fue decisivo para que el juez le impusiera una condena de seis años de prisión y otros cinco de libertad vigilada.

La distopía futurista del algoritmo que permite prevenir *ex ante* la comisión de delitos en el futuro o la resolución *ex post* de delitos pasados, tal como sucedía en la película de Steven Spielberg *Minority Report* (2002), parece haberse hecho realidad en el Reino Unido con el algoritmo HART (Harm Assesment Risk Tool), diseñado por la policía de Durham para predecir el grado de riesgo que tiene un sospechoso de cometer delitos en un periodo de dos años a efectos de aplicar una medida privativa o privativa de libertad. Este programa hace un perfilado del individuo utilizando datos de treinta y cuatro categorías distintas, entre ellas, edad, sexo, domicilio, antecedentes penales, profesión, estado civil... (Barona Vilar 2021a: 39-40; Miró Llinares 2018: 100).

Pero, además de la polémica surgida alrededor de la fiabilidad de los informes de los algoritmos COMPAS y HART ante la falta de garantías jurídico-procesales, también se ha abierto un debate ético-jurídico debido a que contiene sesgos raciales conducentes a falsos positivos. De hecho, una investigación publicada el 23 de mayo de 2016 en *ProPublica* reveló que los algoritmos informáticos basados en el aprendizaje automático que evalúan las tasas de reincidencia delictiva en Estados Unidos presentan sesgos contra de los afroamericanos. Incluso el que fuera Fiscal General de los Estados Unidos, Eric Holder, ya había advertido dos años antes, en 2014, que los algoritmos estaban introduciendo sesgos que podían ser determinantes en las sentencias de los tribunales de justicia (Angwin, Larson, Mattu, Kirchner 2016).

Desde un punto de vista epistemológico, el cultivo de la ciencia siempre se ha considerado como el método más objetivo en la búsqueda de la verdad. Análogamente, como ya se ha señalado, se tiende a creer que la tecnología es intrínsecamente neutral y que los productos científico-tecnológicos fabricados por quienes representan sólo una parte de la población mundial pueden ser utilizados por cualquier persona del mundo. Esta presunción también se extiende a la Inteligencia Artificial, que no es en modo alguno una excepción. Sin embargo, a pesar de que el paradigma popular contemporáneo está cambiando, hasta ahora, el dominio de aquellos que son la raza/ etnia más poderosa en su lugar (por ejemplo, los blancos en Estados Unidos, la etnia Han en China, etc.), combinado con la concentración de poder en unos pocos lugares del mundo, ha dado como resultado una tecnología que puede beneficiar a la humanidad pero también ha demostrado (intencionadamente o no) que puede discriminar sistemáticamente a aquellos que ya están marginados (Gebru 2020: 253).

2. SESGOS ALGORÍTMICOS, DECISIONES AUTOMATIZADAS E INTELIGENCIA ARTIFICIAL MORAL

En 2020 se estrenó *Coded Bias* [*Sesgo codificado*] en el Festival de Cine de Sundance, un documental dirigido por Shalini Kantayya que trata sobre los sesgos algorítmicos y la falta de un marco regulador de las tecnologías de la IA, lo cual propicia la violación de los derechos humanos. Este documental plantea sobre todo un dilema complejo: en la sociedad contemporánea los sistemas de IA gobiernan y controlan nuestras vidas cotidianas, y cada vez son más las decisiones automatizadas basadas en el *machine learning* y el *deep learning* de los algoritmos sobre atención sanitaria, promoción de vivienda, seguros, educación, empleo, seguridad ciudadana o economía; sin embargo, no puede soslayarse el hecho de que los prejuicios por razón de edad, sexo y raza están profundamente arraigados en muchos de estos sistemas de IA (Shaw 2019).

Al principio de *Coded Bias*, la investigadora predoctoral en el Media Lab del MIT y especialista en IA Joy Boulamwini descubre, en 2015, cómo el software de reconocimiento facial del proyecto de arte en el que trabajaba no reconocía su rostro. Bowlamwini demuestra que hay sesgos de sexo y raza en los algoritmos con los que opera la computadora (cuyo patrón dominante es el de los varones adultos y blancos), y que no detecta a las personas afroamericanas como ella. Para cerciorarse de la veracidad de esta sospecha la investigadora se coloca sobre su cara una máscara blanca y comprueba que en ese caso la computadora sí reconoce su rostro, sin embargo, cuando se vuelve a quitar su máscara el software de reconocimiento facial vuelve a quedarse mudo. Un año después Boulamwini fundaría en Cambridge (Massachusetts) la *Algorithmic Justice League* para concienciar precisamente a la sociedad sobre los riesgos y los sesgos algorítmicos que puede comportar el uso de la IA (Gibson 2021).

Es conveniente advertir que los sesgos no están en realidad en los algoritmos, que en teoría podrían ser herramientas útiles para reducir los sesgos en lugares donde es habitual encontrarlos, sino en los datos subyacentes utilizados para el entrenamiento de los algoritmos en su proceso de aprendizaje: si un algoritmo judicial está entrenado en juicios históricos que son desfavorables hacia los miembros de una determinada etnia replicará ese sesgo y aplicará un castigo más severo a los miembros de dicha etnia. Las decisiones automatizadas también resultan discriminatorias cuando un determinado grupo demográfico está infrarrepresentado en el conjunto de datos de entrenamiento (por ejemplo, un sistema de reconocimiento de voz entrenado con un banco de datos en el que tiene desproporcionadamente menos voces de mujeres que de hombres, menos registros de las voces de personas ancianas que de personas jóvenes, etc...) (Presno Linera 2022: 66).

Un estudio reciente del Servicio de Estudios del Parlamento Europeo (cuyo acrónimo en Inglés es EPRS) subraya que, como la IA está creada por humanos, puede ser susceptible de sesgo. Este sesgo "se produce con mayor frecuencia cuando las aplicaciones de aprendizaje automático se entrenan con datos que sólo reflejan determinados grupos demográficos, o que reflejan sesgos sociales". El mismo estudio destaca el reto adicional de que las aplicaciones de IA son a menudo "cajas negras", lo que hace imposible que el consumidor juzgue si los datos utilizados para entrenarlas son justos y representativos, lo que a su vez hace que los sesgos sean difíciles de detectar y mitigar[49].

Desde un punto de vista técnico, es más fácil resolver el problema de los algoritmos entrenados con datos sesgados que combatir los

---

49 Cfr., "STOA Annual Report 2020", Bruselas, julio 2021. Disponible en: https://www.europarl.europa.eu/cmsdata/238583/EPRS_STUD_690037_STOA_Annual_Report_2020_final.pdf

prejuicios enmascarados de las personas encargadas del diseño del algoritmo y del procesamiento y selección de datos. Los algoritmos aprenden los patrones persistentes que están presentes en los datos de entrenamiento, por eso resulta factible solucionar los errores en los datos del entrenamiento algorítmico.

Algunos expertos en *machine learning* han hecho propuestas concretas para reducir la presencia de sesgos en los valores humanos que están implicados en la codificación y recolección de datos utilizados para entrenar a los algoritmos que influyen en las decisiones automatizadas, por ejemplo: hacer uso del conjunto de datos de entrenamiento más representativos de la problemática que desea solucionarse con el algoritmo; otra propuesta es la eliminación de las características del conjunto de datos que se pueden utilizar en el proceso de elaboración de patrones de identificación de género, edad y raza; también se plantea la modificación de la base de datos a través de la ingeniería de caracteres y etiquetados para hacer que se reduzca el número de sesgos de género, edad y raza; disolver las etiquetas relacionadas con el género y la raza en el conjunto de datos mediante la reproducción aleatoria; aumentar el banco de datos para precisar la información de los algoritmos (*sesgo de incertidumbre*); y crear modelos más explicables, estadísticamente verificables y transparentes, es decir, en los que no haya tantos algoritmos "de caja negra" y codificados en los motores de búsqueda (Gupta, Krishnan 2020).

Para el pleno entendimiento de los efectos positivos y negativos de la IA es necesario comprender mejor su integración en las decisiones de la vida real. En este sentido, algunos investigadores especializados en *machine learning* y *deep learning* han diferenciado cinco partes en las decisiones automatizadas: predicción, juicio, acción, resultado y datos, y precisamente la primera de esas cinco partes, la predicción, está hecha a medida del aprendizaje automático o profundo. De ahí que varios autores hayan pronosticado que, "a medida que las máquinas de predicción hagan predicciones cada vez mejores, más rápidas y baratas, el valor del juicio humano aumentará porque necesitaremos más de él" (Agrawal, Gans, Goldfarb 2018: 82).

Al alejarnos de la ilusión de que la máquina o el modelo de aprendizaje profundo está tomando una decisión totalmente formada, es posible apreciar las partes que la componen. Al hacerlo, se revelan los sistemas humanos, a menudo invisibles, necesarios para desplegar la IA, incluyendo, por ejemplo, quién y qué se incluye o excluye de los conjuntos de datos que la impulsan, las estructuras políticas y sociales que la rigen y las personas que se ven afectadas por ella (Agarwal, Mishra 2021: 41). Al ser la toma de decisiones en materia de IA una operación realizada entre sistemas humanos y técnicos es preciso examinar los contextos sociales y morales en los que se insertan los modelos de aprendizaje automático o profundo (Finlay, Takeda 2021: 69).

Existe una cierta *communis opinio* en la doctrina, compartida incluso una parte del transhumanismo, que asume el hecho de que la Inteligencia Artificial nunca será infalible, ni siquiera cuando se realice el hipotético escenario de la singularidad tecnológica, es decir, cuando llegue el día en que la IA supere a la inteligencia humana media. Ahora bien, para ayudar a los agentes de la Administración pública y de Justicia que diariamente juzgan y toman decisiones que tienen una repercusión social y moral Julian Savulescu propone la implantación de una IA débil —el uso de la IA fuerte para modificar el comportamiento humano probablemente acabaría socando la libertad humana— que no implique la creación de nuevos agentes ni socave la libertad humana, sino que recopile, calcule y actualice datos para ayudar a los agentes humanos en su toma de decisiones morales (alertándoles sobre posibles influencias y sesgos, sugiriendo estrategias para mejorar estas influencias y sesgos, y aconsejando al agente sobre determinadas líneas de actuación a petición suya). Estos datos comprenderán información sobre el agente individual y su entorno, sus principios y valores morales, y sobre los sesgos cognitivos comunes que afectan a la toma de decisiones morales importantes (Savulescu-Persson 2012: 399-421).

En un mundo tecnologizado como el nuestro, cada vez más interconectado digitalmente y globalizado, una IA débil capaz de supervisar, informar y asesorar sobre el comportamiento moral podría ayudar a los agentes humanos a superar algunas de las limitaciones inherentes a la toma de decisiones. Según Julian Savulescu una IA de este tipo podría controlar los factores físicos y ambientales que afectan a la toma de decisiones morales, sería capaz de identificar a los agentes y hacerles conscientes de sus prejuicios, y podría aconsejar a los agentes sobre el curso de acción correcto, basándose en los valores morales del agente.

Una objeción común al concepto de mejora moral a través de la IA débil es que puede encubrir una intencionalidad mejorativa de la humanidad (en el sentido transhumanista del término, es decir, entendido como un salto cualitativo en la especie humana). A este respecto, Julian Savulescu considera que, puesto que no se puede llegar a un acuerdo sobre una única explicación de la acción correcta, el proyecto de mejora moral estaría, en principio, condenado al fracaso. Ahora bien, señala este autor, aunque la perspectiva mejorativa puede suponer un problema ético en algunas intervenciones biomédicas, lo cierto es que una IA moral adaptada al agente no sólo preservaría el pluralismo de valores morales, sino que también mejoraría la autonomía del agente ayudándole a superar sus limitaciones psicológicas naturales. De este modo, la IA moral tiene una ventaja sobre otras formas de mejora moral biomédica (Savulescu-Maslen 2015: 79).

Para ilustrar el potencial de la IA moral que propone Savulescu para mejorar los juicios y decisiones morales de un agente, podría describirse un prototipo de IA moral que tiene funcionalidad continua y específica de la situación. Como observador continuo del agente y su entorno, la IA moral alerta al agente de características de su propia fisiología, estados mentales o entorno, excluyendo el comportamiento y disposiciones de otros agentes, que podrían afectar al juicio moral y/o al comportamiento; en otras palabras, la IA moral monitorizaría el entorno moral.

Por otro lado, como observador continuo del comportamiento del agente, la IA moral podría alertarle de cualquier objetivo moral (fijado por él mismo) que se hubiera fijado o que pudiera no alcanzar si no actúa de una determinada manera; es decir, la IA serviría en este caso como una suerte de entrenador u organizador moral.

Por último, cuando se tratase de decisiones morales concretas, la IA moral conduciría al agente a través de consideraciones morales concretas y le ayudaría a que fuera consciente de los prejuicios específicos de la situación; esto es, la IA funcionaría en este caso como sensor moral. Dependiendo de la categoría de la elección o el dilema, la IA también podría incitar al agente a considerar medidas concretas para reducir el sesgo o cualquier *input* o influencia externa irrelevante. Un ejemplo de esto se daría en las decisiones de justicia/ equidad (Savulescu-Maslen 2015: 79).

Se ha podido demostrar, en definitiva, que el género puede tener una influencia distorsionadora en la toma de decisiones: en este sentido, según se ha podido demostrar en un estudio reciente sobre música y género, la actuación de mujeres pianistas se juzga menos virtuosa que la de los hombres pianistas cuando su género es "visible". A este respecto, la IA podría incitar a los agentes que tienen que tomar decisiones sobre justicia con imparcialidad a mitigar los prejuicios de género soslayando o velando el sesgo del género siempre que sea posible (Savulescu-Maslen 2015: 88).

3. ALGORITMOS Y NO-DISCRIMINACIÓN: UN MARCO REGULATORIO

A propósito de la IA moral, la no-discriminación y el respeto a la igualdad que se exige en el diseño de los algoritmos Nuria Belloso se plantea si tal vez tendría sentido preguntarse por la justicia y/o equidad y/o equidad de los algoritmos en el proceso de aprendizaje automático. La dificultad de la respuesta a esta pregunta estriba en el hecho de que, como advierte Belloso, se trata de categorías que no son exclusivamente jurídicas, pues esencialmente son nociones morales. Por eso, señala esta autora, habría que establecer en qué modelos de algoritmos se producen sesgos, también habría que medirlos e identificarlos, lo cual requeriría establecer y determinar antes los principios éticos que hay detrás de cada definición (Belloso 2022: 53-54).

Entre las declaraciones internacionales sobre los principios éticos de la IA, Luciano Floridi (2022: 94-95) ha destacado algunas que, a su juicio, serían las más influyentes hasta ahora en la definición del marco ético-jurídico de la IA; estas serían las tres principales:

- Los *Principios de Asilomar*, un conjunto de 23 principios desarrollados bajo los auspicios del Future Life Institute, en colaboración con los participantes en la Conferencia Asilomar que se celebró en Pacific Grove (California) en enero de 2017. Estos principios hacen referencia, entre otras cuestiones, a la seguridad y la protección, la transparencia y la responsabilidad, el desarrollo y uso de las tecnologías de IA de forma justa y equitativa, y por supuesto, también a la garantía de que los sistemas de IA se diseñen y operen sin daño ni discriminación de ningún individuo o grupo (es decir, que todos tengan acceso al uso y el beneficio de la IA).

- La *Declaración de Montreal para un desarrollo responsable de la Inteligencia Artificial* (2018) en la que se enuncian una serie de diez principios que sientan las bases para fomentar la confianza de la sociedad en los sistemas de IA. El sexto principio que se proclama en esta declaración es el de equidad, que precisamente en su primer apartado exhorta al diseño y el entrenamiento de los sistemas de IA de manera tal que "no creen, refuercen ni reproduzcan patrones de discriminación basados en diferencias sexuales, étnicas, culturales o religiosas, entre otras".
- La *Declaración sobre Inteligencia Artificial, robótica y sistemas "autónomos"*, publicada en marzo de 2018 por el Grupo Europeo sobre Ética de la Ciencia y las Nuevas Tecnologías de la Comisión Europea (en adelante, EGE), en el que se proponen un conjunto de principios éticos fundamentales y prerrequisitos democráticos, basados en los valores establecidos en los Tratados y en la Carta de derechos fundamentales UE: a) dignidad humana; b) autonomía; c) responsabilidad; d) justicia, equidad y solidaridad; e) democracia; f) Estado de Derecho y rendición de cuentas; g) seguridad, protección, e integridad física y mental; h) protección de datos y privacidad; i) sostenibilidad.

A diferencia de los Principios de Asilomar y de la Declaración de Montreal, en la Declaración de la EGE se hace referencia expresa en el apartado d) a los sesgos discriminatorios y se manifiesta que la IA debería contribuir a la justicia global y facilitar la igualdad de acceso a los beneficios y ventajas de la IA, la robótica y los sistemas "autónomos". De ahí que al final del primer párrafo de este cuarto parágrafo se proclame que:

> los sesgos discriminatorios en los conjuntos de datos utilizados para entrenar y ejecutar los sistemas de IA, deben evitarse. De no ser posible, estos sesgos deben ser detectados, notificados y neutralizados en la etapa más temprana del proceso.

Consciente de la necesidad de reconocer y regular el impacto de la IA en el sistema de derechos fundamentales, la Unión Europea se ha situado a la vanguardia en la creación de un marco jurídico específico sobre IA. En este sentido, el Parlamento Europeo aprobó una resolución, el 14 de marzo de 2017, sobre las implicaciones de los macrodatos en los derechos fundamentales: privacidad, protección de datos, no discriminación, seguridad y aplicación de la ley. En dicha resolución, que marcó un hito en el comienzo de la normativa de la Unión Europea sobre IA, se insiste precisamente en el hecho de que:

> los ciudadanos, los sectores público y privado, el mundo académico y la comunidad científica solo podrán aprovechar plenamente las perspectivas y oportunidades que brindan los macrodatos si la confianza pública en esas tecnologías se garantiza mediante la estricta observancia de los derechos fundamentales y el cumplimiento de la legislación vigente de la Unión en materia de protección de datos, así como la seguridad jurídica en relación con todas las partes interesadas.

A su vez, en el parágrafo 20 de esta misma resolución, el Parlamento insta a la Comisión, a los Estados miembros y a las autoridades encargadas de la protección de datos a que:

> definan y adopten las medidas que se impongan para minimizar la discriminación y el sesgo algorítmicos y a que desarrollen un marco ético común sólido para el tratamiento transparente de los datos personales y la toma de decisiones automatizada que sirva de guía para la utilización de los datos y la aplicación en curso del Derecho de la Unión[50].

La cuestión sobre la discriminación planteada en relación al uso de la IA ha sido un motivo de preocupación recurrente, tanto para el Parlamento como para la Comisión Europea, en la medida en que, como se indica en el trabajo de investigación del Comité de Expertos en Intermediarios de Internet (MSI-NET) publicado por el Consejo de Europa en marzo de 2018[51], puede conculcar derechos y liber-

---

50 Resolución del Parlamento Europeo, de 14 de marzo de 2017, *sobre las implicaciones de los macrodatos en los derechos fundamentales: privacidad, protección de datos, no discriminación, seguridad y aplicación de la ley* (2016/2225(INI)), parágrafos 1 y 20.

51 *Algorithms and Human Rights. Study on the Human Rights Dimensions of Automated Data Processing Techniques and Possible Regulatory Implications*, DGI (2017) 12,

tades fundamentales de los ciudadanos, por ejemplo: la libertad de expresión (que incluye el derecho a recibir y difundir información); la confidencialidad y la protección de los datos personales (un asunto que no es baladí si pensamos en la situación de vulnerabilidad en la que se encuentran los millones de usuarios de redes sociales y de información como Facebook o Twitter, que no solo utilizan e intercambian datos privados de sus usuarios, sino que también perfilan y construyen patrones para algoritmos que aíslan al usuario de la realidad seleccionando la información que recibe en función de sus gustos con burbujas de filtro (*filter bubles*), e incluso construyen sistemas "cerrados" o "cámaras de eco" (*eco chambers*), donde las visiones diferentes o alternativas a la postura oficial o mayoritaria son censuradas, están prohibidas o minoritariamente representadas (York 2010; Bucher 2012; Zuiderveen Borguesius et alt. 2016); el derecho a un debido proceso y a un juicio justo (aquí se apunta a la imparcialidad de la argumentación jurídica del juez asistido, y quién sabe, tal vez sustituido por la IA judicial en un futuro distópico; en cualquier caso, se quiere conjurar el riesgo de que los creadores y programadores del algoritmo lo utilicen para favorecer a una de las dos partes en litigio (Nieva Fenoll 2018: 130-131); o la protección de los consumidores (como resultado de la incorporación de datos y la elaboración de perfiles, los algoritmos y motores de búsqueda pueden dar una baja puntuación a la publicidad de pequeñas empresas localizadas en barrios humildes, lo cual les pone en una situación de desventaja en comparación con las grandes empresas que tienen su sede social residenciada en zonas de mayor nivel adquisitivo. Los motores y los algoritmos de búsqueda tampoco tratan a todos los usuarios por igual. Diferentes usuarios pueden ser presentados con distintos resultados, partiendo de patrones de comportamiento o de otro tipo que incluyen perfiles de riesgo personal que puedan ser desarrollados para realizar una "puntuación de seguro" basada en el crédito, es decir, que sean capaces de ofrecer diferentes precios para los mismos productos o servicios a diversos consumidores en función de su perfil)[52].

---

https://rm.coe.int/algorithms-and-human-rights-en-rev/16807956b5

52 A propósito de la situación de desventaja en la que los motores y algoritmos de búsqueda colocan tanto a algunas pequeñas empresas, como a las personas, discriminando por razones económicas, de edad, de salud o de género, el art.

En el concierto de las iniciativas legislativas internacionales sobre la regulación de la IA, el Parlamento Europeo (en adelante, PE) también ha sido pionero en la definición de un marco ético para la IA, la robótica u otras tecnologías conexas o relacionadas. Por cierto, una de esas primeras iniciativas, preparada por el eurodiputado español Ibán García del Blanco y aprobada por el PE el 20 de octubre de 2020, enuncia una serie de principios basilares a los que deberá atenerse cualquier ley sobre IA en el futuro, entre los que destaca, precisamente, el establecimiento de salvaguardias contra el sesgo y la discriminación.

Por otra parte, el art. 9 de la propuesta de Reglamento del Parlamento y del Consejo sobre los principios éticos para el desarrollo, el despliegue y el uso de la IA, la robótica y las tecnologías conexas se previene contra la creación de sesgos discriminatorios en los programas informáticos, los algoritmos y los datos. En este sentido, se propone la eliminación de dichos sesgos, en los conjuntos de datos en investigación y desarrollo, mediante la elaboración de normas sobre el tratamiento de datos y el control de calidad de ese conjunto de datos por las autoridades nacionales, que deben velar que éstos se adecúen, tanto a los principios éticos comunes citados anteriormente, como a los valores éticos de la equidad, la exactitud, la confidencialidad y la transparencia[53].

Por todo lo anteriormente expuesto, en la propuesta original de Reglamento del Parlamento Europeo y del Consejo por el que se establecen normas armonizadas en materia de IA (Ley de Inteligencia

---

70 del Reglamento (UE) 2016/679 del Parlamento Europeo y del Consejo, de 27 de abril de 2016, relativo a la protección de las personas físicas en lo que respecta al tratamiento de datos personales y a la libre circulación de estos datos, y por el que se deroga la Directiva 95/46/CE (Reglamento General de Protección de Datos), establece lo siguiente: "Si los datos personales son tratados con fines de mercadotecnia directa, el interesado debe tener derecho a oponerse a dicho tratamiento, inclusive a la elaboración de perfiles en la medida en que esté relacionada con dicha mercadotecnia directa, ya sea con respecto a un tratamiento inicial o ulterior, y ello en cualquier momento y sin coste alguno. Dicho derecho debe comunicarse explícitamente al interesado y presentarse claramente y al margen de cualquier otra información".

53 Resolución del Parlamento Europeo, de 20 de octubre de 2020, con recomendaciones destinadas a la Comisión sobre un marco de los aspectos éticos de la IA, la robótica y las tecnologías conexas (2020/2012 (INL)), puntos 27-33.

Artificial), y más concretamente en el marco del Título III sobre los sistemas de IA de alto riesgo y entre los requisitos contemplados para dichos sistemas en el Capítulo 2, dentro del artículo 14, dedicado a la regulación de la vigilancia humana, el apartado 4. b) advierte a las personas a quienes se encomiende la vigilancia de los sistemas de IA de alto riesgo de los peligros que puede entrañar la excesiva confianza en la información de salida generada por IA de alto riesgo ("sesgo de automatización").

En relación con la regulación de los sesgos y la discriminación causada por el mal uso de la IA, la Resolución del Parlamento Europeo (PE) del 3 de mayo de 2022 sobre IA en la era digital, destaca en su considerando 93 que

> los sesgos en los sistemas de IA, en especial en lo que respecta a los sistemas de aprendizaje profundo, se producen a menudo debido a la falta de datos de entrenamiento y de prueba diversos y de alta calidad, por ejemplo, cuando se utilizan conjuntos de datos que no representan suficientemente a los grupos vulnerables, o cuando la definición de la tarea o el establecimiento de los propios requisitos están sesgados; señala que también puede producirse sesgos por la falta de diversidad en los equipos de desarrolladores de la IA, que refuerza los sesgos intrínsecos, debido al volumen limitado de datos de entrenamiento, o cuando un desarrollador de IA sesgado ha comprometido el algoritmo.

Asimismo, en su considerando 94 especifica que

> los algoritmos aprenden a ser tan discriminatorios como los datos con los que trabajan y, a consecuencia de unos datos de entrenamiento de baja calidad o los sesgos y la discriminación observados en la sociedad, podrían sugerir decisiones que son inherentemente discriminatorias, lo que exacerba la discriminación dentro de la sociedad; no obstante —observa el PE— los sesgos de la IA a veces pueden ser corregidos.

Teniendo en cuenta estas consideraciones, concluye el PE que, por tanto, es necesario aplicar medios técnicos y establecer distintos niveles de control en los sistemas de IA, como en el software, los algoritmos y los datos utilizados y elaborados por estos, con el fin de minimizar el riesgo.

El 22 de mayo de 2023, el PE publicó un informe sobre la Ley de Inteligencia Artificial en el que se modifican determinados actos legislativos de la Unión. Especialmente relevante es la Enmienda 36 a dicha Ley de IA, pues ha incorporado la exigencia de alfabetización en materia de IA para evitar la discriminación por razón de género y edad (brecha digital), con vistas a permitir un control democrático de los sistemas de IA. En particular, se exhorta a que los proveedores y usuarios de sistemas de IA promuevan herramientas que garanticen un nivel suficiente de alfabetización, en particular, según se indica en el apartado tercero del artículo 4 ter:

> Dichas herramientas y medidas de alfabetización consistirán en la enseñanza y el aprendizaje de nociones básicas y capacidades sobre sistemas de IA y su funcionamiento, incluidos distintos tipos de productos y usos, sus riesgos y beneficios y la gravedad del daño que pueden causar y la probabilidad de que este se materialice.

Aunque la presencia de sesgos en los sistemas algorítmicos es con frecuencia una causa conducente o amplificadora de la discriminación debido a su potencial escala de aplicación o a los bucles de retroalimentación (Richardson et alt. 2019: 218).

Por cierto, como se explica en informe de la FRA de 2022 citado anteriormente, un bucle de retroalimentación (*feedback loop*) se produce cuando las predicciones realizadas por un sistema influyen en los datos utilizados para actualizar ese mismo sistema. Se configura una especie de circuito cerrado en el que unos algoritmos influyen en otros algoritmos, y sus recomendaciones y predicciones influyen a su vez en la realidad práctica y cotidiana que hay sobre el terreno.

Basta pensar, por ejemplo, en las predicciones de un algoritmo sobre la aparición de delitos en un determinado barrio de una ciudad cualquiera y en su capacidad de determinar la mayor presencia policial en dicha área urbana, lo cual influirá en una mayor precisión en la detección de delitos. Estos delitos detectados retroalimentarán a su vez al sistema algorítmico. Los bucles de retroalimentación son habituales, y muchos sistemas de aprendizaje automático los llevan incorporados.

En todo caso, a propósito del ejemplo que ha servido para explicar la influencia de los bucles de retroalimentación en los sistemas algorítmicos como posible fuente de discriminación, se preguntan los autores del informe de 2022 de la Agencia Europea de Derechos Fundamentales en qué medida estaría justificada la presencia policial por hechos reales y demostrados, o si más bien estaría condicionada por una nueva herramienta policial de prevención de la delincuencia basada en IA: y de ser así, hasta qué punto estaría afectada esa mayor presencia policial por los prejuicios del sistema de IA.

En el siguiente gráfico, inspirado en el informe FRA 2022, se ilustra cómo opera un bucle de retroalimentación:

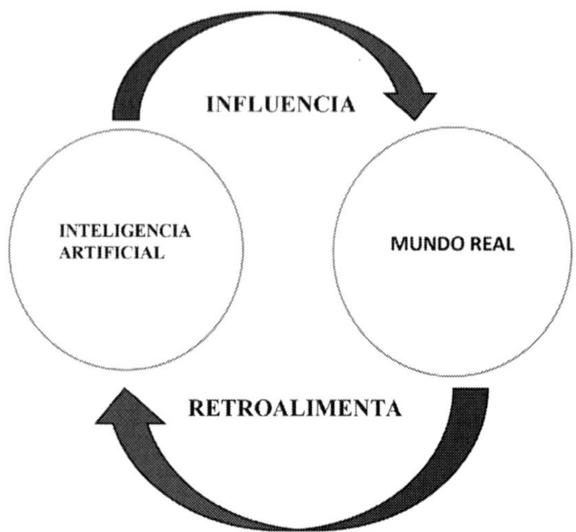

Los modelos algorítmicos, en cualquier caso, no son neutros aunque funcionen automáticamente. Como advierte Alejandro Huergo Lora, su resultado dependerá de los datos que se analicen e integren el modelo. Dichos modelos opera buscando y encontrando correlaciones entre los datos que se desean averiguar o recabar (por ejemplo, quién es más solvente, quién necesita atención especial o quién tienen más probabilidades de comprar un determinado producto) y otras circunstancias que se pueden conocer con antelación (titulación académica de una persona, nivel de renta, historial bancario de una persona. Incluso puede haber discriminaciones indirectas, señala este autor, cuando

> no se utiliza, para determinar el tratamiento de las personas, un factor directamente prohibido (por ejemplo, el sexo), pero se utiliza otro que, aunque aparentemente neutro, está muy correlacionado con un factor prohibido. Por ejemplo, cuando no se utiliza la raza, pero sí el código postal, siendo así que puede haber una elevada concentración étnica en determinadas zonas (Huergo Lora 2023: 756-757).

Esta falta de neutralidad de los algoritmos, la presencia de sesgos y sus errores ponen de manifiesto los límites de las predicciones algorítmicas, de ahí la necesidad —como vimos en el apartado 3 del Capítulo 4— de que los algoritmos estén sometidos a controles de calidad para reducir esos riesgos y no deban ser utilizados más que como soporte técnico de decisiones instrumentales o aproximativas para dirigir los medios de la Administración en una dirección determinada u otra, pero sin causar efectos directos sobre la ciudadanía, y sin afectar tampoco a las libertades y los derechos fundamentales de los individuos (Huergo Lora 2023: 758).

4. SESGOS Y DERECHOS FUNDAMENTALES EN LA CONSTITUCIÓN DEL ESTADO ALGORÍTMICO

En un estudio reciente sobre derechos fundamentales y Estado de derecho en la sociedad algorítmica sus autores, Andrea Simoncini y Erik Longo, sostienen que en el Estado algorítmico en el que viven los ciudadanos de las sociedades abiertas y democráticas (en el sentido popperiano del término) se produce una gran paradoja que se constata en el hecho de que, por un lado, el avance científico-tecnológico aporta evidentes beneficios y mejoras en la calidad de vida de los individuos, pero muchas veces ese avance tiene un alto coste, es decir, supone un inevitable precio a pagar que afecta a las libertades y derechos fundamentales.

En efecto, a cambio de obtener múltiples ventajas en su forma de vida cotidiana que se materializan, por ejemplo, en el aumento de beneficios como la información, el conocimiento, la seguridad, la protección, la eficacia de los servicios públicos o el mayor confort que nos aporta la simplificación de nuestros quehaceres diarios, los ciudadanos deben aceptar tácitamente que sus datos personales queden registrados y almacenados para más tarde ser recuperados, cruzados, comercializados e intercambiados a través de los omnipresentes sistemas de vigilancia que se hallan instalados en los espacios públicos de nuestras ciudades (Simoncini-Longo 2022: 38).

A la vez que los sistemas tecnológicos automatizados proporcionan conocimiento,

> las identidades individuales y colectivas se conciben como fluidas, híbridas y en constante evolución como resultado de procesos continuos que reúnen a seres humanos, objetos, flujos de energía y tecnologías (Pötzsch 2018).

Como ya han advertido algunos autores, esta sustitución afecta profundamente a la propia idea de autonomía surgida en los dos últimos siglos y altera básicamente la forma en que las personas llegan a tomar decisiones, tener creencias o emprender acciones.

A propósito de las razones que conducen a la enajenación de la conciencia humana y a la pérdida (consciente y/o inconsciente) de un cierto grado de autonomía de la voluntad por parte del individuo en la era del *novo homo ludens* que se sumerge a diario en el metauniverso de Internet, en el cuarto epígrafe del Capítulo 1 se hizo alusión al modo en que las nuevas tecnologías de la sociedad algorítmica están condicionando y transformando nuestras libertades, e incluso nuestra convicción respecto a la inviolabilidad de las mismas.

En relación con el nuevo ciudadano de la sociedad algorítmica, hay dos casos que explican por qué se ha ido degradando la presunción del carácter invulnerable de dichas libertades a medida que aumenta nuestra confianza (lo cual también implica dependencia) o delegamos cada vez más la toma de nuestras propias decisiones en las llamadas tecnologías de frontera (IA, robótica, tecnologías conexas como el Internet de las cosas, *big data*, blockchain, nanotecnología, edición genética…)

En el primer supuesto, no se puede decir que la restricción de nuestra libertad de elección sea involuntaria, puesto que somos los humanos quienes pedimos expresamente a esas tecnologías que decidan por nosotros porque presumimos que sus soluciones automatizadas son más neutrales, eficaces y exactas que las decisiones humanas desde un punto de vista científico.

En la segunda hipótesis, nuestras decisiones las tomaríamos sobre la base informativa que proporciona la tecnología, por lo que no podríamos decir que exista en ese caso una amenaza externa a nuestra libre voluntad, puesto que nuestro proceso de razonamiento deliberativo se apoya en fuentes de información que nos proporcionan los buscadores y las redes sociales de Internet a las que, por cierto, les concedemos una absoluta credibilidad, pues presumimos que son científicamente precisas y fiables.

Pero en realidad, esta confianza no tiene nada que ver con la ciencia ni la investigación. En efecto, las plataformas en las que encontramos nuestras fuentes de datos e información utilizan algoritmos de aprendizaje con patrones de comportamiento a partir de las preferencias de los individuos ante alternativas con las que se encuentran a diario.

Así pues, la precisión de los algoritmos se debe en realidad al hecho de que se limitan a confirmar —alimentando para ello un "sesgo de confirmación"— nuestras creencias, convicciones y posiciones ideológicas más arraigadas: efecto burbuja [*bubble effect*], lo cual contribuye a potenciar tanto los sesgos de conformación, como la segregación y la polarización de los individuos en la sociedad algorítmica (Longo 2019: 29-44; Simoncini-Longo 2022: 41).

El desarrollo de las nuevas tecnologías —y en particular las de IA— sitúa ante un dilema a los detractores y partidarios de sus efectos (positivos y negativos) en la medida que, por un lado, entraña determinados riesgos, pero, por otro lado, también propicia muchas oportunidades, debido precisamente a carácter novedoso (Price 2001: 1885).

Los sistemas algorítmicos ofrecen nuevas respuestas y un aumento de la precisión en la toma de decisiones automatizadas. En este sentido, por ejemplo, los sistemas algorítmicos predictivos prestan una gran ayuda a las administraciones públicas tanto en la mejora del rendimiento de los servicios públicos, como en una gestión más eficiente de los recursos. Por otra parte, las tecnologías algorítmicas aportan a los ciudadanos plataformas sofisticadas en las que pueden obtener información, expresarse libremente, establecer relaciones sociales y compartir ideas. Contemplada desde esta perspectiva positiva, la IA desarrollada con tecnologías algorítmicas puede resultar un factor propicio para la ciudadanía en el ejercicio de los derechos y las libertades, y una oportunidad para las democracias constitucionales (Pollicino-De Gregorio 2022: 3-24).

Sin embargo, las tecnologías de IA distan mucho de ser perfectas. De hecho, los modelos predictivos ya han producido respuestas sesgadas e inexactas que han llevado a resultados discriminatorios (Wachter-Mittlestadt 2019: 494-620).

Por otra parte, el mal uso y la aplicación indebida de las tecnologías automatizadas puede acarrear consecuencias negativas para los derechos fundamentales de los individuos, como el derecho a la autodeterminación de las personas, la libertad de expresión y la intimidad. En este sentido, algunos autores han advertido que aquellas sociedades en las que no está permitido manifestar libremente opiniones e ideas no se pueden calificar como democráticas. Del mismo modo, sin normas que regulen el tratamiento de datos personales, los ciudadanos podrían quedar expuestos a un régimen de vigilancia privada sin garantías de responsabilidad y transparencia. En otras palabras, dejar que los algoritmos se diseñen, entrenen y desplieguen sin garantías ni límites ético-jurídicos significaría dejar vía libre al tecno-determinismo, con lo cual se estaría dejando al arbitrio de los agentes que controlan los sistemas automatizados decidir unilateralmente, conforme a la lógica del mercado digital, el estándar de protección de los derechos y libertades a nivel transnacional (Pollicino-De Gregorio 2022: 7, 24).

A propósito del dominio creciente de los algoritmos dentro del Estado de Derecho, se ha observado, desde una incipiente línea doctrinal constitucionalista italiana que el capitalismo de la vigilancia (que fue objeto de estudio en el quinto epígrafe del Capítulo 5) y las nuevas amenazas algorítmicas comparten una característica común: cuando una nueva tecnología ya ha aparecido ya es demasiado tarde para que el sistema jurídico intervenga.

> La anticipación gradual en el ámbito del derecho a la intimidad, de posterior a preventiva (de la protección mediante regulación, a la protección "por diseño" y finalmente "por defecto"), traza exactamente este tipo de trayectoria "hacia atrás". Esta es la principal característica del *constitucionalismo del Estado algorítmico* (Simoncini-Longo 2022: 41).

Como alternativa al "capitalismo de la vigilancia" y a la *algoritmocracia* (una nueva fórmula tecnocrática de gobierno que se rige por algoritmos, según la cual todos los problemas de las sociedades modernas serían de naturaleza técnica y, por ende, podrían resolverse a través de la implementación de algoritmos) Andrea Simoncini y Erik Longo proponen una suerte de *constitucionalismo híbrido* que incorpore los valores, los principios y los derechos constitucionales en la fase de diseño del lenguaje de las máquinas.

El cultivo cívico de los valores, principios y derechos constitucionales en las sociedades democráticas puede ser un recurso preventivo pero más eficiente que una respuesta (por lo demás tardía) del ordenamiento jurídico una vez que ya ha aparecido un problema planteado por una tecnología de frontera como la IA. Por otra parte, hay que tener en cuenta que la tecnología está imbricada en nuestras vidas cotidianas y que no sería prudente ni realista detener el progreso tecnológico que tantos beneficios ha reportado a las sociedades modernas, de ahí que ambos autores concluyan que

> tras la etapa de la protección por diseño y por defecto, debería abrirse una nueva etapa, la de la protección "por educación", en el sentido de que es necesario actuar cuando los científicos y los tecnólogos aún están estudiando y formándose, para comunicar las razones fundamentales de principios generales como la protección de los datos personales, la dignidad humana y la protección de la libertad, pero también de valores más específicos como la explicabilidad de los algoritmos de toma de decisiones o el principio del "human in the loop" (Simoncini-Longo 2022: 41).

Por consiguiente, el objetivo prioritario que persigue el constitucionalismo híbrido es garantizar a las personas que su dignidad y su libertad se conviertan en parte integrante de la formación de quienes luego se convertirán en técnicos. De ahí la función decisiva que les toca desempeñar al *soft law*, la escuela, la universidad y otros organismos de formación, las asociaciones profesionales y académicas.

5. CONCLUSIÓN

La premisa de la que debemos partir al referirnos a las posibles consecuencias discriminatorias derivadas de la presencia de sesgos en los algoritmos es que ni éstos son causados *ex nihilo* por las máquinas, ni tienen voluntad propia, sino que en realidad son el producto del diseño humano y que, por tanto, también tienen un origen humano. En otras palabras: somos las personas quienes, de manera consciente o inconsciente, poseemos prejuicios y tenemos una visión sesgada de la realidad que al final termina proyectándose en el diseño y despliegue de los algoritmos.

A propósito del impacto de los sistemas algorítmicos en los derechos humanos, el Consejo de Europa emitió una Recomendación en 2020 con un conjunto de directrices las que se pedía a los cuarenta y siete gobiernos de los Estados miembros que adopten precauciones para el desarrollo y uso de los sistemas algorítmicos para garantizar que con uso, desarrollo o adquisición no se violen los derechos fundamentales y libertades de sus ciudadanos. Además, como reguladores, los Estados miembros deben establecer marcos legislativos, reglamentarios y de supervisión eficaces y previsibles que prevengan, detecten, prohíban y reparen las violaciones de los derechos humanos, ya sean de agentes públicos o privados[54].

La necesidad imperiosa de regular la creciente y sofisticada aplicación de sistemas de IA se pone de relieve cuando los sistemas algorítmicos de toma de decisiones se basan en decisiones humanas anteriores, en este caso, como advierte Miguel Presno,

> es probable que los mismos sesgos que pueden socavar la toma de decisiones se reproduzcan y multipliquen en los sistemas algorítmicos, sólo que entonces son más difíciles de identificar y corregir (Presno Linera 2022b: 66).

A este respecto, el citado en el informe de la Agencia Europea de Derechos Fundamentales (FRA) "Bias in Algorithms-Artificial Intelligence and Discrimination", publicado el 8 de diciembre de 2022, exige que se preste especial atención al uso de algoritmos de aprendizaje automático (*machine learning*) y a la toma de decisiones automatizada. Pero no solo queda ahí el informe de la FRA, sino que además exhorta al legislador de la UE a asegurarse de que las evaluaciones periódicas por parte de proveedores y usuarios sean obligatorias y formen parte de los requisitos de evaluación y gestión de riesgos para los algoritmos de alto riesgo[55].

La estrategia de regulación europea de la IA y las tecnologías disruptivas (computación cuántica, neurotecnologías, biología sintéti-

---

54 Recommendation CM/Rec (2020) 1 of the Committee of Ministers to member States on the human rights impacts of algorithmic systems; https://www.coe.int/en/web/freedom-expression/-/algorithms-and-automation-council-of-europe-issues-guidelines-to-prevent-human-rights-breaches

55 https://fra.europa.eu/en/publication/2022/bias-algorithm, p. 9.

ca...) pretende implementar un desarrollo tecnológico sostenible que deje en manos del ser humano el control de estos procesos. Desde la publicación por parte de la Comisión Europea del Libro Blanco de la IA en febrero de 2020 para fomentar el uso de una IA que no ponga en riesgo ni los derechos fundamentales y las libertades de los ciudadanos europeos, ni los valores humanistas y universales que inspiran el proyecto cosmopolita europeo, hasta la Ley de la IA (cuya entrada en vigor se espera que sea en 2025), la UE está trabajando en la armonización del despliegue de las nuevas tecnologías con la Estrategia de Europea de Datos para proteger al conjunto de la ciudadanía y a los colectivos sociales más vulnerables.

En aras de la consecución de este objetivo, la UE ha apostado por una tercera vía alternativa al modelo estadounidense, en el que los datos se encuentran en poder de las empresas privadas, que a menudo los obtienen de forma opaca, y al modelo chino, en el que los datos se hallan en poder del gobierno para el control de la sociedad. A diferencia de los modelos estadounidense y chino, el modelo europeo propone que los datos estén en manos de los ciudadanos, que deciden el uso que van a hacer de ellos y participan en su gobernanza.

El enfoque europeo de la IA se proyecta desde una triple dimensión ética, jurídica y política.

Por lo que respecta a la dimensión ética, en abril de 2019, la Comisión respaldó los requisitos clave establecidos en las directrices éticas para una IA fiable[56]. Este planteamiento ético de origen ha sido posteriormente reafirmado por el Reglamento, que se marca como objetivo prioritario hacer de la UE un líder mundial en el desarrollo de una IA segura, digna de confianza, como indicó el Consejo Europeo[57], y garantiza la protección de los principios éticos, como solicitó específicamente el Parlamento Europeo[58].

56 Comisión Europea, Generar confianza en la inteligencia artificial centrada en el ser humano [COM (2019) 168.

57 Consejo Europeo, Reunión extraordinaria del Consejo Europeo (1 y 2 de octubre de 2020) - Conclusiones, EUCO 13/20, 2020, p. 6.

58 Resolución del Parlamento Europeo, de 20 de octubre de 2020, con recomendaciones destinadas a la Comisión sobre un marco de los aspectos éticos de la inteligencia artificial, la robótica y las tecnologías conexas, 2020/2012(INL).

En este importante acervo documental sobre los principios éticos para el desarrollo, el despliegue y el uso de la IA, la robótica y las tecnologías conexas que precede a la primera ley de IA a nivel mundial, uno de los aspectos en el que se pone especial énfasis por parte de las instituciones europeas es el hecho de reconocer las ventajas que ofrece la IA, como tecnología estratégica, tanto a las empresas como a los ciudadanos y la sociedad en su conjunto, siempre y cuando "sea antropocéntrica, ética y sostenible, y respete los derechos y valores fundamentales"[59].

De acuerdo con este enfoque antropocéntrico y antropogénico de la IA, parece que en el seno de la UE va afianzándose la exigencia de que, cualquier nuevo marco regulador para la IA que prevea obligaciones jurídicas y principios éticos para el desarrollo, el despliegue y el uso de la IA, la robótica y las tecnologías conexas, debe procurar que estas tecnologías emergentes se adapten a las necesidades del ser humano, y estén siempre a su servicio, nunca en sentido contrario[60].

En relación con la dimensión jurídica del enfoque europeo de la IA, la presunción expresada por el legislador europeo respecto al origen humano (antropogénico[61]) y el carácter antropocéntrico de la IA, justifica el hecho de que ésta pueda ser objeto de un juicio o valoración ética y, también, la necesidad de que se implemente el desarrollo de una ética de la IA dentro del marco jurídico común de la UE, de acuerdo con su legislación, los principios y los valores que inspiran la Carta de los Derechos Fundamentales de la Unión Europea (CDFUE). En este sentido, en el Libro Blanco sobre IA se advierte a la UE de que, si no es capaz de ofrecer un enfoque común y unitario a todos sus miembros, existe un "riesgo real de fragmen-

59 Véanse las conclusiones del *Libro Blanco sobre la Inteligencia Artificial: un enfoque europeo orientado a la excelencia y la confianza* (COM (2020) 0065), epígrafe sexto, p. 30.

60 Resolución del Parlamento Europeo, de 20 de octubre de 2020, con *recomendaciones destinadas a la Comisión sobre un marco de los aspectos éticos de la IA, la robótica y las tecnologías conexas* (2020/2012 (INL)), puntos 2 y 10.

61 Las máquinas inteligentes no tienen, según Vittorio Frosini, nada de "deshumano", en la medida en que han sido concebidas, diseñadas, fabricadas, programadas y utilizadas por el hombre, han pasado a formar parte integrante de su vida cotidiana. Vid., Frosini 1981: 206.

tación del mercado interior, que pondría en peligro los objetivos de confianza y la seguridad jurídica, así como el de la adopción de la IA en el mercado"[62].

Como se recordará, en el último epígrafe del Capítulo 5, se hacía referencia a la presentación de una propuesta reguladora del mercado digital por parte de la Comisión Europea (Ley de Servicios Digitales y Ley de Mercados Digitales) y del Parlamento (Ley de Servicios Digitales). Con este marco regulatorio de la IA la UE pretende, en suma, conjurar el riesgo potencial de una tecnocracia digital, poner un contrapeso al monopolio y una limitación al uso de datos por parte de las grandes compañías tecnológicas, proteger y garantizar jurídicamente los derechos digitales de los ciudadanos, establecer condiciones justas (equitativas) para fomentar la innovación y la competitividad y conseguir que Internet sea un espacio más seguro para sus usuarios, e intentar, aunque esta aspiración nos parezca utópica, que éstos dependan menos de los algoritmos.

Existe una variante del euroescepticismo que complementa a la conocida corriente política soberanista y contraria al proceso de integración europea: se trata de la postura a favor de la desregulación del mercado digital europeo en aras de ganar competitividad en la carrera por el desarrollo tecnológico y la innovación frente a nuestros más directos competidores: Estados Unidos y China.

Sin embargo, para sorpresa de los escépticos de la ética de la IA y de quienes critican el afán "hiperregulador" de la UE, parece que en Estados Unidos[63] también se está imponiendo esta tendencia procli-

---

62 Vid., *Libro Blanco sobre la Inteligencia Artificial: un enfoque europeo orientado a la excelencia y la confianza* (COM (2020) 0065), epígrafe quinto, p. 12.

63 La Administración Biden-Harris, consciente de que para aprovechar las oportunidades que ofrece la IA hay que gestionar antes sus riesgos, anunció, el 23 de mayo de 2023, que llevaría a cabo una serie de medidas de gobierno que contribuyeran a impulsar la investigación, el desarrollo y el despliegue de una inteligencia artificial (IA) responsable que proteja los derechos y la seguridad de las personas. Con este fin, la Administración ha tomado medidas significativas para promover la innovación responsable de la IA que sitúe a las personas, las comunidades y el bien público en el centro, y gestione los riesgos para las personas y la sociedad estadounidense, seguridad y economía. Esto incluye el histórico Plan para una Declaración de Derechos de la IA [*Blueprint for an*

ve a establecer sistemas eficaces y seguros de IA (la principal diferencia con el modelo regulatorio europeo estriba en el hecho de que el modelo estadounidense pretende crear normas diferentes para cada sector que trabaje con las tecnologías de frontera, mientras que la UE propone una norma más general.

Por otra parte, China no desea quedarse atrás en la regulación de la IA, por eso, el gobierno chino, que aspira a convertirse en líder mundial de la regulación de la IA en 2030, a través del Comité Nacional Especial de Gobernanza de Inteligencia Artificial de Nueva Generación, promulgó un código de ética para la IA de nueva generación en el que se consagran seis principios éticos básicos para proteger a los usuarios de las plataformas tecnológicas: controlabilidad y confiabilidad de los sistemas de IA, mejora del bienestar humano, promoción de la equidad y la justicia, protección de la privacidad y la seguridad, y aumento de la educación (alfabetización) ética en relación con la IA[64]. Según muchos analistas, lo que en realidad esconde esta declaración de principios éticos de IA es tener un mayor control por parte del gobierno chino sobre los datos de su población y sobre el panorama tecnológico del país.

Como vemos, en el proceso de desarrollo de los sistemas de IA es preciso adoptar las cautelas debidas ante los posibles riesgos que pueda causar el uso indebido de los mismos, educar —este verbo me parece más apropiado que "alfabetizar"— a la ciudadanía en los valores y principios que inspiran la ética de la IA, y conformar un marco jurídico que permita el avance de las tecnologías de frontera sin poner en peligro la seguridad y la defensa de los derechos fundamentales. En sintonía con la Recomendación de la UNESCO

AI Bill of Rights] y las acciones ejecutivas relacionadas, el Marco de Gestión de Riesgos de la IA [*AI Risk Management Framework*], una hoja de ruta para la creación de un Recurso Nacional de Investigación de la IA [*National AI Research Resource*], el trabajo activo para abordar las preocupaciones de seguridad nacional planteadas por la IA. Cfr: https:// www.whitehouse.gov/briefing-room/statements-releases/2023/05/23/fact-sheet-biden-harris-administration-takes-new-steps-to-advance-responsible-artificial-intelligence-research-development-and-deployment/#:~:text=An%20updated%20roadmap%20to%20focus%20federal%20investments%20in,people's%20rights%20and%20safety%2C%20and%20upholds%20democratic%20values

64 Cfr., https://www.most.gov.cn/kjbgz/202109/t20210926_177063.html

sobre Ética de la IA[65], el primer instrumento normativo mundial dirigido a proteger y promover los derechos humanos, la dignidad humana y el Estado de Derecho en el mundo digital, y pese a la desconfianza de los euroescépticos en la capacidad de liderazgo internacional de la UE, lo cierto es que nuestra comunidad aspira con su nueva Ley de IA a fijar los estándares internacionales en el sector de la IA, al igual que ya hiciera con el Reglamento Europeo de Protección de Datos[66].

En tercer lugar, a propósito de la dimensión política del enfoque europeo de la IA, sería oportuno hacer una reflexión en torno al papel que les corresponde a los Estados de Derecho en el control de los sesgos existentes que, como ya se ha comentado, los algoritmos y modelos de los sistemas de IA contribuyen a reproducir y reforzar. A este respecto en el sexto apartado de acción política previsto en la Recomendación de la UNESCO sobre Ética de la IA, dedicado a la perspectiva de género, este organismo de las Naciones Unidas para la cooperación internacional en materia de educación, ciencia y cultura, se exhorta a los Estados miembros a velar por que los estereotipos de género y los sesgos discriminatorios no se trasladen a los sistemas de IA, sino que se detecten y corrijan de manera proactiva.

Por otro lado, en el desarrollo de los principios que inspiran este texto de la UNESCO sobre Ética de la IA, concretamente en el principio el de equidad y no discriminación, la comisión apela a los actores de la IA para que reduzca al mínimo posible y eviten reforzar o perpetuar aplicaciones y resultados discriminatorios o sesgados a lo largo del ciclo de vida de los sistemas de IA. Es más, la comisión traslada a los Estados miembros la necesidad de que se pudiera disponer de un recurso efectivo contra la discriminación y la determinación algorítmica sesgada.

---

65 Resolución adoptada el 23 de noviembre de 2021. Cfr., https://www.unesco.org/es/artificial-intelligence/recommendation-ethics

66 Reglamento (UE) 2016/679 del Parlamento Europeo y del Consejo, de 27 de abril de 2016, relativo a la protección de las personas físicas en lo que respecta al tratamiento de datos personales y a la libre circulación de estos datos y por el que se deroga la Directiva 95/46/CE (Reglamento general de protección de datos).

Por lo demás, en todos los textos normativos de alcance regional o internacional sobre Ética de la IA inspirados por la línea de fundamentación ético-jurídica y actuación socio-política marcada por la citada Recomendación de la UNESCO, se considera a los Estados de Derecho como depositarios de la responsabilidad de velar por el cumplimiento de los fines y objetivos, el respeto de los valores y principios humanísticos y humanitarios, así como el seguimiento y la evaluación del buen uso de los sistemas de IA en general, y del control de los sesgos conducentes a discriminación.

Podría concluirse, por tanto, que la regulación de los Estados sobre la IA se asienta sobre las bases institucionales del Derecho Internacional, y que es precisamente a los Estados a quienes les corresponde aplicar las medidas legislativas o de otra índole que sean necesarias, de acuerdo con la práctica constitucional y las estructuras de gobierno de cada país, para hacer efectivas en sus respectivas jurisdicciones los principios y normas enunciados en la normativa reguladora del espacio digital y las tecnologías de frontera.

Al hilo de la legitimidad que confiere el Derecho Internacional a los Estados o a comunidades políticas de derecho como la UE, como partes interesadas en la buena gobernanza y la regulación de los sistemas de IA, robótica y tecnologías conexas, cabría preguntarse en qué medida se está cuestionando la legitimidad y la competencia de los gobiernos y parlamentos de dichos Estados u organizaciones internacionales por parte de algunas grandes empresas tecnológicas de investigación y seguridad de IA, como Anthropic, Google, Microsoft u OpenAI. Estas *Big Techs* pretenden crear sus propios organismos, al margen de cualquier colaboración con los poderes públicos como propone el modelo europeo, y decidir por los ciudadanos aún no habiendo sido elegidos por éstos. Dicho en otras palabras, se trata de organismos empresariales, sin poder de representación democrática que, a pesar de ello, pretenden regular por su cuenta la seguridad y la ética de la IA, o más bien autorregularse, compitiendo con el marco normativo estatal e internacional (sirva como ejemplo el *Frontier Model Forum*, definido pretenciosamente por las empresas fundadoras como “un organismo de la industria centrado en garantizar el desarrollo seguro y responsable de los modelos de IA de frontera")[67].

Se trata, en definitiva, de nuevas formas de desregulación del mercado digital, más cerca de la estrategia del capitalismo de la vigilancia y de la búsqueda de sus propios intereses empresariales, que de una genuina vocación reguladora de las nuevas tecnologías acorde a los principios y valores de la Ética de la IA.

67 Cfr., https://openai.com/blog/frontier-model-forum

A modo de Epílogo

ULISES 4.0 Y EL MITO ACTUALIZADO DE LAS SIRENAS EN LA ERA DIGITAL

Hay una metáfora recurrente que suele utilizarse para describir el transcurso de la vida humana a través del tiempo, y es el de la navegación, bien por un río cuya corriente discurre por un cauce hasta desembocar en el mar, o bien a través de un océano que se surca a través de corrientes marinas e innumerables tempestades hasta arribar al último puerto en el que atracar nuestra embarcación para siempre. A propósito de esta metáfora de la vida como navegación, acaso sea la *Odisea* el poema épico por excelencia en el que se canta la epopeya de Odiseo o Ulises, héroe aqueo que, tras la guerra de Troya, pretende regresar victorioso con sus hombres a su patria, la isla de Ítaca, pero al que Poseidón persigue implacablemente obligándole a navegar errante por el ponto al haber dejado ciego a su hijo, el cíclope Polifemo.

A Odiseo/Ulises se refiere Homero en el primer verso de la Odisea como "el hombre de muchos senderos" (*polýtropos*), término que puede traducirse también como "versátil" o "de muchas mañas". A este epíteto recurre Homero solamente en otra ocasión a lo largo del poema[68], y es cuando la diosa Circe trata de seducir a quien ha sabido con su ingenio resistir al poder transformador de sus hechizos. Circe "la engañosa" descubre la verdadera identidad del héroe griego que ideó con Atenea la construcción del gigantesco caballo de madera en el que los mejores guerreros aqueos se introdujeron ocultos en Troya para destruirla[69].

Probablemente sea Ulises el primer inventor técnico de la historia de la humanidad según la mitología griega, pues con el artificio ideado por él y construido por Epeo consigue burlar la vigilancia de los soldados ilienses y desequilibrar definitivamente la balanza de la contienda a favor de los aqueos. De su proverbial astucia volverá a

---

68 *Odisea*, Canto X, 330.
69 Canto VIII, 493-495.

dejar constancia Ulises cuando le toque enfrentarse al dulce pero funesto canto de las Sirenas[70]. Previamente advertido por Circe, en un intento desesperado de persuadir a su amado héroe griego de que se quede a vivir con ella en la isla de Eea, Ulises sabe con antelación que en su travesía de regreso a casa deberá sortear varios escollos. Uno de los principales obstáculos lo que encarnan las Sirenas, cuyos cantos ofrecen el conocimiento de todo cuanto sucede, aunque este canto resulte letal para quien lo escuche, pues le arrastrará hasta el florido prado donde ambas criaturas se sientan sobre “un gran montón de huesos humanos putrefactos, cubiertos de piel seca”[71].

Entonces Ulises, deseoso de aumentar su sabiduría a través de los conocimientos revelados por la melódica voz de las Sirenas, seguirá el consejo de Circe y pedirá a sus hombres que le aten de pies y manos en el mástil del barco, mientras ellos se untan los oídos con cera para no escuchar el sonoro canto de las Sirenas, remando impertérritos hacia su patria, insensibles a las súplicas de su capitán, mientras éste se encuentre bajo los efectos del encantamiento de la voz de las Sirenas.

***

El episodio de Ulises y las Sirenas no solo ha inspirado estudios filosóficos como el de Jon Elster, en el que el pensador noruego intenta establecer un límite teórico entre la actuación racional y la conducta irracional (Elster 1979), sino que también puede servir como metáfora de la situación del hombre contemporáneo ante el horizonte de la singularidad tecnológica.

Entre las posibles interpretaciones de este mito, una de las más plausibles quizás sea la que identifica la actitud de Ulises como una *media pars* entre la actuación racional de sus hombres, que anulan temporalmente su sentido de la audición para conservar el juicio frente al tentador canto de las Sirenas, y la taimada voluptuosidad con la que estos seres híbridos (con cuerpo de ave y rostro y torso de mujer) disimulan su irascibilidad contra todos los marineros que se aproximan a ellas. Sin embargo, Ulises, siguiendo el consejo de Cir-

---

[70] Canto XII, 40-53.

[71] Canto XII, 45-46.

ce, adopta una posición intermedia entre la racionalidad que guía el sentido común y el absoluto abandono al dominio de los sentidos. Al pedir a sus hombres que le amarrasen al mástil de la nave, y que ellos se cubriesen sus oídos con cera, Ulises consigue la cuadratura del círculo: escuchar el sensual canto de las Sirenas, en la medida que le aporta el conocimiento de todo cuanto sucede, pero sin poner en riesgo la vida de los tripulantes del barco ni el rumbo de su navegación hacia Ítaca.

Una versión actualizada del mito en la época de la revolución tecnológica nos presenta al héroe, Ulises 4.0, frente al canto de unas Sirenas digitales que habitan en el metaverso, un ciberespacio infinito en el que la realidad física es replicada por la realidad virtual y la realidad aumentada, desde donde atraen a los humanos (usuarios de Internet) para que interactúen multisensorialmente e intercambien experiencias virtuales en entornos inmersivos con objetos digitales (las no-cosas a las que se refiere Byung-Chul Han) y personas transformadas en avatares.

Las nuevas Sirenas de la era digital desvelan a los internautas, mediante el lenguaje de los algoritmos, los secretos insondables de un mundo cifrado en código binario que ofrece metadatos e innumerables beneficios traducidos en infinidad de avances científico-tecnológicos en el campo de la telemedicina, la teleeducación, la economía digital con la estructura de datos *blockchain*, los *tokens* o activos digitales no fungibles (NFTs), el metaverso..., en suma, un mundo bajo el sublime encanto de la IA en el que las máquinas ocupan cada vez más espacio en la vida cotidiana de los hombres y absorben una mayor cantidad de su tiempo, hasta el punto de condicionar en el futuro su esencia y su conciencia.

***

Al inicio del primer capítulo del presente libro partíamos de la metáfora orteguiana del centauro ontológico para ilustrar cómo el hombre y la tecnología son dos realidades que se compenetran porque son interdependientes. No se puede entender una sin la otra. El ensimismamiento, la autoconciencia, la abstracción artística y filosófica, la capacidad de imaginar, soñar, proyectar y crear son capacidades humanas que comienzan precisamente en ese instante auroral en el cual el ser humano descubre la técnica. A partir del hallazgo de la técnica, el hombre, a diferencia del resto de los animales, consigue liberar tiempo suficiente para salir del estado de alteración permanente en el que germinan los instintos y se intentan saciar a diario las necesidades básicas más acuciantes, como alimentarse, refugiarse del calor o el frío, escapar de los peligros que le acechan… El hombre se permite holgar, vacar libremente, dedicarse al *otium*, y así, poco a poco, irá sembrando las semillas de lo que algún día serán las artes y las humanidades.

> Lo que comenzó como logro técnico es cada vez más un asunto ético, filosófico y estético (Sanguinetti 2023: 11).

El mito redivivo de Ulises y las Sirenas en el siglo de la revolución tecnológica 4.0 nos presenta al héroe griego como arquetipo del humanismo tecnológico. En la relación entre hombre y tecnología cabe una postura intermedia entre la actitud apocalíptica de rechazo al desarrollo científico-tecnológico, y el positivismo cientificista, que tiene fe en la fuerza liberadora del progreso tecnológico pero considera prescindible todo lo que no sea útil para el avance de la ciencia, como por ejemplo, las artes y las humanidades. Cualquier análisis sobre la gestión, la regulación, el control y los límites de la IA será fragmentario, y por tanto quedará inacabado, hasta que no se tenga en cuenta la perspectiva humanista.

Así como la tecnología precisa de una capa de narrativa humanística para completarse, también el humanismo necesita hoy acceder a la innovación tecnológica para adaptarse mejor a la disrupción de las tecnologías de frontera y encajar en la compleja realidad humana los constantes cambios del mundo digital. La ausencia de esa capa humanística que nos proporcione seguridad y una cierta sensación de control capaz de embridar el avance desbocado de la IA es causa de ansiedad en la sociedad contemporánea. Ciertamente, la explosión de la IA generativa y de los modelos fundacionales desarrollados por Google (como el modelo de lenguaje BERT, cuya primera versión es de 2018) u OpenAI (cuyo último modelo es GPT4, lanzado en marzo de 2023) han puesto de manifiesto, precisamente, como sostiene Pablo Sanguinetti, que:

> Sin la cobertura de una mirada filosófica, estética, ética, la difusión de una tecnología tan disruptiva a una velocidad tan vertiginosa y a una

escala tan masiva ejerce una forma de violencia contra la especie (Sanguinetti 2023: 79).

***

Algunos autores abogan por la sustitución del humanismo clásico basado en el antropocentrismo por un nuevo humanismo que, de un lado, supere la dicotomía humano-máquina y, de otro lado, sepa medir las consecuencias éticas, socio-políticas y jurídicas de la IA, la robótica y las tecnologías conexas (Coeckelbergh 2020; 2021). En este sentido, el denominado "tecnohumanismo" pretende ser una alternativa al humanismo tradicional competente para hacer un diseño narrativo y estético de la IA sin incurrir en el cultivo de la "xenofobia primitiva" contra las máquinas, no tanto un odio que instigue al neoludismo como la negación de la realidad ajena de esas extrañas que son las máquinas (Simondon 2007).

Ahora bien, el término "tecnohumanismo" solo es una expresión tautológica que no añade nada nuevo respecto a la idea de que el ser humano y la técnica están íntimamente imbricados entre sí. De hecho, si repasamos todo lo dicho a lo largo de este libro sobre el humanismo tecnológico de raíz orteguiana comprobaremos cómo su plan integrador no persigue otra finalidad que conciliar las humanidades y el legado cultural de occidente, basado en el reconocimiento de la dignidad humana, la defensa de los derechos y las libertades individuales, el proyecto ilustrado de la modernidad y el Estado de derecho, con el progreso de la ciencia y las nuevas tecnologías, incluyendo la IA.

De cuanto antecede cabe deducir que no está justificada ni resulta convincente la pretensión de quienes promueven el tecnohumanismo como una forma alternativa de superación de un humanismo clásico al que presentan falazmente como antagónico a la revolución tecnológica por su carácter liberal y antropocéntrico. Más bien sería al contrario, como puede constatar todo aquel que examine detalladamente el marco regulatorio europeo de la IA, la referencia al enfoque antropocéntrico y antropogénico que inspira y fundamenta ese marco regulador obedece precisamente a la necesidad de que en él se prevea que el desarrollo, el despliegue y el uso de la IA y de las demás tecnologías de frontera primen sobre todas las cosas a las personas, de modo que las máquinas sirvan a los intereses de la especie humana, nunca *a contrario sensu.*

Existe el riesgo de mitificar la IA como una tecnología realmente inteligente, es decir, desvincularla de la inteligencia natural humana que está detrás de la algorítmica y de la creación de modelos matemáticos que se ajustan a problemas específicos para resolverlos. Es cierto que la IA almacena y gestiona ingentes cantidades de datos, que supera con creces la capacidad del cerebro humano, incluso la IA generativa y relacional nos proporciona respuestas que se parecen a un ejercicio de genuina inteligencia, pero en realidad no deja de ser un ejercicio de simulación en el que se entrecruzan y relacionan millones de datos. En otras palabras, la IA no puede resolver nuestros problemas por arte de magia (o de mera técnica), ni podría existir sin los recursos naturales, el esfuerzo y el trabajo de miles de personas que operan a diario en la creación y desarrollo de redes neuronales artificiales, la implementación de modelos de lenguaje grandes (LLM), la programación computacional, el diseño, desarrollo y posterior supervisión de los algoritmos, entre otras tareas (Dignum 2022).

La IA no debería pues convertirse en un sustitutivo del pensamiento crítico de los seres humanos ni anular su capacidad de razonar lógicamente ni impedir que tomen sus propias decisiones aún a riesgo de equivocarse. En este proyecto ético-político para la armonización del desarrollo de las tecnologías digitales y la IA con la pedagogía de los principios democráticos y los valores humanistas en los que deberían educarse los ciudadanos de la *sociedad de la transparencia* y de la información, el humanismo digital juega un papel fundamental (Han 2020).

Las aplicaciones informáticas impulsadas por las matemáticas, los modelos fundacionales de IA generativa, los sistemas de *software* diseñados con algoritmos de aprendizaje automático y profundo (*machine learning - deep learning*) pueden estar hechas con buena intención, pero al estar basados en datos y decisiones que opacan prejuicios, malentendidos y sesgos humanos deben ofrecer transparencia, revelando los datos de entrada que utilizan, así como los resultados de su selección de datos, y por supuesto, deben estar abiertos a la rendición de cuentas (*accountability*) de auditorías que aseguren su buen funcionamiento y atiendan a la obligación de responsabilidad legal (*liability*). Como ha advierte Cathy O'Neil al final de su libro *Weapons of Math Destruction*:

> Estos modelos se construyen no sólo a partir de los datos, sino también de las decisiones que tomamos sobre a qué datos prestar atención y cuáles omitir. Estas decisiones no solo tienen que ver con la logística, los beneficios y la eficiencia. Son fundamentalmente morales (O'Neil 2016: 218).

Pero no basta con exigir solamente una IA centrada en el ser humano, justa, responsable e inclusiva en sus decisiones automatizadas, cuyos sistemas algorítmicos funcionen de manera transparente, confiable y segura; como ciudadanos no podemos eludir nuestro compromiso ético-jurídico con la defensa de los valores superiores que inspiran la democracia, la constitución y el Estado de Derecho, ni tampoco podemos desentendernos, como miembros de la especie humana, del deber de mantener solidariamente el legado cultural del humanismo, cuyos fundamentos iusfilosóficos están en plena sintonía con el desarrollo científico-tecnológico, siempre que sea respetuoso con los derechos humanos, con especial atención a la autonomía, la dignidad y la integridad moral de las personas.

AGRADECIMIENTOS

Las páginas de este libro son el resultado de cinco años de una investigación compleja iniciada con dos estancias posdoctorales que tuve la oportunidad de disfrutar en las Facultades de Derecho de las universidades de Oxford y Coimbra a lo largo de los veranos de 2018 y 2019. Por otra parte, este volumen también es el producto de los conocimientos adquiridos y las ideas compartidas en el permanente diálogo mantenido a lo largo de los últimos años en los seminarios y encuentros científicos con algunos de los grandes especialistas en Bioética, Bioderecho y Derechos Humanos, Robótica e Inteligencia Artificial de la doctrina jurídica española, estadounidense, británica, portuguesa e italiana.

A este respecto, quisiera agradecer, muy sinceramente, las invitaciones recibidas en los meses de octubre, noviembre y diciembre de 2019 para participar como ponente en varios seminarios y mesas redondas organizados por los profesores João Carlos Loureiro y André Dias Pereira en el Instituto Jurídico de la Faculdade de Direito da Universidade de Coimbra; por los profesores Mar Jimeno Bulnes, Carlos Larrinaga González y Nuria Belloso Martín en el Programa de Doctorado en Ciencias Jurídicas, Económicas y Sociales; por el Prof. Gianfrancesco Zanetti, con la eficaz asistencia del Prof. Thomas Casadei, en el marco del XXIV Ciclo del Seminario permanente di Teoria del Diritto e Filosofia Pratica del Dipartamento di Giurisprudenza dell'Università degli Studi di Modena e Reggio Emilia; por la Profª Birke Häcker en el seminario permanente del Institute of European and Comparative Law de la Universidad de Oxford; y por el Prof. Francisco Javier Ansuátegui Roig en el Seminario de Filosofía del Derecho en Perspectiva Histórica del Instituto de Derechos Humanos Gregorio Peces-Barba de la Universidad Carlos III de Madrid. En este último seminario, por cierto, tuve además la oportunidad de profundizar en mis reflexiones sobre el papel de las Humanidades en la enseñanza del derecho y de recibir las enriquecedoras sugerencias de mis queridos y admirados colegas los profesores Francisco Javier Ansuátegui, Rafael de Asís, Eusebio Fernández, María del Carmen

Barranco, Patricia Cuenca, Vanesa Morente, Giulia Labriola, Carlo Nitsch, Andrea Porciello, Tommaso Greco y Alberto Andronico.

La concesión por parte del del Ministerio de Ciencia e Innovación, en mayo de 2020, del Proyecto I+D+i PID2019-108155RB-I00/AEI/10.13039/501100011033, titulado: "Biomedicina, Inteligencia Artificial, Robótica y Derecho: los retos del jurista en la era digital" me permitió organizar dos Congresos Internacionales sobre Inteligencia Artificial y Derecho en diciembre de 2020[72] y 2021[73]; fruto del interés científico suscitado por las ponencias presentadas en ambos congresos fue la edición de dos obras colectivas en los que dichas intervenciones, una vez elaboradas, se publicaron en forma de capítulos.

Las principales conclusiones a las que he llegado a lo largo de esta investigación sobre Inteligencia Artificial, Robótica y Derecho iniciada ahora hace cinco años las he ido presentando y debatiendo públicamente en diferentes foros académicos y cursos de Master y Doctorado universitarios a los que he sido invitado en la fase final del trabajo (años 2022 y 2023): Departamento de Filosofía de la Universidad de Bolonia (por cortesía de Serena Vantin), Departamento de Derecho de la Universidad Pública de Navarra (gracias a José Francisco Alenza García y Javier Blázquez Ruiz), Facultad de Derecho

72 El I Congreso Internacional sobre Inteligencia Artificial y Derecho hubo de celebrarse en modalidad webinar a lo largo de tres jornadas (9-11 de diciembre de 2020), en las que intervinieron diecisiete ponentes especializados del panorama iusfilosófico estadounidense, portugués, español e italiano seguidos por más de trescientas personas. Las conferencias se publicarían después en forma de capítulos de libro en el volumen titulado: *Inteligencia Artificial y Derecho. El jurista ante los retos de la era digital*, F. H. Llano Alonso y J. Garrido Martín (Editores), Thomson Reuters Aranzadi, Cizur Menor (Navarra), 2021.

73 El II Congreso Internacional sobre Inteligencia Artificial y Derecho se desarrolló de forma presencial los días 1 y 2 de diciembre de 2021 en el Salón de Grados de la Facultad de Derecho. A lo largo de ambas jornadas intervinieron una veintena de ponentes especializados procedentes de las Facultades de Derecho de las Universidades de La Coruña, Vigo, Oviedo, Cantabria, Burgos, Carlos III de Madrid, Córdoba, Granada, Sevilla, Modena-Reggio Emilia y Florencia. Las conferencias se publicarían después en forma de capítulos de libro en el volumen titulado: *Inteligencia Artificial y Filosofía del derecho*, F. H. Llano Alonso (Director), J. Garrido Martín y R. Valdivia Jiménez (Coordinadores), Laborum Ediciones, Murcia, 2022.

de la Universidad Milano-Bicocca (por invitación de Silvia Salardi y Andrea Rossetti), Universidad de la República (Uruguay), Universidad de Montevideo y Universidad del Centro Latino-Americano de Estudios Económicos y Humanidades (merced a la hospitalidad de Felipe Rotondo Tornaría y sus discípulos), Fundación Europea para el Estudio y Reflexión Ética-Departamento de Filosofía jurídica de la UNED (por deferencia de Ana María Marcos del Cano y Rafael Junquera de Estefani), Academia Sevillana del Notariado-Colegio Notarial de Andalucía (a instancias de Francisco José Aranguren Urriza), Facultad de Derecho de la Universidad de La Coruña (por iniciativa de José Antonio Seoane Rodríguez), Real Academia Asturiana de Jurisprudencia (por medio de Roger Campione), Centro di Ricerca su Discriminazioni e Vulnerabilità (CRID) de la Universidad de Modena y Reggio Emilia (con el apoyo de Gianfrancesco Zanetti y Thomas Casadei), Departamento de Derecho de la Universidad de Florencia (por invitación de Stefano Pietropaoli), la Real Academia de Medicina y Cirugía de Sevilla (ponencia encargada por su Junta de Gobierno), y el Centro de Estudios Europeos "Luis Ortega Álvarez" de la Universidad de Castilla-La Mancha (a propuesta de su Director, Isaac Martín Delgado).

Finalmente, *last but not least*, quisiera expresar todo mi amor y eterna gratitud a mi esposa, María Dolores, y a nuestras hijas, Clara y Elena, por su estímulo cotidiano, y sobre todo, por haberme proporcionado el apoyo moral y el ambiente de sosiego necesarios para poder estudiar y escribir este ensayo sobre la posición del *homo ex machina* en el futuro escenario de la singularidad tecnológica, donde compartirá protagonismo en su quehacer cotidiano con otros entes no solo carbónicos, sino también silícicos (Campione 2020: 11-18).

BIBLIOGRAFÍA

Adorno, T. W. (1998), *Educación para la emancipación. Conferencias y conversaciones con Hellmut Becker (1959-1969)*, ed. G. Kadelbach, Ediciones Morata, Madrid.

Agrawal, A., Gans, J., Goldfarb, A. (2018), *Prediction Machines the Simple Economics of Artificial Intelligence*, Harvard Business Review Press, Cambridge (Massachusetts).

Alchourrón, C. - Bulygin, E. (1974), *Introducción a la metodología de las ciencias jurídicas y sociales*, Astrea, Buenos Aires.

Alexandre, L. (2018), *La guerra delle intelligenze. Intelligenza artificiale contro intelligenza umana*, trad. it., N. Nappi, EDT, Torino.

Alexandre, L. - Babeau, O. (2016), "Confions la justice à l'intelligence artificielle!", en *Les Échos*, 21-09-2016. Disponible en: https://www.lesechos.fr/2016/09/confions-la-justice-a-lintelligence-artificielle-1112668 (última consulta, 1 de septiembre de 2023).

Alexy, R. (1986), *Theorie der Grundrechte*, Suhrkamp, Frankfurt am Main.

Altshuler, Y. - Pentland, A. - Bruckstein, A. M. (2018), *Swarms and Network Intelligence in Search*, Springer, Cham (Switzerland).

Angwin, J. - Larson, J. - Mattu, S. - Kirchner, L. (2016), "Machine bias risks assessments in criminal sentencing", en *ProPublica*, 23-05-2016. Disponible en: https://www.propublica.org/article/machine-bias-risk-assessments-in-criminal-sentencing (última consulta, 1 de septiembre de 2023).

Ara, T. K. - Radcliffe, M. F. - Fluhr, M. - Imp, K. (2022), "Exploring the Metaverse. What Laws will apply?". *DLA Piper*-Chambers TMT. February 22th 2022. Disponible en: https://www.dlapiper.com/en/latinamerica/insights/publications/2022/02/exploring-the-metaverse/ (última consulta, 1 de septiembre de 2023).

Arendt, H. (1959), *The Human Condition. A Study of the Central Dilemmas Facing Modern Man* (1958), Doubleday Anchor Books. Garden City (New York): trad. esp., R. Gil Novales, Paidós, Barcelona.

Agarwal, S. - Mishra, S. (2021), *Responsible AI. Implementing Ethical and Unbiased Algorithms*, Springer, Cham (Switzerland).

Atienza, M. (1993), *Tras la justicia. Una introducción al Derecho y al razonamiento jurídico*, Ariel, Barcelona.

– (2012), *El Derecho como argumentación*, Ariel, Barcelona.

– (2020), *Una apología del Derecho y otros ensayos*, Trotta, Madrid.

Balasubramanian, R. - Libarikian, A. - McElhaney, D. (2021), "Insurance 2030-The Impact of AI on the future of insurance", *McKinsey & Company*, March 12, 2021. Disponible en: https:// www.mckinsey.com/industries/financial-services/our-insights/insurance-2030-the-impact-of-ai-on-the-future-of-insurance (última consulta, 1 de septiembre de 2023)

Balbi, G. (2022), *L'ultima ideologia. Breve storia della rivoluzione digitale*, Editori Laterza, Bari-Roma.

Balkin, J. (2015), "The Path of Robotics Law", *California Law Review Circuit*, 6, pp. 45-60.

Barfield, W. (2015), *Cyber-Humans. Our Future with Machines*, Springer Cham-Heidelberg-New York-Dordrecht-London.

Barona Vilar, S. (2021a), "Una justicia 'digital' y 'algorítmica' para una sociedad en estado de naturaleza", en *Justicia algorítmica y neuroderecho. Una mirada multidisciplinar*, S. Barona Vilar (editora), Tirant lo Blanch, Barcelona, pp. 21-63.

- (2021b), *Algoritmización del Derecho y de la Justicia. De la Inteligencia Artificial a la* Smart Justice, Tirant lo Blanch, Valencia.

Barren, J. (2013), *Our Final Invention. Artificial Intelligence and the End of the Human Era*, Thomas Dunne Books/St Martin's Press, New York.

Barrio Andrés, Moisés (2018a), *Del Derecho de Internet al Derecho de los robots, en: Derecho de los robots*, Moisés Barrio Andrés (Editor). Madrid: Wolster Kluwer, 61-86.

- (2018b), Hacia una personalidad electrónica para los robots, en: *Revista de Derecho Privado*, nº 2, marzo-abril, 89-107.
- (2021), "Génesis y desarrollo de los derechos digitales", *Revista de las Cortes Generales*, nº 110, pp. 197-233.

Bauman, Z. (1998), *Globalization. The Human Consequences*, Polity Press, Cambridge.

- (2007), *Tiempos líquidos. Vivir en una época de incertidumbre*, trad. esp. C. Corral, Tusquets, Barcelona.

Beck, U. (1997), *Was ist Globalisierung? Irrtümer des Globalismus - Antworten auf Globalisierung*, Suhrkamp Verlag, Frankfurt am Main.

- (2016), *The Metamorphosis of the World*, Polity Press, Cambridge.

Belloso Martín, N. (2018), "La necesaria presencia de la ética en la robótica: la roboética y su incidencia en los derechos humanos", *Cadernos do Programa de Pos-Graduaçao em Direito*, vol. 13, nº 2, pp. 81-121.

- (2022), "La problemática de los sesgos algorítmicos (con especial referencia a los de género). ¿Hacia un derecho a la protección contra los sesgos?", en: *Inteligencia Artificial y Filosofía del derecho*, F. H. Llano Alonso (Director), J. Garrido Martín y R. Valdivia Jiménez (Coordinadores), Laborum Ediciones, Murcia, pp. 45-78.

Benon, H. - Decker, M. (2021), "Insuring Commercial Drones? Liability or Opportunity? *Insurance Journal*, September 6, 2021. Disponible en: https://www.insurancejournal.com/magazines/mag-features/2021/09/06/630181.htm (última consulta, 1 de septiembre de 2023).

Bergson, H. (1973), *La evolución creadora*, trad. esp., M. L. Pérez Torres, Espasa-Calpe, Madrid.

Bessen, J. (2020), "Attitudes to Technology. Part 1", *Work in the Future. The Automation Revolution,* R. Skidelsky-N. Craig (eds.), Palgrave MacMillan, Cham (Switzerland), pp. 83-88.

Blandino López, N. J. (2022), *La fiebre de los NFT y sus implicaciones jurídicas,* Instituto Derecho de Autor, Madrid.

Bobbio, N. (1958), *Teoria della norma giuridica,* Giappichelli, Torino.

– (1993) *Il dubbio e la scelta: intellettuali e potere nella società contemporánea,* Nis, Roma.

Boden, M. A. (2016), *AI. Its Nature and Future,* Oxford, Oxford University Press.

– (2017), Artificial Intelligence, en: *What's Next? Even Scientist Can't Predict the Future- or Can They?* Jim Al-Khalili (Editor), London, Profile Books, 118-128.

Boire, R. G. (2001), "On cognitive liberty III", *Journal of Cognitive Liberties,* 2, (1), pp. 7-22.

Boix Palop, A. (2020), "Los algoritmos son reglamentos: la necesidad de extender las garantías propias de las normas reglamentarias a los programas a los programas empleados por la Administración para la adopción de decisiones", *Revista de Derecho Público: Teoría y Método,* 1/2020, pp. 223-270.

– (2022), "Transparencia en la utilización de Inteligencia Artificial por parte de la Administración", *El Cronista del Estado social y democrático de derecho,* nº 100, pp. 90-105.

Borbón Rodríguez, D. A. - Borbón Rodríguez, L. F. - Laverde Pinzón, J. (2020), "Análisis crítico de los NeuroDerechos Humanos al libre albedrío y al acceso equitativo a tecnologías de mejora", en: *Ius et Scientia,* nº 6 (2), pp. 135-161.

Bostrom, N. (2014), *Superintelligence. Paths, Dangers, Strategies,* Oxford University Press, Oxford.

Brighi, R. (2021), "Cybersecurity. Dimensione publica e privata della sicurezza dei dati" (135-147), en: *Diritto e tecnologie informatiche. Questioni di informática giuridica, prospettive istituzionali e sfide sociali,* a cura di T. Casadei e S. Pietropaoli, Wolster Kluwer, Milano.

Bublitz, J. C. (2013), "My Mind is Mine!? Cognitive Liberty as a Legal Concept" (233-264), en: *Cognitive Enhancement,* E. Hildt and A. Francke (Editors), Springer, Berlin.

Bublitz, J. C. - Merkel, R. (2009), "Autonomy and Authenticity of Enhanced Personality Traits", en: *Bioethics,* vol. 25, nº 6, pp. 360-374.

Bucher, T. (2012), "Want to Be on the Top? Algorithmic Power and the Threat of Invisibility on Facebook", *New Media & Society.* Disponible en: https://journals.sagepub.com/doi/10.1177/1461444812440159 (última consulta, 1 de septiembre de 2023).

Buhmann, A. - Passmann, J. - Fieseler, C. (2019), "Managing algorithmic accountability: Balancing reputational concerns, engagement strategies, and the potential of rational discourse", *Journal of Business Ethics,* nº 163, pp. 265-280.

Disponible en: https:// link.springer.com/article/10.1007/s10551-019-04226-4 (última consulta, 1 de septiembre de 2023).

Butler, S. (2012), *Erewhon o al otro lado de las montañas,* trad. esp. Andrés Cotarelo Jiménez, Akal, Madrid.

Cáceres Nieto, E. - Díaz García, J. - García García, E. (2021), "Neuroética y neuroderechos", *Revista del Posgrado en Derecho de la UNAM,* nº 15, julio-diciembre, pp. 37-86.

Campione, R. (2020), *La plausibilidad del derecho en la era de la Inteligencia Artificial. Filosofía carbónica y filosofía silícica del derecho,* Dykinson, Madrid.

– (2022), "Desafíos iusfilosóficos de la armas autónomas", en: *Inteligencia Artificial y Filosofía del derecho,* F. H. Llano Alonso (Director), J. Garrido Martín y R. Valdivia Jiménez (Coordinadores), Laborum Ediciones, Murcia, pp. 263-284.

Capper, P. - Susskind, R. (1988), *Latent Damage Law-The Expert System,* Butterworths, London.

Carbonell, E, (2018), *Elogio del futuro. Manifiesto por una conciencia crítica de la especie,* Arpa, Barcelona.

Casadei, T. - Marzocco, V. - Zullo, S. (2019), *La didattica del diritto. Metodi, strumenti e prospettive* (Prefazione di Carla Faralli), Pacini Giuridica, Pisa.

Casadei, T. - Pietropaoli, S. (2021), *Diritto e tecnologie informatiche,* a cura di T. Casadei e Stefano Pietropaoli, Wolster Kluwer, Milano.

Casey, A. J. - Niblett, A. (2017) "The Death of Rules and Standards," *Indiana Law Journal,* Vol. 92, Issue 4, Article 3, 2017, pp. 1401-1447.

Casadei, T. (2022), "Las transformaciones del derecho en la era de la ciudadanía digital: nuevos enfoques y vías para la didáctica y la formación jurídica", en: *Inteligencia Artificial y Filosofía del derecho,* F. H. Llano Alonso (Director), J. Garrido Martín y R. Valdivia Jiménez (Coordinadores), Laborum Ediciones, Murcia, pp. 143-168.

Castro Sáenz, A. (2020), "El arte de enseñar Derecho. Una imagen y su panorámica". *Anales de la Real Academia Sevillana de Legislación y Jurisprudencia* X/2018-2019, pp. 75-142.

Cellan-Jones, R. - Hawkins, S. (2014), "Stephen Hawkins: Full Interview with Rory Cellan-Jones", BBC News: www.bbc.com/news/technology-30290540 (última consulta, 1 de septiembre de 2023).

Cerrillo i Martínez, A. (2020), "El derecho para una inteligencia artificial centrada en el ser humano y al servicio de las instituciones", en: *Revista de Internet, Derecho y Política,* núm. 30, pp. 1-6.

– (2021), "La transparencia de los algoritmos que utilizan las administraciones públicas", *Anuario de Transparencia Local 3/2020,* Fundación Democracia y Gobierno Local, pp. 41-78.

Chomsky, N. (2012), *La (des)educación (2000),* trad. esp. G. G. Djembé, Crítica/ Austral, Barcelona.

Chopra, S. - White, L (2011), *A Legal Theory for Autonomous Artificial Agents*, The University of Michigan Press, Ann Arbor.

Ciliberto, M. (2017), *Il nuovo Umanesimo*, Laterza, Bari-Roma.

Coeckelbergh, M. (2020), *AI Ethics*, The MIT Press, Cambridge (Massachusetts)-London.

– (2021), "Narrative responsability and irtificial Intelligence", *AI & Society*, https:// link.springer.com/content/pdf/10.1007/s00146-021-01375-x.pdf (última consulta, 1 de septiembre de 2023).

Cortina, A. (2013), *¿Para qué sirve realmente la ética?*, Paidós, Barcelona.

Cotino Hueso, L. (2019), Ética en el diseño para el desarrollo de una inteligencia artificial, robótica y *big data* confiables y su utilidad desde el Derecho, *Revista Catalana de Dret Públic*, núm. 58, pp. 29-48.

– (2023), "Discriminación, sesgos e igualdad de la Inteligencia Artificial en el sector público", en *Inteligencia Artificial y sector público. Retos, límites y medios*, E. Gamero Casado (Director)- F. L. Pérez Guerrero (Coordinador), Tirant lo Blanch, Valencia, pp. 260-352.

Crawford, K. (2021), *The Atlas of AI*, Yale University Press, New Haven (Connecticut)

Cristianini, N. (2023), *La scorciatoia. Come le macchine sono diventate intelligenti senza pensare in modo umano*, Il Mulino, Bologna.

Curcio, R. (2020), *Identità cibernetiche. Dissociazioni indotte, contesti obbliganti e comandi furtivi*, Edizioni Sensibili alle foglie, Roma.

Damasio, A. (2006), *El error Descartes*, trad. esp. Joandomènec Ros, Crítica/ Drakontos Bolsillo, Barcelona.

Darling, K. - Hauert, S. (2013), "Giving rights to robots", en: *RobotsPodcast* # 125, http://robohub.org/robots-giving-rights-to-robots (última consulta, 1 de septiembre de 2023).

De Asís Roig, R. (2014), *Una mirada a la robótica desde los derechos humanos*, Instituto de Derechos Humanos "Bartolomé de Las Casas" de la Universidad Carlos III de Madrid-Dykinson, Madrid.

– (2022a), *Derechos y tecnologías*, Dykinson-Departamento de Derecho Internacional Público, Eclesiástico y Filosofía del Derecho de la Universidad Carlos III de Madrid.

– (2022b), "Sobre la propuesta de los neuroderechos", *Derechos y libertades. Revista de Filosofía del Derecho y derechos humanos*, nº 47, pp. 51-70.

– (2022c), "Ética, tecnología y derechos", en: *Inteligencia Artificial y Filosofía del derecho*, F. H. Llano Alonso (Director), J. Garrido Martín y R. Valdivia Jiménez (Coordinadores), Laborum Ediciones, Murcia, pp. 25-44.

De Asís Pulido, M. (2022), "La problemática de los sesgos algorítmicos (con especial referencia a los de género). ¿Hacia un derecho a la protección contra los sesgos?", en: *Inteligencia Artificial y Filosofía del derecho*, F. H. Llano Alonso (Director), J. Garrido Martín y R. Valdivia Jiménez (Coordinadores), Laborum Ediciones, Murcia, pp. 285-312.

De Lucas Martín, J. (1994), "La justicia predictiva: tres posibles usos en la práctica jurídica", *Revista del Centro de Estudios Constitucionales,* nº 19, septiembre-diciembre, pp. 9-88.

Dewey, J. (1995), *Democracia y educación. Una introducción a la filosofía de la educación* (1916), trad. esp. L. Luzuriaga, Ediciones Morata, Madrid.

Díaz Alabart, S. (2018), *Robots y responsabilidad civil,* Reus, Madrid.

Diéguez, A. (2017), *Transhumanismo. La búsqueda tecnológica del mejoramiento humano,* Herder, Barcelona.

Dignum, V. (2022), "Relational Artificial Intelligence", en: Cornell University, https:// arxiv.org/abs/2202.07446v1

Dworkin, R. (1986), *Law's Empire,* The Belknap Press of Harvard University Press, Cambridge (Massachusetts).

– (2006), *Justice in Robes,* Harvard University Press, Cambridge (Massachusetts).

Eco, U. (2006), *Apocalípticos e integrados* (1965), trad. esp. A. Boglar, Lumen/ Tusquets, Barcelona.

Elster, J. (1979), *Ulysses and the Sirens. Studies in Rationality and Irrationality,* Editions de la Maison des Sciences de l'Homme - Cambridge University Press, Paris/Cambridge.

Endicott, T. A. O. (2001), *Vagueness in Law,* Oxford University Press, Oxford.

Ercilla García, J. (2018), *Normas de derecho civil y robótica. Robots inteligentes, personalidad jurídica, responsabilidad civil y regulación,* Aranzadi, Cizur Menor (Navarra).

– (2020), "La Inteligencia Artificial en la justicia: IA y jueces artificiales" (2020), *Robots inteligentes y personalidad, Revista Aranzadi de Derecho y Nuevas Tecnologías,* nº 53, mayo-agosto.

Esteve Pardo, J. (2019), *El desconcierto del Leviatán. Política y Derecho ante las incertidumbres de la ciencia,* Marcial Pons, Madrid-Barcelona-Buenos Aires.

Faini, F. - S. Pietropaoli (2021²), *Scienza giuridica e tecnologie informatiche,* Giappichelli, Torino.

Farah, M. J. (2002), "Emerging Ethical Issues in Neuroscience", *Nature Neuroscience,* nº 5, pp. 1123-1129.

Fassò, G. (1971), "Tra positivismo e nazismo giuridico". Rivista *Il Mulino* 5/71, pp. 789-798.

Ferry, L. (2017), *La revolución transhumanista. Cómo la tecnomedicina y la uberización del mundo van a transformar nuestras vidas,* trad. esp. Alicia Martorell, Alianza Editorial, Madrid.

Finlay, R. - Takeda, H. (2021), "Reflections on Decision-Making and Artificial Intelligence", en: Braunschweig, B. - Ghallab, M. (Eds), *Reflections on Artificial Intelligence for Humanity,* Springer, Cham (Switzerland), pp. 68-75.

Fioriglio, G. (2021), "Inteligencia Artificial: retos para el derecho en la sociedad global", en: *Inteligencia Artificial y Derecho. El jurista ante los retos de la era digital,*

F. H. Llano Alonso y J. Garrido Martín (Editores), Thomson Reuters Aranzadi, Cizur Menor (Navarra), pp. 113-132.

Fitzek, F. H. P. - Li, S. - Ch. - Speidel, S. - Strufe, T. (2021), "Tactile Internet with Human-in-the-Loop: New Frontiers of Transdisciplinary Research", *Tactile Internet with Human-in-the-Loop*, Academic Press, San Diego (California).

Floridi, L. (2016), "Faultless responsability: On the nature and allovation of moral responsability for distributed moral actions", *Philosophical Transactions of the Royal Society A: Mathematical, Physical and Engineering Sciences*, 374 (2083), https:// royalsocietypublishing.org/doi/10.1098/rsta.2016.0112 (última consulta, 1 de septiembre de 2023).

- (2022a), *Etica dell'intelligenza artificiale. Sviluppi, opportunità, sfide*, Rafaello Cortina Editore, Milano.
- (2022b), "Metaverse: a Matter of Experience", *Philosophy & Technology*, 35:73.

Frank, J. (1932), "Mr. Justice Holmes and Non-Eucledian Legal Thinking", *Cornell Law Quaterly*, vol. 27, pp. 568-603.

Friedman, M. (1970), "The Social Responsibility of Business is to Increase its Profits" (12). *The New York Times Magazine*, September 13, 1970.

Frosini, V. (1973), *Cibernetica, diritto e società*, Edizioni di Comunità, Milano.

- (1986) *L'uomo artificiale*, Spirali Edizioni, Milano.

Garapon, A. (2018), "Le Devenir systémique du droit", *La Semaine Juridique*, 21/2018, pp. 1014-1021.

Garapon, A. - Lassègne, J. (2021), *La giustizia digitale. Determinismo tecnologico e libertà*, trad. it., F. Morini, Il Mulino, Bologna.

Garcés Mascareñas, M. (2006), "Adorno y Lukács. Pensar en la grieta de la racionalidad". *Daimon. Revista de Filosofía* 37, pp. 85-97.

García Suárez, A. (1995), *Qualia: propiedades fenomenológicas. La mente humana.* Fernando Broncano (Editor), Trotta, Madrid.

Garrido Gómez, Mª I. (2014), *La función de los jueces: contexto, actividades e instrumentos*, Thomson Reuters Aranzadi, Cizur Menor (Navarra).

Garrido Martín, J. (2022), "Inteligencia (Artificial) y automatismo. Anatomía de un conflicto", en: *Inteligencia Artificial y Filosofía del derecho*, F. H. Llano Alonso (Director), J. Garrido Martín y R. Valdivia Jiménez (Coordinadores), Laborum Ediciones, Murcia, pp. 169-188.

Garriga Domínguez, A. (2022), "La problemática de los sesgos algorítmicos (con especial referencia a los de género). ¿Hacia un derecho a la protección contra los sesgos?", en: *Inteligencia Artificial y Filosofía del derecho*, F. H. Llano Alonso (Director), J. Garrido Martín y R. Valdivia Jiménez (Coordinadores), Laborum Ediciones, Murcia, pp. 451-474.

Garzón Valdés, E. (1989a), "Representación y democracia", *Doxa. Cuadernos de Filosofía del derecho*, nº 6, 1989, pp. 143-164.

- (1989b), "Algo más acerca del *coto vedado*", *Doxa. Cuadernos de Filosofía del derecho*, nº 6, 1989, pp. 209-213.

Gebru, T. (2020), "Race and Gender", en: *The Oxford Handbook of Ethics of AI*, M. Dubber, F. Pasquale and S. Das (Editors), Oxford University Press, Oxford, pp. 252-269.

Gianformaggio, L. (1995), *Filosofia e critica del diritto*, Giappichelli, Torino.

– (2008), "Il filosofo del diritto e il diritto positivo" (1991), en *Filosofia del diritto e ragionamento giuridico*, Giappichelli, Torino, pp. 25-40.

Gibson, L. (2021), "Bias in Artificial Intelligence", en *Harvard Magazine*. Disponible en: https:// www.harvardmagazine.com/2021/08/meredith-broussard-ai-bias-documentary

Goering, S. - Brown, T. - Klein, E. (2021), "Neurotechnology Ethics and Rational Agency", *Philos Compass*, 2021 March 10. Disponible en: https://www.ncbi.nlm.nih.gov/pmc/articles/PMC8443241/ (última consulta, 1 de septiembre de 2023).

Gómez Abeja, L. (2022), "Inteligencia Artificial y derechos fundamentales", en: *Inteligencia Artificial y Filosofía del derecho*, F. H. Llano Alonso (Director), J. Garrido Martín y R. Valdivia Jiménez (Coordinadores), Laborum Ediciones, Murcia, pp. 91-114.

Gray, P. N. (1997), *Artificial Legal Intelligence*, Datmouth, Aldershot-Brookfield (USA)-Singapore-Sydney.

Green, B. - Viljoen, S. (2020), "Algorithmic Realism: Expanding the Boundaries of Algorithmic Thought", en Proceedings of the 2020 Conference on Fairness, Accountability and Transparency, ACM, Barcelona. Disponible en: https://doi.org/10.1145/3351095.3372840 (última consulta, 1 de septiembre de 2023)

Grote, T. - Berens, P. (2019), "On the Ethics of Algorithmic Decision-Making in Healthcare", *Journal of Medical Ethics*, nº 46, 20th November 2019, pp. 205-211. Disponible en: https:// 10.1136/medethics-2019-105586 (última consulta, 1 de septiembre de 2023)

Grossi, P. (2003), *Prima lezione di diritto*, Laterza, Bari.

Gunkel, D. J. (2018), *Robot Rights*, The MIT Press, Cambridge (Massachusetts).

Günther, G. (1963), *Das Bewusstsein der Maschinen. Eine Metaphysik der Kybernetik*, Agis Verlag, Baden Baden-Krefeld.

Gupta, D - Krishnan, T. S. (2020), "Algorithmic Bias: Why Bother?", *California Management Review*, 17 November 2020. Disponible en: https:// cmr.berkeley.edu/2020/11/algorithmic-bias/ (última consulta, 1 de septiembre de 2023).

Habermas, J. (1981), *Theorie des Kommunikativen Handelns* (2 Bände), Suhrkamp, Frankfurt am Main.

Hagi, I. (1998), *Moral Appraisability. Puzzles, Proposals and Perplexities*, Oxford University Press, Oxford/New York.

Han, B. - Ch. (2020), La sociedad de la transparencia, trad. esp. R. Gabás, Herder, Barcelona.

– (2021), *No-cosas. Quiebras del mundo de hoy*, trad. esp. J. Chamorro Mielke, Taurus, Barcelona.

Harari, Y. N. (2017), *Homo Deus. A Brief History of Tomorrow,* Vintage Penguin Random House, London.

Herbert, B. - Anderson, K. J. (2011[5]), *Dune. La Yihad butleriana,* trad. esp., Eduardo G. Murillo, Debolsillo, Barcelona.

Hernández Marín, R. (2021), "Teorías de la argumentación jurídica: una mirada crítica", en *Argumentación jurídica y conflictos de derechos,* J. A. García Amado-J. A. Sendín Santos (eds.), Universidad de Salamanca-Tirant lo Blanch, Valencia, pp. 65-84.

Hildebrandt, M. (2018), "Algorithmic Regulation and the Rule of Law", *Philosophical Transactions Royal Society A* 376: 20170355, 2018. Disponible en: https://royalsocietypublishing.org/doi/full/10.1098/rsta.2017.0355 (última consulta, 1 de septiembre de 2023).

Holmes, O. W., "The Path of the Law", *Harvard Law Review,* vol. X, nº 8, 1897, pp. 457-478.

– (2012), *La senda del Derecho,* traducción y estudio preliminar de José Ignacio Solar Cayón, Marcial Pons, Madrid-Barcelona-Buenos Aires.

Huergo Lora, A. (2020), "Una aproximación a los algoritmos desde el Derecho administrativo", en *La regulación de los algoritmos* (Director: Alejandro Huergo Lora; coordinador: Gustavo Manuel Díaz González), Thomson Reuters Aranzadi, Cizur Menor (Navarra), pp. 23-87.

– (2023), "Hacia la regulación europea de la Inteligencia Artificial", en *Inteligencia Artificial y sector público. Retos, límites y medios,* E. Gamero Casado (Director)- F. L. Pérez Guerrero (Coordinador), Tirant lo Blanch, Valencia, pp. 743-762.

Huizinga, J. (2010), *Homo ludens,* trad. esp., E. Ímaz, Alianza Editorial/Emecé, Madrid.

Ienca, M. - Andorno, R. (2017), "A New Category of Human Rights: Neurorights". Disponible en: http://blogs.biomedcentral.com/bmcblog/2017/04/26/new-category-human-rights-neurorights/ (última consulta, 1 de septiembre de 2023).

Illich, I. D. (1992), "L'alfabetizzazione informática e il sogno cibernético", en: *Nello specchio del passato,* I. D. Illich (Editor), RED Edizioni, Milano.

Irti, N. (2016), *Un diritto incalcolabile,* Giappichelli, Torino.

– (2007), *Il diritto nell'età della tecnica.* Napoli. Editoriale Scientifica.

Irti, N. - Severino, E. (2001), *Dialogo su diritto e tecnica.* Roma-Bari. Laterza.

Jaeger, W. (1957), *Paideia: los intelectuales de la cultura griega* (1933), trad. esp. J. Xirau, Fondo de Cultura Económica, México-Madrid-Buenos Aires.

Jakobs, G. - Polaino Orts, M. (2009), *Derecho penal del enemigo: fundamentos, potencial de sentido y límites de vigencia.* Bosch, Barcelona.

Jie, Z. - Zhiying, Z. - Li, L. (2021), "A Meta-Analysis of Watson for Oncology in Clinical Application", *Nature*, 11:5792, https://www.nature.com/articles/s41598-021-84973-5 (última consulta, 1 de septiembre de 2023).

Joy, B. (2000), Why the Future Doesn't Needs Us? *Wired*, 04.01.2000. *https://*www.wired.com/2000/04/joy-2/

Kapitan, T. (2000), *Autonomy and Manipulated Freedom, Philosophical Perspectives. Action and Freedom*, nº 14, pp. 81-103.

Kaku, M. (2018), *The Future of Humanity. Terraforming Mars, Interstellar Travel, Inmortality and Our Destiny Beyond Earth*, Penguin Random House, London.

Kurzweil, R. (2000), *The Age of Spiritual Machines: When Computers Exceed Human Intelligence*. Penguin, New York.

– (2015), *The Singularity is Near: When Humans Transcend Biology*, Viking Penguin, New York.

Lacruz Mantecón, M. (2019), "Sé que estás mintiendo" o los límites de la Inteligencia Artificial, en: *Revista de Derecho del Mercado de Valores*, nº 25, Sección Crónica del Mercado de Valores, segundo semestre de 2019, Wolters Kluwer, La Ley 15057/2019.

Laporta San Miguel, F. (1987), "Sobre el concepto de derechos humanos", en: *Doxa*, nº 4, pp. 23-46.

Larson, E. J. (2022), *El mito de la Inteligencia Artificial. Por qué las máquinas no pueden pensar como nosotros lo hacemos*, trad. esp., Milo J. Krmpotić, Shackleton Books, Barcelona.

Lau, P. L. (2019), "The Extension of Legal Personhood in Artificial Intelligence", *Revista de Bioética y Derecho*, nº 46, pp. 47-66.

Laukyte, M. (2021), "Dignidad humana y nuevos derechos: el derecho a la Inteligencia Artificial", en: *Inteligencia Artificial y Derecho. El jurista ante los retos de la era digital*, F. H. Llano Alonso y J. Garrido Martín (Editores), Thomson Reuters Aranzadi, Cizur Menor (Navarra), pp. 183-200.

Leith, P. (1998), "The Judge and the Computer: How Best 'Decision Support'?", *Artificial Intelligence and Law*, 6, 1998, pp. 289-309.

Lettieri, N. (2020), *Antigone e gli algoritmi. Appunti per un approccio giusfilosofico*, Mucchi, Modena.

Lipshaw, J. M. (2011), "The Venn Diagram of Business Lawyering Judgments: Toward a Theory of Practical Metadisciplinarity", *Seton Hall Law Review*, vol. 41:1, pp. 1-74.

Lipworth, W. - Mason, P. H. - Kerridge, I. - Ioannidis, J. P. A. (2017), "Ethics and Epistemology in Big Data Research", *Journal of Bioethical Inquiry*, 14 (4), pp. 489-500. Disponible en: https:// link.springer.com/article/10.1007/s11673-017-9771-3 (última consulta, 1 de septiembre de 2023)

Llano Alonso, F. H. (2002), *El humanismo cosmopolita de Immanuel Kant*, Dykinson-Instituto de Derechos Humanos "Bartolomé de Las Casas" de la Universidad Carlos III de Madrid, Madrid.

- (2018), *Homo Excelsior. Los límites ético-jurídicos del transhumanismo,* Tirant lo Blanch, Valencia.

Lledó Íñigo, E. (2011), *El silencio de la escritura,* Espasa, Barcelona.

- (2015), *Palabra y humanidad,* KRK Ediciones, Oviedo.

Locke, J. (2003), *Second Treatise of Government* (1690), En: Ian Shapiro (ed.) *Two Treatises of Government and a Letter Concerning Toleration,* Yale University Press, New Haven-London.

Longo, E. (2019), "Dai big data alle 'bolle filtro': nuovi rischi per i sistema democratici", *Percorsi costituzionali,* 1/2019, pp. 29-44.

López Hernández, H. (2021), "Neuroderecho, neuroabogado, neurojusticia: una realidad innegable" (87-108), en: *Justicia algorítmica y neuroderecho. Una mirada interdisciplinar,* S. Barona Vilar (Editora), Tirant lo Blanch, Valencia.

Losano, M. G. (1969), *Giuscibernetica. Macchine e modelli cibernetici del diritto,* Einaudi, Torino.

- (2022), *Scritti di informatica e diritto. Per una storia dell'informatica giuridica* (Vol. 1 e 2), a cura di P. Garbarino e M. Cavino, Mimesis Edizioni, Milano-Udine.

Marcus, S. J. (2002), *Neuroethics. Mapping the Field,* The Dana Press, New York.

Marcuse, H. (1987), *El hombre unidimensional. Ensayo sobre la ideología de la sociedad industrial avanzada* (1954), trad. esp. A. Elorza, Ariel, Barcelona.

Margolis, J. (2017), "Rights for Robots Is No More Than Intellectual Game", *Financial Times,* 10 May, https://www.ft.com/content/2f41d1d2-33d3-11e7-99bd-13beb0903fa3 (última consulta, 1 de septiembre de 2023)

Martín Delgado, I. (2023), "La aplicación del principio de transparencia a la actividad administrativa algorítmica", en *Inteligencia Artificial y sector público. Retos, límites y medios,* E. Gamero Casado (Director)- F. L. Pérez Guerrero (Coordinador), Tirant lo Blanch, Valencia, pp. 132-194.

Mayer-Schönberger, V. - Cukier, K. (2013), *Big Data. A Revolution That Will Transform How We Live, Work, and Think,* Houghton Mifflin Harcourt, Boston (Massachusetts).

McEwan, I. (2019), *Máquinas como yo y gente como vosotros,* trad. esp. J. Zulaika, Anagrama, Barcelona.

Medina Guerrero, M. (2022), "El derecho a conocer los algoritmos utilizados en la toma de decisiones. Aproximación desde la perspectiva del derecho fundamental a la protección de datos personales", *Teoría y realidad constitucional,* nº 49, pp. 141-171.

Mele, A. R. (1995), *Autonomous Agents. From Self-Control to Autonomy,* Oxford University Press, Oxford/New York.

Messía de la Cerda Ballesteros, J. A. (2020), *Robots inteligentes y personalidad,* en: Revista Aranzadi de Derecho y Nuevas Tecnologías, nº 53, mayo-agosto.

Minsky, M. (2006), *The Emotion Machine: Commonsense Thinking, Artificial Intelligence, and the Future of the Human Mind,* Simon & Schuster, New York-London-Toronto-Sidney.

Miró Llinares, F. (2018), "Inteligencia Artificial y Justicia Penal: más allá de los resultados lesivos causados por los robots", *Revista de Derecho Penal y Criminología*, 3, nº 20, pp. 87-130.

Molinuevo, J. L. (2002), *Para leer a Ortega*, Alianza Editorial, Madrid.

Moore, S. (2021), "Law in the Metaverse", *Forbes*. December 22th 2021. Disponible en: https://www.forbes.com/sites/schuylermoore/2021/12/22/law-in-the-metaverse/?sh=2a431fab45d1 (última consulta, 1 de septiembre de 2023).

Moravec, H. (1988), *Mind Children: The Future of Robot and Human Intelligence*. Harvard University Press, Cambridge (Massachusetts).

Moral Soriano, L. (2022), "Decisiones automatizadas, Derecho Administrativo y argumentación jurídica", en: *Inteligencia Artificial y Filosofía del derecho*, F. H. Llano Alonso (Director), J. Garrido Martín y R. Valdivia Jiménez (Coordinadores), Laborum Ediciones, Murcia, pp.

Morente Parra, V. (2021), "La inteligencia híbrida: ¿hacia el reconocimiento y garantía de los neuroderechos?", en: *Inteligencia Artificial y Derecho. El jurista ante los retos de la era digital*, F. H. Llano Alonso y J. Garrido Martín (Editores), Thomson Reuters Aranzadi, Cizur Menor (Navarra), pp. 475-500.

Morozov, E. (2015), *Le Mirage numérique. Pour une politique des Big Data*, Les Prairies ordinaires, Paris.

Murgia, M. (2018), "DeepMind's move to transfer health unit to Google stirs data fears", *Financial Times*, 13th November, https://www.ft.com/content/f4a73450-e771-11e8-8a85-04b8afea6ea3 (última consulta, 1 de septiembre de 2023).

Nieva Fenoll, J. (2018), *Inteligencia Artificial y proceso judicial*, Marcial Pons, Madrid.

Nino, C. S. (1989), "Autonomía y necesidades básicas", *Doxa. Cuadernos de Filosofía del derecho*, nº 6, 1989, pp. 21-34.

Nolfi, S. - Floreano, D. (2000), *Evolutionary Robotics. The Biology, Intelligence, and Technology of Self-Organizing Machines*, The MIT Press, Cambridge (Massachusetts)-London.

Nussbaum, M. C. *Frontiers of Justice. Disability, Nationality. Species Membership* (2007), The Belknap Press of Harvard University Press, Cambridge (Massachusetts)-London.

- (2010), *Not for Profit. Why Democracy needs the Humanities*, Princeton University Press, Princeton (New Jersey) -Woodstock (Oxfordshire, England, UK).
- (2012), *Crear capacidades. Propuesta para el desarrollo humano*, trad. esp., A. Santos Mosquera, Paidós, Barcelona. Nussbaum, M. C. (2003), *Cultivating Humanity. A Classical Defense of Reform in Liberal Education*, Harvard University Press, Cambridge (Massachusetts)-London.

O'Neil, C. (2016), *Weapons of Math Destruction. How Big Data increases Inequality and Threatens Democracy*, Penguin Random House, London.

Ordine, N. (2013), *L'Utilità dell'inutile. Manifesto* (con un saggio di Abraham Flexner), Bompiani, Milano.

Ortega y Gasset, J. *Ortega y Gasset, José. 2004-2010. Obras completas* (en diez volúmenes), Taurus/Fundación José Ortega y Gasset, Madrid.

- (2005), *La deshumanización del arte e ideas sobre la novela (1925)*, en: *Obras completas. Tomo III (1917/1925)*, Fundación José Ortega y Gasset/Taurus, Madrid, pp. 847-916.
- (2009a), *La razón histórica (1944)*, en: *Obras completas. Tomo IX (1933-1948)*, Fundación José Ortega y Gasset/Taurus, Madrid, pp. 625-700.
- (2009b), *Sobre una nueva interpretación de la historia universal. Exposición y examen de la obra de Arnold Toynbee: A Study of History* (1948), en: *Obras completas. Tomo IX (1933-1948)*, Fundación José Ortega y Gasset/Taurus, Madrid, pp. 1187-1408.
- (2006a), *Ensimismamiento y alteración* (1931), en: *Obras completas. Tomo V (1932/1940)*, Fundación José Ortega y Gasset/Taurus, Madrid, pp. 529-550.
- (2006b), *Meditación de la Técnica* [1939], en: José Ortega y Gasset. *Obras Completas. Tomo V (1932/1940)*, Madrid, Fundación José Ortega y Gasset/Taurus, pp. 551-605.
- (2008), ¿Qué es la vida? [Lecciones del Curso 1930-1931], en: José Ortega y Gasset. *Obras Completas. Tomo VIII (1926/1932). Obra Póstuma*, Madrid, Fundación José Ortega y Gasset/Taurus, pp. 413-463.

Pagallo, U. (2013), *The Laws of Robots. Crimes, Contracts, and Torts*, Springer, Dordrecht-Heidelberg-New York-London.

Pardo, J. L. (2008), "La descomposición de la Universidad", *El País*, 10 de noviembre de 2008 (en el apéndice del libro de: Llovet, Jordi. 2012 (2ª ed.). *Adiós a la Universidad. El eclipse de las Humanidades*, Galaxia Gutenberg/Círculo de Lectores, Barcelona, pp. 391-395. Barcelona.

Pasquale, F. (2015), *The Black Box Society. The Secret Algorithms that control Money and Information*, Harvard University Press, Cambridge (Massachusetts).

Pearl, J. - Mackenzie, D. (2019), *The Book of Why. The New Science of Cause and Effect*, Penguin Random House (UK), London.

Pentland, A. (2011), "Society's Nervous System: Building Effective Government, Energy, and Public Health Systems", *MIT Open Access Articles*, october 2011: http://dspace.mit.edu/handle/1721.1/66256 (última consulta, 1 de septiembre de 2023).

- (2014), *Social Physics. How Good Ideas Spread. The Lessons from a New Science*, Penguin Press, New York.

Pérez Lledó, J. A. (2007), "Teoría y práctica en la enseñanza del derecho", *Academia. Revista de Enseñanza del Derecho*, nº 9, pp. 87-106.

Pérez Luño, Antonio Enrique (1971), *Iusnaturalismo y positivismo jurídico en la Italia moderna*, Publicaciones del Real Colegio de España en Bolonia, Zaragoza-Bolonia.

– (1987), "Concepto y concepción de los derechos humanos: (Acotaciones a la ponencia de Francisco Laporta)", en: *Doxa*, nº 4, pp. 47-66.
– (1992) "La Filosofía del Derecho y la formación de los juristas": 7-26, en *Lecciones de Moral y Política*, Departamento de Filosofía del Derecho. Universidad de Sevilla, Sevilla.
– (2006), *La tercera generación de derechos humanos*, Thomson/Aranzadi, Cizur Menor (Navarra).
– (2012), *Los derechos humanos en la sociedad tecnológica*, Editorial Universitaria, Madrid.
– (2014) "Los derechos humanos ante las Nuevas Tecnologías": en *Nuevas Tecnologías y Derechos Humanos*, editor: A. E. Pérez Luño. El Tiempo de los Derechos-Huri Age Consolider-Ingenio 2010. Vol. 4, Tirant lo Blanch, Valencia, pp. 15-34.
– (2018) *Derechos humanos, Estado de Derecho y Constitución* (1984), 12ª ed., Tecnos, Madrid.
– (2021), "La Inteligencia Artificial en tiempo de pandemia", en: *Inteligencia Artificial y Derecho. El jurista ante los retos de la era digital*, F. H. Llano Alonso y J. Garrido Martín (Editores), Thomson Reuters Aranzadi, Cizur Menor (Navarra), pp. 33-50.

Petrella, R. (1998), "Temores de una tecnoutopía", en: Ignacio Ramonet (ed.), *Internet, el mundo que llega. Los nuevos caminos de la comunicación*, trad. esp. Juan María López de Sa, Alianza Editorial, Madrid, pp. 161-164.

Pietropaoli, S. (2019), "Cyberspazio. Ultima frontera dell'inimicizia? Guerre, nemici e pirati nel tempo della rivoluzione digitale", en: *Rivista di Filosofia del diritto*, 2, pp. 379-400.
– (2022a), "En primera persona. Un réquiem por el derecho de la era digital", en: *Inteligencia Artificial y Filosofía del derecho*, F. H. Llano Alonso (Director), J. Garrido Martín y R. Valdivia Jiménez (Coordinadores), Laborum Ediciones, Murcia, pp. 217-233.
– (2022b), *Informatica criminale. Diritto e sicurezza nell'era digitale*, Giappichelli, Torino.

Piketty, T. (2014), *Capital in the Twenty-First Century*, Belknap Press, Cambridge (Massachusetts).

Pinker, S. (2019), *Enlightenment Now. The Case for Reason, Science, Humanism and Progress*, Penguin Random House UK, London.

Piñar Mañas, J. L. (2019), "Inteligencia artificial: técnica, ética y derecho", *Escritura Pública*, núm. 118, pp. 40-41.

Pitrat, J. (2009), *Artificial Beings: The Concience of a Conscious Machine*, John Wiley & Sons Inc., Hoboken (New Jersey)-London.

Pollicino, O. - De Gregorio, G. (2022), "Constitutional Law in the Algorithmic Society", en: *Constitutional Challenges in the Algorithmic Society*, H-W. Micklitz, O. Pollicino, A. Reichman, A. Simoncini, G. Sartor and G. De Gregorio (Editors), Cambridge University Press, Cambridge (UK), pp. 3-24.

Ponce Solé, J. (2019a), *La lucha por el derecho a una buena administración: el estándar jurídico de diligencia debida y el buen gobierno en las políticas públicas*, Cuadernos de la Cátedra de Democracia y Derechos Humanos, núm. 15, Universidad de Alcalá de Henares- Defensor del Pueblo, Alcalá de Henares.

- (2019b), "Inteligencia artificial, Derecho administrativo y reserva de humanidad, algoritmos y procedimiento administrativo debido tecnológico", *Revista General de Derecho Administrativo*, nº 50, pp. 141-171.
- (2023), "Seres humanos e Inteligencia Artificial: discrecionalidad artificial, reserva de humanidad y supervisión humana", en *Inteligencia Artificial y sector público. Retos, límites y medios*, E. Gamero Casado (Director)- F. L. Pérez Guerrero (Coordinador), Tirant lo Blanch, Valencia, pp. 196-226.
- (2022), "Reserva de humanidad y supervisión humana de la Inteligencia Artificial", *El Cronista del Estado social y democrático de derecho*, nº 100, pp. 58-67.

Pötzsch, H. (2018), "Archives and Identity in the Context of Social Media and Algorithmic Analytics: Towards an Understanding of iArchive and Predictive Retention", Vol. 20, nº 9, *New Media & Society* 3304.

Powles, J. - Hodson, H. (2017), "Google DeepMind and Healthcare in Age of Algorithms", *Health and Technology*, 7/2017, pp. 351-367. Disponible en: https:// link.springer.com/article/10.1007/s12553-017-0179-1 (última consulta, 1 de septiembre de 2023).

Presno Linera, M. (2022a), "Derechos fundamentales e Inteligencia Artificial en el Estado social, democrático y *digital* de Derecho", *El Cronista del Estado social y democrático de derecho*, nº 100, pp. 48-57.

- (2022b) *Derechos fundamentales e Inteligencia Artificial*, Marcial Pons, Madrid-Barcelona-Buenos Aires-Sao Paulo.

Price, M. E. (2001), "The Newness of Technology", *Cardozo Law Review*, 22/2001, pp. 1885-1913.

Prieto Sanchís, L. (1996), *Introducción al Derecho*, Ediciones de la Universidad de Castilla-La Mancha, Cuenca.

Ramonet, I. (1998a), *Geopolitics of Chaos: Industrialisation, Cyberculture and Political Chaos*, Algora Publishing, New York.

- (2018b), *Un mundo sin rumbo. Crisis de fin de siglo*, trad. esp. Antonio Albiñana. Debate, Madrid.

Rao, D. M. - Chernyakhovsky, A. - Rao, V. (2011), "Analyzing Global Epidemiology of Diseases Using Human-in-the-Loop Bio-Simulations" (153-174), *Human-in-the-Loop Simulations* (eds. L. Rothrock-S. Narayanan), Springer Verlag, London.

Rawls, J. (1971), *A Theory of Justice*, The Belknap Press of Harvard University Press, Cambridge (Massachusetts)-London.

Raz, J. (2001), "Reasoning with Rules", *Current Legal Problems*, vol. 54, pp. 1-18.

Richardson, R., Schultz, J. and Crawford, K. (2019), 'Dirty data, bad predictions: How civil rights violations impact police data, predictive policing systems, and justice', *NYU Law Review*, vol. 94, nº 192, p. 218.

Rivero Ortega, R. (2023), "¿Pueden los robots reemplazar a los funcionarios?", *Derecho digital e Innovación. Digital Law and Innovation Review*, nº 16 (abril-junio).

– "Algoritmos, sesgos, sexos y géneros: la sensatez del derecho", *Revista de la Facultad de Derecho de México*, vol. 73, nº 285, pp. 5-30.

– "Algoritmos, inteligencia artificial y policía predictiva del estado vigilante", Revista General de Derecho Administrativo, nº 62.

Rodrik, D. (2011), *La paradoja de la globalización. Democracia y el futuro de la economía mundial*, trad. esp. María Dolores Crispín Sanchís, Antoni Bosch, Barcelona.

Ross, M. - Taylor, J. (2021), "Managing AI Decision-Making Tools", *Harvard Business Review*, https://hbr.org/2021/11/managing-ai-decision-making-tools (última consulta, 1 de septiembre de 2023).

Russell, B. (2015), *Sobre educación* (1926), trad. esp. J. Huici Miranda, Espasa/Austral, Barcelona.

Salardi, S. (2023), *Intelligenza artificiale e semantica del cambiamento: una lettura critica*, Giappichelli, Torino.

Sánchez Bravo, A. (2022), "España Digital 2025. Estrategia Nacional de Inteligencia", en: *Inteligencia Artificial y Filosofía del derecho*, F. H. Llano Alonso (Director), J. Garrido Martín y R. Valdivia Jiménez (Coordinadores), Laborum Ediciones, Murcia, pp. 501-528.

Sánchez Hidalgo, A. (2022), "Reflexiones en torno a la personalidad electrónica de los robots", en: *Inteligencia Artificial y Filosofía del derecho*, F. H. Llano Alonso (Director), J. Garrido Martín y R. Valdivia Jiménez (Coordinadores), Laborum Ediciones, Murcia, pp. 337-380.

Sánchez Martínez, O. (2022), "La fragilidad de la verdad en la sociedad digital", en: *Inteligencia Artificial y Filosofía del derecho*, F. H. Llano Alonso (Director), J. Garrido Martín y R. Valdivia Jiménez (Coordinadores), Laborum Ediciones, Murcia, pp. 115-142.

Sanguinetti, P. (2023), *Tecnohumanismo. Por un diseño narrativo y estético de la inteligencia artificial*, La Huerta Grande Editorial, Madrid, 2023.

Santos, B. de Sousa, (2002), *Toward a New Legal Common Sense*, Butterworths, London.

– (2005), *Law and Globalization from Below. Towards a Cosmopolitan Legality*. Cambridge University Press. Cambridge.

Sarra, C. (2019), *Il mondo-dato. Saggi su datificazione e diritto*, Cleup, Padova.

Sartor, G. (1993), *Artificial Intelligence in Law*, Tano, Oslo.

Sartori, G. (2018), *Homo videns. La sociedad teledirigida*, trad. esp., A. Díaz Soler, De Bolsillo, Barcelona.

Savulescu, J. - Persson, I. (2012), "Moral Enhancement, Freedom and the God Machine", *The Monist* 95 (3), pp. 399-421.

Savulescu, J. - Maslen, H. (2015), "Moral Enhacement and Artificial Intelligence: Moral IA?", en: *Beyond Artificial Intelligence. The Disappearing Human-Machine Divide*, J. Romportl, E. Zackova and J. Kelemen (eds.), Springer, Cham-Heidelberg-New York-Dordrecht-London, pp. 79-95.

Scarpelli, U. (1965), *Cos'è il positivismo giuridico*, Comunità, Milano.

Schiavello, A. (2020), "La formazione del giurista contemporaneo", Rivista *Il Mulino* 30, aprile.

Schwab, K. (2016), *The Fourth Industrial Revolution*, World Economic Forum, Geneva.

Schwab, K. - Melleret, T. (2020), *Covid-19: el gran reinicio*, World Economic Forum, Geneva.

Schwab, Klaus-Vanham, P. (2021), *Stakeholder Capitalism. A Global Economy that Works for Progress, People and Planet*, Wiley, Hoboken (New Jersey).

Sebreli, J. J. (1992), *El asedio a la modernidad*, Ariel, Barcelona.

Sententia, W. (2004), "Neuroethical Considerations: Cognitive Liberty and Converging Technologies for Improving Human Cognition", *Annals of the New York Academy of Science*, nº 1013, pp. 221-228.

Serrano Acitores, A. (2022), *Metaverso y Derecho*, Tecnos, Madrid.

Seth, A. (2021), *La creación del yo. Una nueva ciencia de la conciencia*, trad. esp. A. Santos Mosquera, Sexto Piso, Ciudad de México-Madrid.

Shackle, S. (2020), "The Mistery of the Gatwick Drone", *The Guardian*, 1 December, https://www.theguardian.com/uk-news/2020/dec/01/the-mystery-of-the-gatwick-drone (última consulta, 1 de septiembre de 2023).

Shaw, J. (2019), "Artificial Intelligence and Ethics", en *Harvard Magazine*. Disponible en: https:// www.harvardmagazine.com/2019/01/artificial-intelligence-limitations (última consulta, 1 de septiembre de 2023).

Singer, P. (2015), *Animal Liberation*, Bodley Head, London.

Simoncini, A. - Longo, E. (2022), "Fundamental Rights and the Rule of Law in the Algorithmic Society", en: *Constitutional Challenges in the Algorithmic Society*, H-W. Micklitz, O. Pollicino, A. Reichman, A. Simoncini, G. Sartor and G. De Gregorio (Editors), Cambridge University Press, Cambridge (UK), pp. 27-41.

Simondon, G. (2007), *El modo de existencia de los objetos técnicos*, trad. esp. M. Martínez y P. Rodríguez, Prometeo Libros, Buenos Aires.

Skinner, B. F. (2005), *Walden Two*, Hackett, Indianapolis.

Solanes Corella, Á. (2018), "La importancia de los estudios jurídicos dentro del EEES", *Revista de Educación y Derecho*, nº 17, abril-septiembre.

Solar Cayón, J. I. (2012), "Holmes: el inicio de una nueva senda jurídica", en Holmes, O. W., *La senda del Derecho*, traducción y estudio preliminar de José Ignacio Solar Cayón, Marcial Pons, Madrid-Barcelona-Buenos Aires, pp. 11-52.

– (2019), *La Inteligencia Artificial Jurídica. El impacto de la innovación tecnológica en la práctica del Derecho y el mercado de servicios jurídicos*, Thomson Reuters Aranzadi, Cizur Menor (Navarra).
– (2021), "IA en la abogacía: el futuro ya está aquí", en: *Inteligencia Artificial y Derecho. El jurista ante los retos de la era digital*, F. H. Llano Alonso-J. Garrido Martín (eds.), Thomson Reuters Aranzadi, Cizur Menor (Navarra).
– (2022), "Inteligencia Artificial y justicia digital" (2022), en: *Inteligencia Artificial y Filosofía del derecho*, F. H. Llano Alonso (Director), J. Garrido Martín y R. Valdivia Jiménez (Coordinadores), Laborum Ediciones, Murcia, pp. 381-430.

Sommaggio, P. - Mazzocca, M. - Gerola, A. y Ferro, F. (2017), "Cognitive liberty. A first step towards a human neuro-rights declaration", en: *BioLaw Journal-Rivista di BioDiritto*, nº 3, pp. 27-45.

Stern, Simon-Del Mar, Maksymilian-Meyler, Bernardette (Editors) (2020), *The Oxford Handbook of Law and Humanities*, Oxford University Press, New York.

Strain, S. - Kugele, S. - Franklin, S. (2014), "The Learning Intelligent Distribution Agent (LIDA) and Medical Agent X (MAX): Computational Intelligence for Medical Diagnosis", 2014 IEEE Symposium Intelligence for Human-like Intelligence (CIHLI), https://ieeexplore.ieee.org/xpl/mostRecentIssue.jsp?punumber=7000184 (última consulta, 1 de septiembre de 2023).

Sullins, J. P. (2006), When is a Robot a Moral Agent?, en: *International Review of Information Ethics* 6, pp. 23-30.

Susskind, R. (1996), *The Future of Law. Facing the Challenges of Information Technology*, Clarendon Press, Oxford.
– (2013), *Tomorrow's Lawyers. An Introduction to Your Future*, Oxford University Press, Oxford.
– (2020), *Tribunales online y la Justicia del futuro*, trad. esp., GEA Textos, La Ley - Wolters Kluwer, Madrid.

Susskind, R. - Susskind, D. (2015), *The Future of the Professions. How Technology will transform the Work of Human Experts*, Oxford University Press, Oxford.

Susskind, D. (2020), *A World Without World: Technology, Automation and How We Should Respond*, Allen Lane, London.

Susskind, R. (1996), *The Future of Law. Facing the Challenges of Information Technology*, Clarendon Press, Oxford.

Susskind, R. - Susskind, D. (2015), *The Future of the Professions*, Oxford University Press, Oxford.

Susstein, C. R. (2001), "Of Artificial Intelligence and Legal Reasoning", *University of Chicago Law School. Chicago Unbound*, Roundtable 29, pp. 29-35.

Tamayo Haya, S. (2020), Los robots como entes jurídicos, en: Solar Cayón, José Ignacio (ed.), *Dimensiones éticas y jurídicas de la Inteligencia Artificial en el marco del Estado de Derecho*, Cátedra de Democracia y Derecho Humanos de la Universidad de Alcalá-Defensor del Pueblo, Alcalá de Henares (Madrid), pp. 175-273.

Tapper, C. (1973), *Computers and the Law*, Weidenfeld and Nicolson, London.

Taylor, C. (2020), *Fuentes del yo. La construcción de la identidad moderna*, trad. esp., A. Lizón, Paidós, Barcelona-Buenos Aires-México.

Taylor, J. Sherrod - Harp, J. Anderson - Elliot, Tyron. 1991. "Neuropsychologists and neurolawyers", en *Neuropsychology*, vol 5 (4), October, pp. 293-305.

Thompson, D. (1965), Can a Machine Be Conscious?, *The British Journal for the Philosophie of Science*, nº 61, May, pp. 33-43.

Turing, Alan (1950), "Computing Machinery and Intelligence", *Mind. A Quarterly* Review of *Psychology and Philosophy*, vol. LIX, nº 236, October, pp. 175-228.

Turner, J. (2019), *Robot Rules. Regulating Artificial Intelligence*, Palgrave MacMillan, London.

Valdivia Jiménez, R. D. (2022), "Inteligencias Artificiales y libertad religiosa: más allá de la distopía. Una propuesta iusfilosófica", en: *Inteligencia Artificial y Filosofía del derecho*, F. H. Llano Alonso (Director), J. Garrido Martín y R. Valdivia Jiménez (Coordinadores), Laborum Ediciones, Murcia, pp. 235-262.

Vantin, S. (2021a), *Il diritto antidiscriminatorio nell'era digitale. Potenzialità e rischi per le persone, la pubblica Amministrazione, le imprese*, Wolster Kluwer, Milano.

– (2021b), "Inteligencia Artificial y derecho antidiscriminatorio", en: *Inteligencia Artificial y Derecho. El jurista ante los retos de la era digital*, F. H. Llano Alonso y J. Garrido Martín (Editores), Thomson Reuters Aranzadi, Cizur Menor (Navarra), pp. 367-384.

Vašák, K. (1979), *Pour les droits de l'homme de la troisième génération*, Institut International des Droits de l'Homme, Strasbourg.

– (1990) "Les différents catégories des droits de l'homme", en: *Les dimensions universelles des Droits de l'Homme*, A. Lapeyre, F. De Tinguy y K. Vašák (Editors), Unesco-Bruylant, Bruxelles.

Virilio, P. (1998), "Peligros, riesgos y amenazas", en: Ignacio Ramonet (ed.), *Internet, el mundo que llega. Los nuevos caminos de la comunicación*, trad. esp. Juan María López de Sa, Alianza Editorial, Madrid, pp. 155-160.

Volokh, E. (2019), "Chief Justice Robots", *Duke Law Journal*, nº 68, pp. 1135-1192. Disponible en: https://scholarship.law.duke.edu/dlj/vol68/iss6/2 (última consulta, 1 de septiembre de 2023).

Wachter, S. - Mittelstadt, B. (2019), "A Right to Reasonable Inferences: Re-Thinking Data Protection Law in the Age of Big Data and AI", *Columbia Business Law Review*, nº 2, pp. 494-620.

Ward, Ian (1995), *Law and Literature: Possibilities and Perspectives*, Cambridge University Press, Cambridge.

Warwick, K. (2012), *Artificial Intelligence: the Basics*, Routledge, London-New York.

– (2015), "The Disappearing Human-Machine Divide", en: *Beyond Artificial Intelligence. The Disappearing Human-Machine Divide*, J. Romportl, E. Zackova y J. Kelemen (Editors), Springer, Cham-Heidelberg-New York-Dordrecht-London.

Wiener, Norbert (1964), *God & Golem, Inc. A Comment on Certain Points where Cybernetics impinges on Religion,* M.I.T. Press, Cambridge (Massachusetts).

Williams, J. C. - Platt, A. - Lee, J. (2015), *Disruptive Innovation. New Models of Legal Practice,* Univesity of California Hastings College of the Law, San Francisco (California).

Winkler Glusko, D. C. (2022), "Breves reflexiones sobre la importancia del Estado de derecho en el desarrollo del marco legal sobre los sistemas de Inteligencia Artificial en la Unión Europea", en: *Inteligencia Artificial y Filosofía del derecho,* F. H. Llano Alonso (Director), J. Garrido Martín y R. Valdivia Jiménez (Coordinadores), Laborum Ediciones, Murcia, pp. 529-548.

York, J. C. (2010), "Policing Content in the Quasi-Public Sphere", *Open Net Initiative Bulletin. Berkman Center,* Harvard University. Disponible en: https://opennet.net/policing-content-quasi-public-sphere (última consulta, 1 de septiembre de 2023).

Yuste, R. - Goering, S. et alii. (2017), "Four ethical priorities for neurotechnologies and AI", en: *Nature,* vol. 551, November 9th 2017, pp. 159-163.

– (2021) Yuste, R. - Genser, J. - Herrmann, S. "It's Time for Neurorights", en: *Horizons. Journal on International Relations and Sustainable Development. "The (Not So) Roaring Twenties"?,* Issue nº 18, pp. 154-165.

Žižek, S. (2023), *Hegel y el cerebro conectado,* trad. esp., Fernando Borrajo, Paidós, Barcelona.

Zuboff, S. (2020), *La era del capitalismo de la vigilancia. La lucha por un futuro humano frente a las nuevas fronteras del poder,* trad. esp. Albino Santos, Paidós, Barcelona.

Zuiderveen Borguesius, F. J. (2020), "Strengthening Legal Protection against Discrimination by Algorithms and Artificial Intelligence", *The International Journal of Human Rights,* nº. 10, vol. 24, pp. 1-22.